GOLDMANN
ARKANA

Buch

Millionen von Menschen versuchen nach dem Gesetz der Anziehung zu leben, doch Lisa Nichols weiß aus eigener Erfahrung, dass es nicht genügt, nur unsere Wünsche zu manifestieren. Man muss seine Widerstandskräfte trainieren wie Muskeln, die einem in kritischen Lebenssituationen buchstäblich den Rücken stärken. Nur dadurch können wir die Kraft aufbringen, in jeder Hinsicht authentisch, glücklich und erfolgreich zu sein.

Lisa Nichols präsentiert in diesem Buch ein Praxisprogramm in neun Schritten, das die Stärkung wichtiger Eigenschaften – mit ihren Worten »Muskeln« – zum Ziel hat: Selbstvertrauen in die eigenen Fähigkeiten, Vorstellungen in die Tat umsetzen zu können, Ehrlichkeit zu sich selbst, die Bodenhaftung nicht zu verlieren, Vergebung und Mitgefühl zu üben, an den eigenen Schwächen zu arbeiten und seiner Bestimmung zu folgen. In einer gelungenen Mischung aus spielerischen Übungen und packenden Geschichten sowie Erfahrungen aus ihrem eigenen Leben ermutigt Lisa Nichols den Leser mit starken Bildern, aus der Vergangenheit zu lernen und in eine kraftvollere Zukunft zu gehen. Mit diesem Trainingsprogramm lernen wir jede Hürde zu überwinden, egal, was passiert!

Autorin

Lisa Nichols ist Co-Autorin von »The Secret« und von zwei Büchern aus der »Hühnersuppe-für-die-Seele«-Reihe. Sie arbeitet als Motivationstrainerin für spirituelle und persönliche Entwicklung.

LISA NICHOLS
Egal was passiert

An Widerständen und Krisen wachsen

Aus dem Englischen von Astrid Ogbeiwi

Die Originalausgabe erschien 2009 unter dem Titel »No Matter What!
9 Steps to Living the Life You Love« bei Wellness Central,
an imprint of Grand Central Publishing.

Verlagsgruppe Random House FSC-DEU-0100
Das für dieses Buch verwendete FSC-zertifizierte Papier
Super Snowbright liefert Hellerfoss AS, Hokksund, Norwegen

1. Auflage

Originalausgabe Februar 2010
© 2009 der deutschsprachigen Ausgabe
Arkana, München
in der Verlagsgruppe Random House GmbH
© 2009 by Lisa Nichols
This edition published by arrangement with Grand Central Publishing,
New York, NY, USA. Dieses Werk wurde vermittelt durch die
Literarische Agentur Thomas Schlück GmbH, 30827 Garbsen
Umschlaggestaltung: UNO Werbeagentur, München
Umschlagmotiv: Ryan Palmer/Science Fiction
Redaktion: Gerhard Juckoff
SB · Herstellung: cb
Satz: Fotosatz Reinhard Amann, Aichstetten
Druck: GGP Media GmbH, Pößneck
Printed in Germany
ISBN: 978-3-442-21896-7

www.arkana-verlag.de

Die Namen und persönlichen Details einiger Personen wurden geändert, um deren Privatsphäre zu wahren.

Dieses Buch widme ich meiner Großmutter Bernice.
Du bist Gottes Beispiel für bedingungslose Liebe.
Du bist Sein Ausdruck unerschütterlichen Glaubens und mein größtes Vorbild für ein authentisches Leben. Dafür danke ich dir.
Du hast mich gelehrt, zu mir zu stehen und zu lieben – egal, was passiert. Bitte behüte mich auch weiterhin vom Himmel aus. Ich spüre deine Nähe.

Inhalt

Vorwort   11

TEIL EINS
    Mit Haut und Haaren   15

Prolog
    Danke, dass Du dieses unvollkommene Kind
    zu Deinem Werkzeug machst.   17

Einführung
    Ein Geständnis und ein Versprechen   20

TEIL ZWEI
    Training für Ihre Steh-auf-Muskeln   29

Kapitel eins
    Training für Ihren Verständnis-Muskel:
    Manche Geschenke stecken in einer Verpackung
    aus Schleifpapier   31

Kapitel zwei
    Training für Ihren Ich-glaub-an-mich-Muskel:
    So stoppen Sie das negative Geplapper in
    Ihrem Kopf   62

Kapitel drei
　Training für Ihren Ich-pack's-an-Muskel:
　　Steigen Sie vom Nagelbett　　　　　　　　90

Kapitel vier
　Training für Ihren Ich-weiß-was-ich-weiß-Muskel:
　　Gott ist gut, ist einfach gut. Juhu!　　　　124

Kapitel fünf
　Training für Ihren Ehrlichkeits-Muskel:
　　Bleiben Sie bei der Wahrheit　　　　　　156

Kapitel sechs
　Training für Ihren Ich-sag-ja-Muskel:
　　Seien Sie bereit, mit vollem Einsatz zu spielen　186

Kapitel sieben
　Training für Ihren Entschlossenheits-Muskel:
　　Tun Sie alles, was nötig ist, damit Sie Ihren
　　Gipfel erreichen　　　　　　　　　　　215

Kapitel acht
　Training für Ihren Vergebungs-Muskel:
　　Finden Sie den Weg zurück zur Liebe　　251

Kapitel neun
　Training für Ihren Was-ich-wirklich-will-Muskel:
　　Erfüllen Sie Ihre Bedürfnisse von innen her, und
　　greifen Sie dann nach den Sternen　　　284

Kapitel zehn
　Ihren Rhythmus finden:
　　Führen Sie ein Leben voller Freude und neuer
　　Möglichkeiten　　　　　　　　　　　　314

Unterstützung und Begleitung 334

Danksagung 338

Über die Autorin 346

Vorwort

In meinen 33 Jahren als Erfolgstrainer habe ich zahllosen Menschen geholfen, jene oft schwierige Reise von dem Punkt, an dem sie gerade stehen, hin zu dem, an dem sie stehen möchten, zu bewältigen. Daher war ich völlig begeistert, als ich dieses Buch entdeckte, denn es ist für diese wichtige Reise der reinste Raketentreibstoff. Ich bin überzeugt, dass Sie auf diesen Seiten das Wissen, die Weisheit und die Inspiration finden, die Sie schnell auf den richtigen Weg – und bis an Ihr endgültiges Ziel bringen.

Meine Kollegin und gute Freundin Lisa Nichols hat am eigenen Leib erfahren, was es bedeutet, die unvermeidlichen Hindernisse auf dem persönlichen Weg zu überwinden und am Ende stark, mit Würde und voller Freude über das Leben, das man sich geschaffen hat, daraus hervorzugehen. Ihre Geschichte ist der lebendige Beweis dafür, dass jeder Mensch alles überwinden kann, ganz egal, wie schwierig die Umstände und wie schrecklich die Rückschläge auch sein mögen. Wie? Durch Entschlossenheit, durch die Entwicklung bestimmter Fähigkeiten und hilfreicher Haltungen – kurzum durch den Aufbau seiner »Charaktermuskeln«, wie Lisa es nennt. Welches diese Charaktermuskeln sind und wie man sie ausbildet, das beschreibt sie in diesem Buch, das auch Ihr Leben verändern kann.

Als ich Lisa kennenlernte, arbeitete sie hauptsächlich mit Jugendlichen. Damals beeindruckte mich ihre Fähigkeit, dem Leben dieser Jugendlichen durch eine faszinierende Mischung aus Inspiration, profunder Kenntnisse, effektiver Lebensführung und liebevoller Strenge eine neue Richtung zu geben, zutiefst. Ein paar Jahre später gründete ich die Organisation *Transformational Leadership Council (TLC)*. Diese hatte es sich zur Aufgabe gemacht, Menschen in ihrer Führungsrolle zu unterstützen. Sie bestand aus den führenden freiberuflich arbeitenden Trainern für Persönlichkeitsentwicklung. Mir war sofort klar, dass Lisa unbedingt zum Kreis derer gehören musste, die zum ersten Treffen eingeladen wurden, denn ich wusste, dass sie eine große Bereicherung für die Organisation wäre.

Schon bei unserer nächsten Versammlung, die auf John Grays Ranch in Nordkalifornien stattfand, sollte sich meine Intuition als richtig erweisen. Im Laufe dieser dreitägigen Konferenz hielt Lisa für die ganze Gruppe einen zweistündigen Workshop ab. Damals war Lisa noch nicht so bekannt wie heute, und viele Teilnehmer in dem Raum hatten sogar noch nie von ihr gehört.

In diesem Workshop zeigte sie uns eine Technik, wie man mit negativen Selbstgesprächen fertig wird (diese Technik hat sie klugerweise in dieses Buch mitaufgenommen). Da saß ich nun also, zusammen mit 60 Menschen aus aller Welt, allesamt mit viel Erfahrung in persönlicher Transformationsarbeit, und wir alle erforschten unsere negativen Selbstgespräche und sprachen miteinander darüber. Mich schockierte zweierlei: zum einen, wie viele negative Selbstgespräche wir alle noch führten, obwohl wir bereits so viel an uns selbst gearbeitet hatten, und zum anderen, dass es uns mit Lisas einfacher, aber wirksamer Technik samt und sonders gelang, diese Selbstgespräche zum Schweigen zu bringen.

Nach Abschluss der drei Tage waren wir uns alle einig, dass ihr Workshop bei der Versammlung mit Abstand am meisten bewirkt hatte. Lisa hat uns einfach umgehauen. Sie hat uns aus dem Kopf heraus- und ins Fühlen hineingebracht. Viele Teilnehmer sagten: »So offen, berührbar und selbstbestimmt habe ich mich schon ewig nicht mehr gefühlt.« Es zeigte sich sehr deutlich, dass Lisas Fähigkeit, dem Leben anderer eine neue Richtung zu geben, nicht nur auf Jugendliche beschränkt war. Lisa ist einfach meisterlich: als Lehrerin, als Coach und als Rednerin.

Als Rhonda Byrne, die Autorin des Film- und Buchbestsellers *The Secret*, zu einer unserer TLC-Tagungen kam, um mit einigen Mitgliedern Filmaufnahmen zu machen, erkannte auch sie gleich, wie brillant Lisa ist, und bot ihr an, im Film zu sprechen. Und so wurde Lisa, vielleicht die Unbekannteste von uns allen, die ich oft als »das bestgehütete Geheimnis der Persönlichkeitsentwicklungsbewegung« bezeichnet hatte, zu einem der großen Stars in *The Secret*.

Als der Film bereits in den Kinos angelaufen war, hielten Lisa und ich sowie zwei weitere Lehrer aus *The Secret* einen Vortrag bei einer Konferenz in Kanada. In einer Pause konnten die Konferenzteilnehmer Bücher kaufen und sie signieren lassen. Es überraschte mich ganz und gar nicht, dass die Schlange vor Lisas Tisch doppelt so lang war wie die vor allen anderen. Sie ging so natürlich und locker auf die Menschen zu und hatte die Gabe, ihren Zuhörern über die abstrakte Theorie des Gesetzes der Anziehung hinaus praktische, bodenständige Schritte zu dessen Anwendung im Alltag an die Hand zu geben. In wenigen Worten lässt sich Lisas Begabung so beschreiben: Sie stellt universelle Gesetze vor und zeigt den Menschen, wie sie sie auf der persönlichen Ebene anwenden können – und sie ist mit ihrer ganzen Persönlichkeit das lebendige Vorbild dafür, wie das geht. Vor kurzem hatte ich Gelegenheit, Lisas beeindruckende Fähigkeiten aus nächster Nähe zu erleben. Als meine Frau und ich feststellten, dass unser pubertärer Sohn eine emotional schwierige Phase durchmachte, meldeten wir ihn bei einem von Lisas Workshops an. In nur zwei Tagen vollzog er einen enormen Wandel. Es war atemberaubend zu beobachten, wie sich mit einem Mal wieder der junge Erwachsene zeigte, der in ihm steckte. Wir wussten, dass es ihn gab – den jungen Mann mit dem sonnigen Humor, kooperativ, zugänglich und bereit, über seine schmerzlichen Gefühle zu sprechen und mit ihnen auf konstruktive und gesunde Weise umzugehen.

Als Lisa mir dann erzählte, sie schreibe ein Buch, war ich begeistert, dass sie diese Ideen und Techniken, aber auch ihre inspirierende Lebensgeschichte für die Allgemeinheit zu Papier bringen würde. Ich fragte mich aber, ob sie es wohl schaffen würde, die unglaubliche Kraft, die ich in ihren Workshops erlebt hatte, in einem Buch zu vermitteln. Zu meinem Erstaunen ist es ihr eindeutig gelungen. Lisas bemerkenswerte Stimme spricht aus jeder einzelnen Seite – und mit ihr ihre seltene Fähigkeit, Motivation, Humor und mutig ausgesprochene Wahrheiten miteinander zu verbinden. Zugleich gibt sie ihren Leserinnen und Lesern praktisches Handwerkszeug für Wachstum und Erfolg an die Hand, das diese dann tagtäglich anwenden können.

Das bedeutet: Wenn Sie dieses phänomenale Buch lesen, haben Sie dieselben Chancen, die ich hatte, die meine Familie hatte und die Millionen Menschen hatten, sich selbst und Ihr ganzes Leben zu verwandeln. Sie werden sich Ihren Ängsten stellen können, Sie werden sich nichts und niemandem mehr wehrlos ausgeliefert fühlen, Sie werden Ihre Kraft wieder spüren und sich behaupten können und, wie Lisa so oft sagt: zu Ihrer wahren Größe auflaufen. Denn Lisa zeigt uns: Ganz egal, was Sie bereits durchgemacht haben, diese Größe ist immer noch in Ihnen und wartet nur darauf, dass Sie sie wieder entdecken. Ich bin mir sicher, mit Hilfe dieses Buches werden Sie sich zu großen Erfolgen aufschwingen – egal, was passiert!

Jack Canfield

TEIL EINS

Mit Haut und Haaren

Sei selbst die Veränderung, die du dir in der Welt wünschst.
Mahatma Gandhi

Prolog

Danke, dass Du dieses unvollkommene Kind zu Deinem Werkzeug machst.

Bitte um das, was du willst – selbst auf die Gefahr hin, dass du es bekommst.

Anonym

Es war der Traum jedes Motivationstrainers: Ich war zu einer wahnsinnig beliebten landesweit ausgestrahlten Fernseh-Talkshow eingeladen worden und hatte begeistert zugesagt.

Bei meinem ersten telefonischen Vorgespräch fragte mich eine Produzentin der Talkshow: »Können Sie mir ein bisschen was über Ihr Leben erzählen? Wie hat es sich verändert, seit Sie ein gewisses Maß an Erfolg im Beruf haben?«

Ich antwortete ihr: »Wenn ich Ihnen sagen soll, wie gut es mir jetzt geht, dann muss ich Ihnen erzählen, wie übel ich früher dran war. Nur so können Sie in etwa verstehen, was für ein Wunder meine Lebensreise ist.«

Wir hatten sofort einen Draht zueinander. Sie hörte aufrichtig interessiert zu, als ich die ungeschminkte Wahrheit über meine Vergangenheit erzählte. Zum Abschluss des Gesprächs fragte sie mich: »Wären Sie bereit, diese Einzelheiten über sich selbst auch in der Sendung zu erzählen, wenn wir Sie darum bäten?«

»Ja«, entfuhr es mir, bevor ich noch recht darüber nachgedacht hatte.

Sofort protestierte mein Verstand: Lisa, was hast du da nur gemacht? Mein ideeller Teil war zwar voll und ganz dafür, aber mein übriges Ich kam noch nicht so recht mit. Vollends ins Schwarze traf die Produzentin, als sie mich bat, das Material für das Visionboard zusammenzustellen, das ich ihr beschrieben hatte, also eine Bildersammlung, die für meine persönlichsten Träume und Ziele stand. Das hieß, mich schutzlos den Augen der Öffentlichkeit auszusetzen!

Die nächsten beiden Wochen kämpfte ich mit mir und meinen Bedenken. Ich hatte genug Selbstvertrauen, um meine Geschichte – auch die Zusammenbrüche, Unvollkommenheiten und so weiter – 5.000 fremden Menschen zu erzählen, auch 10.000 oder meinetwegen sogar 50.000. Schließlich tat ich das regelmäßig in meinen Seminaren. Aber war ich wirklich bereit, Millionen Menschen, die ich nie zu Gesicht bekommen würde, die intimsten Einzelheiten aus meinem Leben zu erzählen?

Am Tag der Sendung wachte ich um drei Uhr morgens angstgebeutelt auf. Das konnte ich nicht. Ich hatte gar nicht die richtige Ausbildung, um als »Expertin« aufzutreten. Was ich wusste, beruhte rein auf Erfahrung. Wie konnte ich mich bloß vor all diese Leute hinstellen und ihnen sagen, wie oft und wie heftig ich in meinem Leben schon Mist gebaut hatte? Schließlich rief ich meinen Freund und Gebetspartner Fluke an. Er war der Einzige, dem es nichts ausmachte, wenn ich ihn um diese Zeit anrief. Ich bat ihn, mir zu helfen, diesen Ansturm von Angst durchzustehen. Ich wollte in der Sendung auftreten, aber ich wollte mit mir darüber im Reinen sein. Er ließ mich in Ruhe ausreden und begann dann, mit mir zu beten.

Und während ich so dasaß, seinem Gebet zuhörte und dabei innerlich immer noch zitterte, trafen mich die Worte seines

Gebetes wie ein Blitz: »Herr«, sprach er, »danke, dass Du dieses eine unvollkommene Kind von Dir zu Deinem Werkzeug machst, um Deinen anderen unvollkommenen Kindern zu helfen.«

Ja! Das war's! Ich war nicht vollkommen, aber ich wurde zum Werkzeug, um anderen wie mir zu helfen – Menschen, die schwere Zeiten durchgemacht hatten, die das Beste gewollt, aber dabei Fehler gemacht hatten und nun wieder auf die Beine kommen wollten.

Mit einem Mal konnte ich wieder atmen; ich spürte, wie sich ein Mantel der Ruhe um mich legte. Endlich hatte ich mir erlaubt, einfach ich selbst zu sein.

Sind *Sie* bereit, einfach Sie selbst zu sein? Bereit zu akzeptieren, dass Sie zwar vielleicht nicht vollkommen sind, aber einen wichtigen Platz in der Welt einnehmen sollen?

Lassen Sie sich hier und jetzt sagen, dass Sie hier auf der Erde sind, um ganz bestimmte Dinge zu tun, um ganz bestimmten Menschen zu begegnen und dass alles – und damit meine ich wirklich *alles* –, was Ihnen vom Augenblick Ihrer Geburt an geschehen ist, Sie auf diese Aufgabe vorbereitet hat.

Wenn Sie diese Wahrheit erst einmal akzeptieren, dann brauchen Sie nur noch mit offenen Armen voranzuschreiten und Ihre Aufgabe mit ganzem Herzen anzunehmen; in der Gewissheit, dass Sie mit allem fertigwerden können, was vor Ihnen liegt.

Jetzt müssen Sie bloß noch Ihre Steh-auf-Muskeln aufbauen.

Einführung

Ein Geständnis und ein Versprechen

Ich muss Ihnen etwas gestehen:

Obwohl ich in dem Film- und Buchbestseller *The Secret* vorkomme und auf der ganzen Welt Vorträge über das Gesetz der Anziehung halte, ließ ich mich doch die meiste Zeit meines Lebens von einem anderen Gesetz leiten. Ich nenne es das Egal-was-passiert-Gesetz. Egal, was mir passiert ist, egal, wie sehr die Leute mich entmutigt haben, egal, wie ich ausgesehen oder wie viel ich gewogen habe, immer erinnerte mich eine leise Stimme in meinem Inneren daran, dass ich ein Recht auf das Leben meiner Träume habe. Immer wieder sagte ich mir: Bleib bei dem, was du willst – egal, was passiert! Ich war fest entschlossen, meinen »inneren Champion« herauszulassen, und auf dieses Ziel habe ich hingearbeitet.

Heute weiß ich, dass man gar nicht umhinkommt, das Egal-was-passiert-Gesetz anzuwenden, wenn man im Leben bekommen möchte, was man will. Wenn Sie dieses Gesetz nicht anwenden, dann können Sie auch nicht erwarten, dass das Gesetz der Anziehung, welches schlicht besagt, dass Ähnliches Ähnliches anzieht, bei Ihnen funktioniert. Das liegt daran, dass das Egal-was-passiert-Gesetz zum Handeln verpflichtet. Sie können um das bitten, was Sie möchten, Sie können daran denken, sich darauf konzentrieren, aber wenn Sie hinzufügen »egal, was passiert«, dann geben Sie durch diese feste Absicht Ihren Wünschen mehr Beschleunigung. Ohne dieses »egal, was passiert«, bleibt es für Sie beim Hoffen, Wünschen und Abwarten.

Wenden Sie das Egal-was-passiert-Gesetz an, indem Sie folgende Erklärung abgeben: »Ich werde tun, was ich tun muss. Ich werde gehen, wohin ich gehen muss. Ich werde meinen Charakter so formen, damit ich es schaffe!« Das Egal-was-passiert-Gesetz hebt Ihre Ziele aus dem Bereich des bloß Möglichen heraus. Statt abzuwarten und zu hoffen, dass Ihre Ziele sich verwirklichen, erschaffen Sie sie – auf jeder einzelnen Ebene Ihres Wesens. Wenn Sie diese beiden mächtigen Gesetze anwenden, werden Sie Ihren Erfolg exponentiell steigern.

Leider gab es aber auch Zeiten, in denen mir die Kraft oder der Mut fehlten, das Egal-was-passiert-Gesetz anzuwenden. Dann gewannen negative Gedanken und Gefühle die Oberhand über mich und meine Situation, und ich traf infolgedessen ein paar sehr unglückliche Entscheidungen.

Aber auch das hatte etwas Gutes: Jeder einzelne Rückschlag, den ich hinnehmen musste, kräftigte meine Steh-auf-Muskeln, wie ich sie nenne – meinen Verständnis-Muskel, meinen Ich-glaub-an-mich-Muskel, meinen Vergebungs-Muskel und so weiter. Diese Kämpfe machten mich stärker und versetzten mich in die Lage, mir ein schöneres Leben zu erarbeiten. Heute verhelfen mir meine Steh-auf-Muskeln dazu, Rückschläge schnell in einen Rückhalt für meinen Erfolg zu verwandeln. Und wenn es aussieht, als wäre eine Herausforderung größer oder stärker als ich, dann geben mir eben jene Muskeln die Fähigkeit und das Selbstvertrauen, im Leben »nach oben zu fallen«.

Mit dem Buch, das Sie in Händen halten, möchte ich Sie nun an dieser Erfahrung teilhaben lassen, wo immer Sie auch sind auf der Welt – und ich möchte Sie dazu inspirieren, sich ohne den geringsten Hauch eines Zweifels dessen gewiss zu sein, dass Sie sich genau das Leben erschaffen können, das Sie sich so sehr wünschen. Auf den folgenden Seiten nehme ich Sie mit auf meine Lebensreise. Ich zeige Ihnen das Chaos, das manche meiner Entscheidungen ausgelöst haben, die Lektionen, die ich daraus gelernt habe, und das Handwerkszeug, das ich eingesetzt habe, um meine Zusammenbrüche in Durchbrüche zu verwandeln. Wenn Sie sehen, was ich durchgemacht habe, dann wissen Sie mit Sicherheit, dass Sie das auch können! Die Tipps und Schritte, die ich Ihnen in diesem Buch immer wieder an die Hand gebe, zeigen Ihnen, wie das gehen kann.

Ich glaube, die Kraft dieses Buches liegt zuallererst darin, dass ich die Wahrheit sage. Ich gehe ein Risiko ein, wenn ich nun vom Podium steige und die Sicherheit der Bühne verlasse, um meine Wahrheit offen auszusprechen und mich Ihnen vollkommen ungeschminkt zu zeigen. Meine Großmutter würde sagen: Ich lasse mich mit Haut und Haaren darauf ein. Und weil ich das tue, kann ich auch Sie bitten, sich mit Haut und Haaren darauf einzulassen.

Ich möchte gleich damit anfangen und Ihnen deshalb folgende Frage stellen: Was hätten Sie davon, wenn Sie sich Ihrer persönlichen Wahrheit öffnen würden? Und noch eine: Sind Sie bereit, all das Gute, das Sie davon haben, in Ihr Leben zu integrieren? Es gibt in diesem Buch durchaus ein paar schlimme, erschreckende Szenen, aber Sie werden auch immer wieder Momente voller Liebe und Wahrheit finden, genau wie im richtigen Leben. Dieses Buch ist genauso Ihre Lebensreise wie meine. Ich wünsche Ihnen, dass Sie sie annehmen und sich daran erfreuen können!

Was Sie in diesem Buch erwartet

Was Sie in diesem Buch *nicht* erwartet, sind jede Menge trockene, intellektuelle Konzepte oder komplexe Theorien. Die Stärke von *Egal was passiert* liegt gerade darin, dass es auf Situationen und Erfahrungen beruht, die mitten aus dem Leben gegriffen sind. Anhand der Ereignisse aus meiner Vergangenheit zeige ich Ihnen, wie ich meine Steh-auf-Muskeln entwickelt habe, damit Sie dasselbe tun können. Das Programm, das ich entworfen habe, beschreibt zunächst jeden einzelnen Muskel und umreißt dann die vier Prozesse, mit deren Hilfe Sie den entsprechenden Muskel selbst aufbauen können.

Sehr häufig versteckt sich in schmerzlichen und erschreckenden Situationen eine wichtige Lektion für uns. Endlos fragen wir dann: »Warum nur? Warum?« Aber diese Frage führt zu nichts; sie hält uns bloß in der Opferrolle fest. Es steht nicht plötzlich jemand an unserer Schwelle oder fällt gar vom Himmel und verkündet mit sonorer Donnerstimme: »Ich erkläre dir jetzt, warum das passiert ist, mein Kind.« So läuft das nicht!

Wenn Sie dieses Buch lesen, dann brauchen Sie nicht mehr nach dem Warum zu fragen, wenn Sie auf Probleme stoßen, sondern Sie können stattdessen überlegen: »Was kann ich daraus lernen? Welchen Steh-auf-Muskel soll ich jetzt trainieren?« Solche Fragen helfen Ihnen, die Lektionen zu erkennen, die in Ihren persönlichen Erfahrungen stecken. Und glauben Sie mir, wenn das passiert, dann machen Ihr inneres Wachstum und Ihr persönliches Glück einen gewaltigen Wachstumsschub.

Um diesen Prozess für Sie leichter zu machen, enthält jedes Kapitel neben den Geschichten aus meinem Leben auch die Rubrik *Beflügelnde Erste Schritte* sowie Blöcke zum Thema *Ich bin nicht allein*, in denen Sie die für Sie zutreffenden Kästchen ankreuzen können.

Beflügelnde Erste Schritte

Am Ende jedes Kapitels finden Sie die Rubrik *Beflügelnde Erste Schritte*, wie ich sie nenne. Sie enthält Vorschläge, was Sie aktiv tun können, um Ihre neuen Erkenntnisse gleich in die Tat umzusetzen.

Meiner Erfahrung nach ist es einer unserer größten Fehler, dass wir vergessen, unsere Gedanken und Wünsche in die Tat umzusetzen. Wir glauben, dass etwas schon dann geschieht, wenn wir konzentriert daran denken oder häufig darüber reden. Bedauerlicherweise aber reicht das nicht aus. Wünschen, Denken *und* Handeln müssen zusammenkommen, wenn sich etwas ändern soll. Ohne aktives Handeln bleibt es beim bloßen Aha-Effekt. Aktiv zu werden, ist der wichtigste Schritt von allen – es ist der Katalysator für Veränderung und Bewegung.

Die *Beflügelnden Ersten Schritte* sind ein entscheidender Bestandteil des Trainings für Ihre Steh-auf-Muskeln. Dazu gehören:

- Tagebuchschreiben;
- Spiegelarbeit;
- Übungen, Affirmationen und Dialoge;
- Erfahrungen und Durchbrüche mit einem Freund oder einer Freundin zu besprechen, der oder die Sie bei der Stange hält;
- Aufgaben zur Arbeit an sich selbst, um alte Selbstbegrenzungen zu überwinden.

Ich vermittle Ihnen hier viele Techniken, die ich auch in meinen Workshops und bei meinen Coachings anwende – Techniken, die dem Leben Hunderttausender Menschen eine neue Richtung gegeben haben.

Ich empfehle Ihnen, so bald wie möglich ein persönliches Egal-was-passiert-Tagebuch anzulegen. Benutzen Sie es für alle schriftlichen Übungen aus den Ersten Schritten, und schreiben Sie auch alle Ihre Erkenntnisse, Ideen und Gefühle hinein, die Ihnen im Laufe der Arbeit mit diesem Buch kommen. So können Sie Ihre Fortschritte bestens festhalten, und Sie lernen die tieferen Ebenen Ihres Verstandes und Ihres Herzens kennen.

Ich bin nicht allein

Unregelmäßig verteilt finden Sie in den einzelnen Kapiteln immer wieder Blöcke mit dem Titel »Ich bin nicht allein«. Hier erfahren Sie, dass Sie mit dem, was Sie in Ihrem Leben durchgemacht haben, nicht allein sind.

Millionen Menschen – auch die, die alle Welt als erfolgreich bezeichnet – fühlen sich heute zunehmend isoliert und einsam. Obwohl wir uns nach Verbundenheit sehnen, haben wir uns durch den Gebrauch von Handys, iPods und Notebooks daran gewöhnt, zwar miteinander in Kontakt, aber nicht unbedingt wirklich beieinander zu sein. Wir reden nicht mehr miteinander, wir hören einander nicht zu, wenn wir uns etwas zu erzählen haben, und so hören wir auch nicht: »Weißt du was, mir geht es ganz genauso.«

Um diese unabdingbare Verbundenheit in meinen Seminaren herzustellen, bitte ich die Teilnehmenden, während ich rede die Hand zu heben zum Zeichen, ob und in welchem Maße sie nachempfinden können, was ich sage.

Dabei haben sie folgende Wahlmöglichkeiten: Eine Hand hoch bedeutet, dass die Person nachempfinden kann, was ich sage, beide Hände hoch bedeuten, dass es ihm oder ihr im Leben schon einmal ähnlich erging, beide Hände hoch und aufstehen heißt: »Hey, das ist ja genau wie bei mir. Das habe ich auch durchgemacht.« Oder: »Daran arbeite ich auch gerade.« Ich mache das, damit die Teilnehmenden sehen können, wie viel wir alle miteinander gemeinsam haben.

In *Egal was passiert* dienen die Blöcke *Ich bin nicht allein* demselben Zweck. Sie sind über das ganze Buch verteilt, und wenn Ihnen ein solcher Block begegnet, dann kreuzen Sie ein Kästchen an, wenn Sie nachvollziehen können, was in der Geschichte passiert ist, die ich gerade erzählt habe. Kreuzen Sie zwei Kästchen an, wenn Sie schon einmal etwas Ähnliches erlebt haben, und kreuzen Sie drei Kästchen an, wenn Sie denken: »Hey, das ist ja genau wie bei mir. Das habe ich auch durchgemacht.« Oder: »Daran arbeite ich auch gerade.« Damit möchte ich erreichen, dass Ihnen bewusst wird, dass Sie nicht allein sind, sondern dass es vielen wunderbaren Menschen, die ebenfalls auf dieser Reise namens Leben sind, ganz genauso geht.

Ein Versprechen: Was dieses Buch für Sie tun kann

Zwar kann ich nicht versprechen, dass sich alle Ihre Probleme in Luft auflösen werden, wenn Sie nur dieses Buch lesen, aber ich kann versprechen, dass sich Ihre Lebensqualität deutlich verbessern wird, wenn Sie die Geschichten lesen, über die in ihnen verborgenen Lektionen nachdenken, die *Beflügelnden Ersten Schritte* machen und erkennen, dass Sie nicht allein sind. Die Stärkung Ihrer neun wichtigsten Steh-auf-Muskeln ist der wichtigste Schritt in Richtung auf das Leben, das Sie sich wünschen und das Sie verdient haben.

Wir alle sehnen uns nach etwas Wunderbarem in unserem Leben, das wir festhalten können. Vielen ist dabei allerdings nicht klar, dass wir etwas Neues erst dann festhalten können, wenn wir zuvor etwas Altes losgelassen haben. Auf diesen Seiten lernen Sie zu erkennen, wann Sie gerade einmal wieder in »Traurigland«, in »Opferstadt« in der »Verletztheitsstraße« wohnen, damit Sie keine Minute länger als nötig dort verbleiben müssen. Sie erhalten das Handwerkszeug und die Techniken, die Sie brauchen, um jedes alte Problem und Ihre neuen Möglichkeiten zu erkennen – früher, schneller, klarer. Wenn Sie *Egal was passiert* gelesen haben, wissen Sie, wie Sie Sackgassen meiden können, und verfügen über das notwendige Handwerkszeug, damit aus Straßenschwellen, die Sie zwingen, langsamer zu machen, keine Stoppschilder werden.

Denken Sie daran, Erfolg, Freude und innerer Frieden werden uns nicht von einer Märchenfee geschenkt und ebenso werden uns auch Verletzungen, Scham und Schmerz nicht lediglich von anderen zugefügt; beides sind die Folgen unseres Denkens und unserer Entscheidungen. Es ist leicht, klar zu denken und kluge Entscheidungen zu treffen, wenn im Leben alles glattläuft. Aber mir fällt auf, dass wir oft alles vergessen, was wir gelernt haben, sobald wir erst einmal auf Schwierigkeiten stoßen. Gerade wenn alles so schiefläuft wie es schiefer nicht laufen könnte, müssen wir das Egal-was-passiert-Gesetz anwenden. Das bringt Sie wieder auf die richtige Spur zu Glück, Erfolg und einem Leben, wie Sie es wahrhaft verdienen.

Auch mein Leben ist keineswegs perfekt. Mir ist schon Schlimmes passiert, und mir wird auch in Zukunft immer mal wieder Schlimmes passieren. Aber ich mache mir keine großen Sorgen, was wohl als Nächstes kommen könnte, denn was es auch sein mag, ich glaube mit ganzem Herzen und aus tiefster Seele, dass ich meine Steh-auf-Muskeln ausreichend trainiert habe, um es durchzustehen.

Wenn Sie sich auf Ihre Ziele statt auf Ihre Sorgen konzentrieren, dann leben Sie nach und nach mehr in der Vorfreude auf neue Möglichkeiten und mit einer inneren Ruhe statt in der Angst vor Verlust, Knappheit und Mangel. Es kann durchaus sein, dass etwas Schlimmes geschieht, aber das wird nicht über Ihren Erfolg und Ihre Lebensqualität entscheiden.

Ich habe dieses Buch für die Millionen Männer und Frauen geschrieben, die an ihrer wahren Größe zweifeln. Für diejenigen, die mit ihrem Gewicht oder ihrem Selbstbild kämpfen, die sich nicht attraktiv oder intelligent genug finden. Für diejenigen, die andere mehr lieben als sich selbst und Bestätigung von außen suchen, statt um die Großartigkeit in ihrem eigenen Innern zu wissen.

Dieses Buch ist für die Millionen Menschen, die nach ihrer

eigenen Pfeife tanzen, ihr eigenes Lied singen, ihre eigene Geschichte erzählen und ihr eigenes Potenzial zeigen wollen. Sie haben es verdient, glücklich zu sein. Sie haben es verdient, erfolgreich zu sein.

Sie können sich dafür entscheiden, aus Ihrer Vergangenheit zu lernen und Ihr Leben zu lieben. Ich biete Ihnen meine persönliche Geschichte an, damit Sie Mut und Kraft schöpfen und sich entschließen können, Ihre Steh-auf-Muskeln zu trainieren und ein glückliches Leben zu führen – heute, morgen und an jedem weiteren Tag – *egal was passiert!*

TEIL ZWEI

Training für Ihre Steh-auf-Muskeln

Unser größter Ruhm liegt nicht darin, niemals zu fallen, sondern darin, nach jedem Fallen wieder aufzustehen.
Konfuzius

Kapitel eins

Training für Ihren Verständnis-Muskel:
Manche Geschenke stecken in einer Verpackung aus Schleifpapier

Einhundertachtundneunzig... einhundertneunundneunzig... zweihundert! Wieder einmal hatten mein Vater und ich jenes wunderbare Ritual des Haarebürstens vollendet, das uns in den Jahren meiner Kindheit miteinander verband. Zweimal in der Woche schnappte ich mir die weicheste Bürste, die ich finden konnte, eine Dose Royal Crown Haarcreme und eines meiner liebsten Kinderbücher. Dann stapelte ich Kissen vor dem Sofa, auf dem mein Vater saß, kletterte auf den Kissenturm und machte es mir zwischen seinen Knien gemütlich. Die nächste Dreiviertelstunde lang las ich dann *Green Eggs and Ham* oder *The Cat in the Hat*[1] laut vor. Dabei gab ich mir große Mühe, die einzelnen Figuren für meinen Vater zum Leben zu erwecken. Währenddessen teilte er mein Haar in Abschnitte und nahm sich dann Strähne für Strähne vor. Er tauchte die Bürste in Wasser, damit sich die Knötchen in meinem Haar leichter lösen ließen und arbeitete anschließend mit den Fingern die Haarcreme ein. So verwandelte er meine kurzen, krausen, widerspenstigen Locken in eine wunderschöne, glänzende Mähne. Und bei jedem Bürstenstrich konnte ich seine Liebe spüren.

---

[1] Zwei amerikanische Kinderbuchklassiker, Anm. d. Übers.

Meine Mutter zeigte meinem Bruder und mir ihre Liebe auf andere Weise. Als Kind war ich mir sicher, dass im Wörterbuch unter den Begriffen *Spaß*, *Abenteuer* und *liebevoll* Moms Name stehen müsste. Gäbe es einen Preis für die Lieblingsmutter des ganzen Stadtviertels, so hätte sie den mit Leichtigkeit gewonnen, weil sie immer genug Hot Dogs und Pommes frites für alle unsere Freunde und sämtliche Cousins und Cousinen parat hatte. Und an heißen Sommertagen fuhr sie uns alle miteinander zum Strand, zum Taekwondo-Training oder sogar nach Disneyland. Wenn es darum ging, Kindern eine Freude zu machen, war Mom immer zur Stelle. An meinem Geburtstag übernachteten jedes Jahr 15 kichernde Mädchen bei uns und verwandelten unser Zuhause in einen Wochenend-Abenteuer-Zirkus. Meine Mutter war der Zirkusdirektor, ich war das Geburtstagskind, und gemeinsam schufen wir Erinnerungen, die ein ganzes Leben lang halten.

Aber die Liebe meiner Eltern zu uns Kindern äußerte sich nicht nur in zärtlichen Ritualen und fröhlichen Augenblicken. Sie brachten uns bei, für das einzustehen, was wir für richtig hielten, gute Menschen zu sein und vor allen Dingen, unsere Familie zu lieben und zu achten. Wir hatten eine wunderbare Kindheit.

Was ist dann schiefgelaufen? Wie konnte aus mir eine so unglückliche Jugendliche und junge Erwachsene werden? Warum habe ich so viele Jahre lang geglaubt, ich sei nichts wert?

Weil ich meine Steh-auf-Muskeln noch nicht entwickelt hatte und auf die Herausforderungen, die mir begegnen sollten, nicht vorbereitet war. Schauen wir uns doch einmal genauer an, was diese Steh-auf-Muskeln eigentlich sind.

Was sind die Steh-auf-Muskeln?

Wenn ich Sie bitten würde, sich einmal die Muskeln vorzustellen, durch die Sie – im voll ausgebildeten Zustand – das Leben Ihrer Träume führen könnten, dann würden Sie wahrscheinlich an Ihre körperlichen Muskeln denken, an Ihren Trizeps, Bizeps, an straffe Bauchmuskeln, Ihre Achillessehnen und so weiter. Wussten Sie aber, dass Sie noch eine weitere »Muskelgruppe« haben, die Ihre Lebensqualität beträchtlich steigern kann, wenn sie trainiert wird? Ich spreche hier von Ihren Charaktermuskeln, von Ihren Steh-auf-Muskeln, wie ich sie nenne.

Diese Muskeln entwickelt man nicht im Fitnessstudio, beim Laufen oder durch Eiweißdrinks. Unsere Steh-auf-Muskeln werden durch Lebenserfahrung ausgebildet – indem wir Herausforderungen überwinden und Chancen wahrnehmen. Die wichtigsten Steh-auf-Muskeln sind:

1. Ihr Verständnis-Muskel
2. Ihr Ich-glaub-an-mich-Muskel
3. Ihr Ich-pack's-an-Muskel
4. Ihr Ich weiß-was-ich-weiß-Muskel
5. Ihr Ehrlichkeits-Muskel
6. Ihr Ich-sag-ja-Muskel
7. Ihr Entschlossenheits-Muskel
8. Ihr Vergebungs-Muskel
9. Ihr Was-ich-wirklich-will-Muskel

Diese Muskeln bauen Sie auf dieselbe Art und Weise auf wie Ihre körperlichen Muskeln: indem Sie sie benutzen! Wenn Sie also zum Beispiel auf jemanden wütend sind, weil er oder sie Sie ungerecht behandelt hat, dann stärken Sie in dem Moment, in dem Sie sich entscheiden, Ihre Wut loszulassen und zu vergeben, Ihren Vergebungs-Muskel. Wenn Sie nach den Sternen greifen und sich für einen neuen Beruf entscheiden oder auf die Liebe vertrauen oder umziehen – selbst wenn Sie nicht sicher sein können, was dabei herauskommt –, dann bauen Sie mehrere Muskeln gleichzeitig auf: Ihren Ich-glaub-an-mich-Muskel, Ihren Ich-sag-ja-Muskel und Ihren Was-ich-wirklich-will-Muskel. Die Entscheidung, einen oder mehrere dieser neun Steh-auf-Muskeln zu trainieren, ist das Beste, um eine lebensbedrohliche oder schmerzliche Lage zu überstehen und den inneren Frieden und die Freude zu erleben, die Sie verdient haben.

In diesem Buch lasse ich Sie an den schweren Zeiten und wichtigen Momenten in meinem Leben teilhaben, die mich dazu gezwungen haben, meine Charaktermuskeln aufzubauen. Damit möchte ich Ihnen zeigen, dass der Aufbau dieser Muskeln der Katalysator für das Leben Ihrer Träume ist. Mit starken Steh-auf-Muskeln ziehen Sie alles Schöne im Leben geradezu magnetisch an. Damit können Sie Ihre ganze Kraft entfalten und Ihre wahre Größe zeigen. Wenn Sie die Kapitel lesen, in denen diese neun Muskeln nacheinander beschrieben werden, dann achten Sie darauf, wo Sie sich selbst wiedererkennen, welche Muskeln Sie bereits aufgebaut haben und welche noch schwach sind und Ihrer Aufmerksamkeit bedürfen. Nutzen Sie die *Beflügelnden Ersten Schritte*, stärken Sie damit Ihre Muskeln und verbessern Sie Ihr Leben.

In diesem Kapitel wollen wir uns dem ersten Muskel dieser »Muskelgruppe« zuwenden. Er ist einer der wichtigsten Steh-auf-Muskeln überhaupt: Ihr Verständnis-Muskel. Mit diesem Muskel können Sie über den gegenwärtigen Augenblick und Ihre unmittelbare Lage hinausschauen. Ein starker Verständnis-Muskel lässt Sie das Gute erkennen, das aus einer bestimmten Situation erwachsen kann – sogar schon dann, wenn Sie noch mittendrin stecken. Wenn dieser Muskel schwach ist, dann fühlen Sie sich permanent als Opfer, als ob das Leben es auf Sie abgesehen hätte. Sie verspüren sehr viel Traurigkeit, Hoffnungslosigkeit und Wut.

Des Lebens harte Schule

Wenn ich auf mein Leben zurückschaue, dann muss ich erkennen, dass mein Verständnis-Muskel viele Jahre lang so gut wie gar nicht vorhanden war. Wie die meisten Menschen nahm ich meine Erfahrungen, die guten wie die schlechten, einfach hin. Wie auf einer Achterbahn war ich glücklich, wenn alles so lief, wie ich es mir vorstellte, und ließ voller Selbstmitleid den Mut sinken, wenn dem nicht so war. Ich hatte keine Ahnung, inwiefern die einzelnen Ereignisse meines Lebens sich zu einem Gesamtbild fügen sollten.

Schlimmer noch, ich hatte weder gelernt, wirklich an meinen Selbstwert zu glauben, noch wusste ich, wer ich war, besonders dann, wenn alles um mich herum dem Bild widersprach, das ich von mir selber hatte. Meine Eltern liebten mich und sagten mir das auch immer wieder, aber sie konnten meine Steh-auf-Muskeln nicht für mich aufbauen. Das musste ich schon selber tun – in meinem Fall durch eigene Versuche, Zusammenbrüche und Durchbrüche. Und davon sollte es viele geben.

Eine der schlimmsten Erschütterungen erfuhr mein Vertrauen in die bedingungslose Liebe, in der ich aufgewachsen war, in der Grundschule. Das war Mitte der 1970er Jahre, und ich gehörte zu den ersten afroamerikanischen Kindern in Los Angeles, die am Integrationsprogramm teilnehmen sollten. Ich kann mich noch genau daran erinnern, wie meine Mutter und mein Vater meinen Bruder und mich eines schönen Sommertages zu sich riefen und uns das Programm »Integration durch Bildung« erklärten, das im Herbst eingeführt werden sollte. Im Rahmen dieses Programms sollten Kinder wie wir aus den Innenstädten mit dem Bus beinahe 65 Kilometer weit in die Schulen der traditionell weißen Vororte gefahren werden, weil wir dort die Chance auf eine bessere Schulbildung hätten. Diese Chance, so erklärten mir meine Eltern, hätten sie nie gehabt.

Am ersten Tag der fünften Klasse[2] stieg ich ängstlich, aber auch hoffnungsfroh in den Bus und stellte mir vor, dass ich in der neuen Schule herzlich aufgenommen würde. Stattdessen aber erwartete uns eine Gruppe wütender Eltern. Sie bewarfen unseren Bus mit Tomaten und Eiern und schrien, wir sollten machen, dass wir wieder nach Hause kämen. Ich war völlig verängstigt und durcheinander.

Ich hatte solche Szenen im Fernsehen gesehen, als mit Wasserwerfern gegen Menschen vorgegangen wurde, die für Gleichheit demonstrierten, und Martin Luther King sagte: »Eines Tages werden kleine schwarze Jungen und Mädchen kleine weiße Jungen und Mädchen wie Brüder und Schwestern an der Hand fassen können... endlich frei, endlich frei.« Und jetzt wurde mir klar, dass *ich* das kleine schwarze Mädchen war, von dem er sprach. Könnte ich, wenn ich in dieser unheimlichen Schule bliebe, ein klein wenig zu dem beitragen, wofür Dr. King gestorben war? Ich wollte lieber wieder nach Hause, wo es sicher war, aber wenn ich das täte, dann wären wir nicht »endlich frei«. An diesem Abend überredete ich meine Eltern, mich trotz der Anfangsschwierigkeiten weiter dorthin gehen zu lassen.

Die folgende Zeit war düster, obwohl ich im sonnigen Kalifornien lebte. In der Schule vergaß ich anscheinend völlig, dass ich meines Vaters hübsche Tochter und der Liebling meiner Mutter war. Jeden Tag gab man mir, mal diskreter, mal weniger diskret, zu verstehen, dass ich anders war, dass ich hier nicht hergehörte und dass ich den Ansprüchen nicht genügte. Niemand sah Lisa, das Mädchen, hinter der Hülle.

Einer meiner Klassenkameraden, ein Junge namens Brian, erinnerte mich mit schöner Regelmäßigkeit jeden Morgen daran, was ich in seinen Augen wert war. »Lisa, weißt du, was

---

[2] Im amerikanischen Schulsystem hat die Grundschule sechs Klassen, Anm. d. Übers.

mit dir nicht stimmt? Gott hat dich aus Versehen ins Teerfass fallen lassen.« Oder: »Er hat dich zu lang im Backofen gelassen, da bist du wohl verkohlt.« Meine Haut war also dunkel, weil Gott einen *Fehler* gemacht hatte?

Andere nannten mich spöttisch »Kizzy«, so hieß eine der Hauptfiguren in »Roots«, dem mehrteiligen Fernsehfilm über die Geschichte der Afroamerikaner und der Sklaverei, der in dem Jahr zum ersten Mal ausgestrahlt wurde. Es war ein wunderbarer Film, aber der Zeitpunkt seiner Ausstrahlung hätte für die Integrationsversuche in unserem District nicht schlechter gewählt sein können. Die weißen Kinder, die sonst so gut wie nie mit Afroamerikanern zusammenkamen, gaben einigen der 60 schwarzen Kinder Namen aus dem Film: Kunta Kinte, Chicken George, Binta, Toby. Das war erniedrigend und trieb einen weiteren Keil zwischen uns – wenn nicht körperlich, so doch seelisch.

Ich bin nicht allein

Hatten Sie jemals das Gefühl, dass Sie nicht so recht in Ihre Umgebung passen, dass Sie anders und irgendwie nicht gut genug sind?

Kreuzen Sie ein Kästchen an, wenn Sie nachvollziehen können, was ich sage, zwei Kästchen, wenn Sie das oft erlebt haben und drei Kästchen, wenn Sie das Gefühl haben, dass es Ihnen ständig so ergeht.

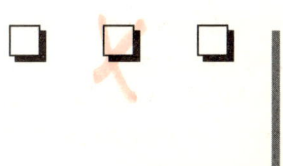

Um der Gemeinschaft willen habe ich dennoch versucht, mich anzupassen und mit meinen neuen Klassenkameraden in Kontakt zu kommen. Aber alle meine Versuche wurden eiskalt abgewiesen, oder ich wurde ausgelacht. Der Umgang mit den anderen afroamerikanischen Kindern war viel leichter für mich, weil ich denen nichts beweisen musste. Dann kam meine große Chance. Ich erfuhr, dass es einen inoffiziellen Bionic-Woman- und Drei-Engel-für-Charlie-Wettbewerb geben sollte. Diese Fernsehserien waren bei allen beliebt, und wir alle waren Woche für Woche treue Zuschauer. Heute klingt das vielleicht dumm, aber damals dachte ich wirklich, dass sich etwas ändern würde, wenn ich diesen Wettbewerb gewinnen könnte. Zwar glaubte ich nicht, dass ich dadurch wirklich beliebt würde, aber ich hoffte doch, dass nach meinem Sieg zumindest das Sticheln ein Ende hätte.

In den Tagen vor dem Wettbewerb übte ich mich in allen erforderlichen Fähigkeiten, damit mir meine erstrebte Platzierung auch sicher war. Wieder und wieder ging ich die wichtigsten Dialoge beider Serien durch.

Als der große Tag gekommen war, versammelten sich mehr als 40 hoffnungsvolle kleine Mädchen und etwa 75 neugierige Zuschauer im Pausenhof. Die Wertungsrichter waren 4 allgemein beliebte Mädchen und ein Junge, der wohl Charlie darstellen sollte. Ich war zwar die einzige Afroamerikanerin im Wettbewerb, aber ich war ruhig und mir meiner Sache sicher.

»Achtung. Fertig. Los!«

Ich war sofort vorne! Als ich den 100-Meter-Lauf beendete, waren viele Mädchen erst an der 75-Meter-Marke. Die erste Runde hatte ich gewonnen, gar keine Frage!

Nur die ersten sechs des Rennens erreichten die nächste Stufe, bei der man Laufen und dann auf Kommando mitten in der Bewegung innehalten musste. Wir nannten das »Laufen, Stopp und Gefrieren«. Ich wartete ab, damit ich als Letzte dran war. Meine Konkurrentinnen verhielten sich genauso, wie ich es erwartet hatte: Sie kicherten, waren unsicher und verwackelten das »Gefrieren«. Als ich an der Reihe war, holte ich tief Luft und setzte mich dann in Bewegung. Auf die Sekunde genau hielt ich still – trotz des heißen Asphalts und allem. Ich strahlte, als ich hörte, wie das Publikum wie aus einem Munde »Wow!« rief.

Schließlich sollten die Gewinner ermittelt werden. Ich stand da, während die Wertungsrichter die Köpfe zusammensteckten und dabei hin und wieder über die Schulter zu uns hinüberblickten, um noch einmal einen letzten Blick auf uns zu werfen, bevor sie ihr endgültiges Urteil abgaben. Eines der sechs Mädchen müsste gehen, drei würden Charlies Engel, eines Bionic Woman und eine die Zweitbesetzung. Es würde also nur eine Einzige geben, die für gar keine Rolle gewählt würde.

Ich sah mich um und fragte mich, wer das am Ende wohl wäre. Vielleicht Cindy – sie war Letzte im Rennen gewesen, oder Kim – sie war beim Laufen und Gefrieren nicht gut koordiniert gewesen. Vielleicht wäre es auch Michelle, die immer alle beschimpfte und so gar nicht wie ein Engel wirkte. Auf jeden Fall tat mir diejenige leid, die überhaupt nicht gewählt würde.

»Wir haben unsere Entscheidung getroffen!«, rief der einzige Junge in der Jury. »Die drei Engel für Charlie sind: Diane, Tiffany und ... Cindy.«

Meine Gedanken rasten – teils, weil ich nicht glauben konnte, was ich da gehört hatte, teils vor gespannter Erwartung. *Ich habe immer noch eine Chance. Ich weiß einfach, ich werde gewählt.*

Der junge Wertungsrichter fuhr fort: »Bionic Woman ist ...«

Ich spürte, wie meine Hände feucht wurden und sich mein Brustkorb zusammenschnürte.

»... ist Michelle! Und Kim ist die Zweitbesetzung.«

Ich sackte in mich zusammen. Unter das Jubelgeschrei mischten sich auch einige Buh-Rufe, und ein paar Kinder kamen sogar zu mir und sagten, das sei nicht fair. Doch ich sah alles nur noch durch einen Tränenschleier. Ich war betrogen worden, und ich wusste nicht einmal, warum. Ich stand wie vom Donner gerührt da und ließ den ganzen Wettbewerb noch einmal vor meinem inneren Auge vorüberziehen. Ich wollte sehen, ob ich etwas hätte besser machen können. Zwei oder drei lange Minuten ging ich alles noch einmal durch, nur um dann zu dem Schluss zu kommen, dass ich es nicht hätte besser machen können – ich war ganz klar besser gewesen als alle anderen Mädchen.

Ich fand, man war mir eine Erklärung schuldig. Deshalb ging ich direkt auf die Wertungsrichter zu und fragte: »Warum habt ihr mich nicht gewählt? Ihr wisst genauso gut wie ich, dass ich jede einzelne Disziplin gewonnen habe.«

Plötzlich wurde es mucksmäuschenstill im Pausenhof. Alle wollten die Antwort auf meine Frage hören. Schließlich antwortete eines der Mädchen, ganz so, als wäre es das Selbstverständlichste der Welt: »Lisa, hast du schon mal eine *schwarze* Heldin gesehen?« Diese Worte sollten mich noch jahrelang verfolgen.

Schockiert und gedemütigt blieb ich einen Augenblick wie angewurzelt stehen. Ich wusste nicht, was ich tun sollte, deshalb drehte ich mich dann einfach um und ging weg. Die Tränen liefen mir in Strömen übers Gesicht. Eine andere Wertungsrichterin rief mir nach: »Wir haben dich nicht gewählt, weil du nicht wie einer von Charlies Engeln oder wie Bionic Woman aussiehst – aber wenn du ihnen nächstes Jahr ähnlicher bist, kannst du es gerne noch einmal versuchen.« Das Publikum johlte vor Lachen.

An jenem Tag fraß sich meine »traurige Geschichte« in meine Seele. Sie wissen, was ich damit meine. Ebenjene Geschichte, die man immer dann erzählt, wenn man sein Innerstes für jemanden, den man näher kennenlernt, nach außen kehrt. Dann erzählt man von einem schlimmen Erlebnis oder einer schmerzlichen Beziehung aus seiner Vergangenheit – aus der Kindheit, der Pubertät oder danach –, die erklärt, warum man so ist, wie man ist, warum man beschlossen hat, niemandem mehr zu vertrauen, warum man sich lieber nur auf sich selbst verlässt oder warum einen keiner wirklich versteht.

Wir wissen alle, wie grausam Kinder sein können. Wenn man nur ein bisschen anders ist als die anderen, wird man zur Zielscheibe solchen Verhaltens. Bei mir dreht sich diese Geschichte um meine Rasse, in Ihrer Geschichte geht es vielleicht um etwas ganz anderes: Ihr Gewicht, Ihr Aussehen, Ihre Kleidung oder dass Sie Leistungen für »Minderbemittelte« erhalten haben.

Denken Sie mal über Ihr eigenes Leben nach. Welches erste Erlebnis hat sich in Ihrer Seele festgesetzt? Wann hatten Sie zum ersten Mal das Gefühl, dass man im Leben immer nur verletzt wird oder dass Sie nicht gut genug sind? Wann haben Sie sich zum ersten Mal gefragt: »Warum ich?« Vielleicht ist Ihr persönliches Opfer-Erlebnis durch eine Begegnung mit jemandem aus Ihrer Familie ausgelöst worden oder durch Freunde, eine Lehrerin oder einen Lehrer, einen Jungen oder ein Mädchen, in das Sie verliebt waren. Bei mir war es in der fünften Klasse; bei Ihnen war es vielleicht später oder auch früher. Meine Bitte an Sie, darüber nachzudenken, soll Sie nicht dazu veranlassen, sich in altem Schmerz zu ergehen, sondern sie soll Ihnen helfen zu erkennen, dass solche Erlebnisse uns ein ganzes Leben lang erhalten bleiben. Auf diese Weise werden Sie sich bewusst, dass und wie diese Erlebnisse zu einem Filter werden, der alle unsere weiteren Erfahrungen und Entscheidungen beeinflusst.

Nach diesem Tag auf dem Pausenhof wurde ich depressiv. Zwar war ich auch davor schon traurig gewesen, zum Beispiel wenn mein Bruder und ich uns gestritten haben, aber das war immer schnell vergessen, sobald ich von dem Streit abgelenkt wurde. Diese neue Traurigkeit war anders; sie dauerte länger und ging tiefer. Jeden Morgen wachte ich mit einer Zentnerlast auf meiner Brust auf, die nicht leichter wurde, bis ich am Abend ins Bett ging.

Weil mein Verständnis-Muskel schwach war, beurteilte ich

mich nach den Meinungen und dem Verhalten anderer. Ich hatte noch nicht gelernt, eine schwierige Situation so anzunehmen, dass ich das Gute darin entdecken oder begreifen konnte. Oder auch zu sehen, welche positive Chance in einem schlimmen Erlebnis verborgen war. Ich konnte nicht über den momentanen Augenblick hinaus in eine bessere Zukunft sehen.

Zwar verbarg ich meinen Schmerz hinter einem ständigen Lächeln, aber es dauerte nicht lange, bis meine Eltern begriffen, dass das Integrationsprogramm schwere Mängel hatte und dass mein Bruder und ich sie ausbaden mussten. Inzwischen waren wir beide in der Schule häufig in Prügeleien verwickelt, und unsere Noten hatten sich dramatisch verschlechtert. Daher schickten sie uns wieder auf die Schule in der Innenstadt, wo wir zwar unsere Schulbücher selber fotokopieren und uns in überfüllte Klassenzimmer zwängen mussten, aber immerhin akzeptiert wurden.

Doch das Leben wurde auch nicht gerade leichter, als ich auf eine Junior Highschool in unserer Nähe ging. Dort musste ich mit den typischen Herausforderungen fertigwerden, die sich einem in South Central Los Angeles nun einmal stellen. Das Leben zwischen zwei Gangs, den Harlem Crip 30s und den Rollin' 60 Crips, war ein Abenteuer, auf das ich leicht hätte verzichten können. Auf dem Nachhauseweg von der Schule musste ich mir regelmäßig zwei- bis dreimal pro Woche zwischen den Gangs den Weg freikämpfen. Wenn mich damals jemand fragte, was ich denn gern wäre, wenn ich erwachsen bin, sagte ich nur: »Am Leben.«

Tagtäglich betete ich bei Schulschluss zu Gott, er möge bitte dafür sorgen, dass die Schläger woanders beschäftigt sind. Manchmal wurde mein Gebet erhört, und ich konnte unbehelligt nach Hause gehen. An anderen Tagen aber, wenn ich schon von Weitem sehen konnte, dass die Crips da waren, vergewisserte ich mich, dass meine Schuhe stramm gebunden und mein Schulranzen fest verschlossen waren, dass ich meinen

Schmuck ausgezogen und sicher in einer verdeckten Tasche verstaut hatte. Solchermaßen gut gewappnet hielt ich den Blick stur geradeaus gerichtet, wenn ich an den dreckig lachenden Gestalten vorbeimusste, die auf einer Terrasse oder in einem Vorgarten herumlungerten.

Ein Junge, den alle Car Wash nannten, kam dann regelmäßig zu mir und fragte: »Na, Kleine, was geht? Wirste endlich 'ne Harlem und hängst mit den Besten ab, oder was?«

Nicht auszudenken, dass ich je eine von den Harlem Crips würde! Aber ein Nein gegenüber Car Wash bedeutete, dass ich mir meinen Weg durch die Meute freikämpfen musste. Innerhalb von Minuten flogen Fäuste. Jedes Mal, wenn ich sie endlich abgeschüttelt hatte und wegrannte, lagen mindestens drei Harlem-Mädels auf dem Asphalt. Deshalb wollte Car Wash mich auch unbedingt dabeihaben und versuchte es immer wieder.

Aber diese Siege hatten einen schalen Beigeschmack. Denn ein Sieg in einem ungewollten Kampf ist keiner, und nach jeder Keilerei hatte ich das Gefühl, dass wieder ein Stückchen meines wahren Wesens aus mir herausgeprügelt worden war. Mir war, als schrumpfte ich innerlich und als entfernte ich mich immer mehr von dem fröhlichen und liebenswerten Mädchen, das ich einmal gewesen war.

Meinen Eltern habe ich nie etwas davon erzählt, denn ich wusste ja, dass sie wahrscheinlich sowieso nichts dagegen tun konnten. Beide arbeiteten bis 18 Uhr, und ich musste das Schulgelände spätestens um 16 Uhr verlassen. Und ein anderer Heimweg hätte nur durch eine andere Gegend mit anderen Gangs geführt – die sogar noch schlimmer waren als Car Wash und seine Bande Schnorrer. Letztendlich war also der Weggang aus der Vorstadt-Schule nicht die Lösung gewesen; ich hatte einfach nur eine Sorte Unannehmlichkeiten gegen eine andere eingetauscht.

Heute ist mir klar, dass nicht nur die Umstände an meinem

unbeschwerten Wesen nagten, sondern dass mir vor allem die Art, wie ich darauf reagierte, die Lebensfreude raubte. Ich zog Schlüsse über mich; ich ließ zu, dass das Urteil anderer für mich Gültigkeit bekam; ich nahm mir ihre Worte zu Herzen. Ich konnte nicht erkennen, inwiefern an diesen schmerzlichen Erfahrungen irgendetwas Gutes sein sollte. Sie waren bloß ein steter Quell des Kummers und verstärkten noch mein Gefühl, dass das Leben mich verletzt. Ich musste unbedingt lernen, sie auf einer tieferen Ebene zu verstehen, damit ich sie zu meinen Gunsten verändern konnte.

Packen Sie Ihre »Opfer-Taschen« aus!

Wenn unser Verständnis-Muskel schwach ist und wir für uns noch nicht die Möglichkeit geschaffen haben, in allem, was passiert, das Gute zu erkennen, dann werden wir zum Opfer der vermeintlichen Ungerechtigkeiten, die man uns antut. Wir stopfen unsere Taschen voll mit »hätt ich« und »wenn ich« und »warum« – »Warum ist mir das passiert?« – und tragen sie unbewusst immer mit uns herum. In jeder neuen Situation, in jeder neuen Beziehung, im Beruf und im Privatleben machen wir dann diese Taschen auf und lassen den Fluss der Dinge durch diese alten Themen und früheren Erfahrungen stören. Wir schützen sie als den Grund vor, warum wir kein Risiko eingehen wollen. Sie werden zum Freifahrtschein für unser Sicherheitsbedürfnis, was bedeuten kann, dass wir keinen Schritt weiterkommen.

Ein entscheidender Schritt beim Aufbau Ihres Verständnis-Muskels ist die Erkenntnis, dass **die Ereignisse in Ihrer Vergangenheit nicht mehr zu ändern sind.** Sie sind geschehen, Sie können sie nicht wegwünschen, wegweinen, wegignorieren, ja noch nicht einmal wegbeten. Das Einzige, was Sie daran ändern können, ist die Art, wie Sie sie verstehen. Wenn Sie Ihren

Verständnis-Muskel stärken, dann können Sie die Vergangenheit nicht nur akzeptieren, sondern sogar erkennen, dass alles, was Sie durchgemacht haben, alles, was Sie aushalten mussten, *genau so geschehen musste, wie es geschehen ist,* damit Sie zu dem Menschen werden konnten, der Sie heute sind.

Ich bin nicht allein

Haben Sie beim Rückblick auf Ihr Leben schon einmal entdeckt, dass Sie klein beigegeben haben und Risiken ausgewichen sind, weil Ihnen früher einmal dieses oder jenes passiert ist? Halten Sie an Ihrer Wut, an Ihrem Schmerz und an Ihrer Trauer immer noch fest und tragen sie überall mit sich herum, ohne sich dessen überhaupt bewusst zu sein?

Kreuzen Sie ein Kästchen an, wenn Ihnen das bekannt vorkommt; zwei Kästchen, wenn Sie das oft erleben und drei Kästchen, wenn es Ihnen andauernd so geht.

Dennoch ist es gut möglich, dass Sie im Leben nicht da stehen, wo Sie gerne stehen möchten. Vielleicht hegen Sie noch einen Schmerz, oder Sie sind müde und erschöpft von den schlimmen Erlebnissen in Ihrer Vergangenheit. Aber das können Sie ändern, indem Sie Ihren Verständnis-Muskel anspannen. Mit Verständnis betrachtet, können Sie erkennen, dass ebenjene Lebenserfahrungen Sie haben tragfähiger und mitfühlender werden lassen; Sie wissen, wie man mit Menschen umgeht, weil Sie wissen, wie *Sie* behandelt werden möchten. Ganz gleich, wie steil der Anstieg noch ist, der vor Ihnen liegt, schauen Sie einmal, wie weit Sie bereits gekommen sind. Und machen Sie sich bewusst, dass Sie heute stärker sind, weil Sie diese schweren Zeiten überstanden haben.

Ich war bereits über 30, als mein Verständnis-Muskel endlich so stark war, dass ich die Geschichten aus meiner Kindheit im richtigen Blickwinkel sehen und erkennen konnte, dass diese schmerzlichen Erfahrungen meine Juwelen waren – mein Schatz. Als ich gefragt wurde: »Lisa, hast du schon mal eine *schwarze* Heldin gesehen?«, und darauf nichts zu erwidern wusste, war das einer der schrecklichsten Augenblicke meines Lebens gewesen, aber er legte in meinem Herzen auch einen Samen. Von nun an wollte *ich* eine Heldin werden. Es motivierte mich, Außergewöhnliches zu leisten und Zeichen zu setzen und führte letztendlich dazu, dass ich Motivationstrainerin wurde.

Meine Vergangenheit bereitete mich außerdem perfekt auf meine Arbeit mit Jugendlichen vor. In meinen Workshops kann ich die Jugendlichen immer genau da abholen, wo sie gerade stehen. Mein Herz lächelt, wenn ich mit Kindern arbeite, die mich an Brian erinnern, einen jener Jungs, die mich in der Grundschule gequält haben. Ich kann ihren Hass und ihre Angst durchschauen und ihnen so lange Liebe geben, bis alle ihre Mauern eingerissen sind und eine Brücke zwischen uns entstanden ist.

Ich kann auch all jenen Jugendlichen aufrichtige, bedingungslose Liebe geben, die ich »meine kleinen Car-Wash-Jungs« nenne: grobschlächtige, harte Gangmitglieder, die mit einer Riesenwut auf die ganze Welt zu mir kommen und jederzeit und überall jedem eine reinschlagen könnten. Wenn sie diese Liebe schließlich zulassen, dann sind sie die Ersten, die die anderen im Workshop auch einmal in den Arm nehmen.

Weil mein eigener Verständnis-Muskel gut entwickelt ist, kann ich nun diesen jungen Erwachsenen helfen, ihren Verständnis-Muskel auszubilden.

Heute weiß ich, dass ich nicht meine Vergangenheit *bin*; sie hat mir nur geholfen, zu der zu *werden*, die ich bin.

Geschenke in Schleifpapier

Der Schlüssel zur Entwicklung Ihres Verständnis-Muskels ist die Erkenntnis, dass manche Geschenke in einer Verpackung aus Schleifpapier stecken. Will heißen: Eine Situation, die zunächst wehtut und unangenehm ist, kann sich oft als Segen erweisen.

Wenn Ihr Verständnis-Muskel gut entwickelt ist, dann können Sie das Gute in allem erkennen und hören auf zu leiden. Sie fragen dann nicht mehr: »Warum ich?«, sondern stellen Fragen, die Ihnen mehr Selbstbestimmung ermöglichen und Sie in die Lage versetzen, den Lauf der Dinge zu beeinflussen; zum Beispiel: »Was soll ich aus dieser Situation jetzt lernen? Wie kann ich daran wachsen und am Ende gestärkt daraus hervorgehen?« Wenn Sie sich nicht zum ersten Mal in einer bestimmten schwierigen Situation befinden, dann können Sie mit einem starken Verständnis-Muskel fragen: »Was denke oder tue ich anscheinend immer wieder, dass ich mich ständig in diese Lage bringe? Und wie kann ich das in Zukunft vermeiden?«

Wenn Sie Ihren Verständnis-Muskel kräftigen wollen, dann fangen Sie damit an, ihn jeden Tag zu dehnen. Wenn Sie etwas aus der Bahn wirft und Sie sich dabei erwischen, dass Sie denken: »Warum ich?«, oder in den Enttäuschungsmodus umschalten, dann halten Sie *sofort* inne und fragen Sie sich, inwiefern Sie durch das, was Sie gerade durchmachen, ein besserer Mensch werden können. Werden Sie dadurch vielleicht geduldiger? Müssen Sie weniger kontrollieren und können Sie die Dinge besser so annehmen, wie sie sind? Können Sie sich dadurch im Vergeben und Loslassen üben? Oder lernen Sie, klare und entschiedene Grenzen zu setzen? Nehmen Sie sich fest vor, Ihr Geschenk zu entdecken, auch wenn Sie das unangenehme Schleifpapier, in das es verpackt ist, noch deutlich spüren können.

Verständnis bedeutet auch Mitgefühl

Solange Sie sich nicht mit Ihren alten Verletzungen aus der Beziehung zu Ihren Geschwistern, Eltern, Kindern, Freunden oder Partnern auseinandersetzen, können diese alten Schmerzen Sie verfolgen, und sie beeinflussen zudem Ihr Verhalten gegenüber Ihren Mitmenschen. Ein gut entwickelter Verständnis-Muskel macht es Ihnen leichter, verständnisvoller mit den Menschen in Ihrer Umgebung umzugehen.

Als ich ins College ging, teilte ich mein Zimmer mit Suzie. Sie war weiß und kannte Afroamerikaner bis dahin nur aus dem Fernsehen. Ihr war deutlich anzusehen, dass sie über ihre neue Zimmergenossin schockiert war. Immer wenn ich in der Nähe war, wirkte sie extrem nervös und achtete sorgfältig darauf, dass ihre Siebensachen sorgfältig weggepackt waren. Ich glaube, sie hatte Angst, ich könnte ihr etwas stehlen.

Also beschloss ich, meine Sachen ebenfalls wegzuräumen. Als ich eines Nachmittags nach dem Unterricht ins Zimmer kam, erwischte ich Suzie und ein paar Freundinnen dabei, wie sie in meinen Kosmetika stöberten. Dabei entfuhren ihnen Dinge wie: »Wow, die benutzt ja Feuchtigkeitscreme! Sie hat ja die gleiche Bürste wie ich!«, und so weiter. Als sie mich sahen, hörten sie sofort auf, und ich tat so, als hätte ich nichts gemerkt – aber der Schaden war schon angerichtet. Für was für ein Monster haben die mich wohl gehalten?

Aber das Schlimmste war, dass sie mich ständig anstarrte. Ich sah von einem Buch auf – und sie beobachtete mich. Ich wachte morgens auf – und jedes Mal hatte sie ihre Augen fest auf mich geheftet. Diese Vorfälle rührten meine Opfergeschichten wieder auf. Ich erinnerte mich an meine Erlebnisse in der Grundschule, und der ganze Schmerz und die Erniedrigung waren wieder da – die Menschen aus meiner Vergangenheit, die mich als Fremde, als Ausgestoßene behandelt und mir mit Worten und Taten das Gefühl vermittelt hatten, ich zähle nicht und passe nicht zu den anderen. Ich wollte keinen Ärger, deshalb sagte ich nichts, aber in mir staute sich immer mehr Wut an.

Als Suzie dann eines Tages wieder einmal auf ihrem Bett saß und mich anstarrte, sagte ich mir: *Jetzt reicht's!* Ich stand vor dem Spiegel und legte gerade Ohrringe an. Blitzschnell drehte ich mich um und schrie sie an: »Was zum Teufel glotzt du so? Ich habe keinen Schwanz. Ich esse das gleiche Essen wie du, verdammt nochmal. Ich ziehe meine Hosen auch ein Bein nach dem anderen an, genau wie du. Ich bin ein Mensch, genau wie du. Also hör endlich auf, mich anzustarren, als hättest du in meinem Gesicht was verloren!«

Zu meiner Überraschung füllten sich ihre hübschen Augen sofort mit Tränen, und sie schluchzte: »Es tut mir leid, es tut mir wirklich leid. Ich will dich ja gar nicht anstarren. Ich weiß einfach nicht, was ich tun soll. Ich weiß es nicht, ich weiß es einfach nicht...« Ich konnte sie kaum verstehen, so sehr weinte sie. »Ich will dich ja gar nicht taxieren, wenn ich dich so angucke; ich möchte einfach nur ein bisschen was über dich wissen.«

Plötzlich meldete sich mein Verständnis-Muskel. Er dehnte und straffte sich, während zugleich Mitgefühl mein Herz überströmte. Ich konnte Suzies Schmerz und Verwirrung lebhaft nachempfinden. Wie oft hatte ich mich nicht selbst so gefühlt: Ich hatte keine Ahnung, warum sie mich Kizzy nannten oder warum manche Lehrer so gemein zu mir waren oder warum es die Gangmitglieder auf mich abgesehen hatten. Ich erkannte, dass Suzie nicht absichtlich grausam war; sie wusste bloß nicht, wie sie sich in meiner Nähe verhalten sollte.

In diesem Augenblick betrachtete ich die Geschichten, die ich seit der fünften Klasse mit mir herumtrug, in einem neuen Licht, und zum ersten Mal dachte ich: *Auch die Leute in der Schule hatten keine Ahnung. Brian wusste so viel von mir wie ich von ihm. Und die anderen Kinder plapperten einfach nur nach, was ihnen die Eltern zu Hause vorsagten.*

Es war ein Wendepunkt für mich. Zwar wollte ich meine Opfer-Taschen immer noch nicht vollständig aufgeben, aber ich konnte sie doch immerhin von Zeit zu Zeit im hintersten Eckchen verstauen, statt sie ständig mit mir herumzuschleppen. Immer öfter konnte ich sozusagen meine eigenen Schuhe abstreifen, jenes drückende, zwickende Paar aus alten Verletzungen, Scham und Schuldzuweisungen, und in die eines anderen schlüpfen. So verstand ich, was andere durchmachten. Ich begriff allmählich, dass jeder eine beschwerliche Lebensreise hat, nicht nur Lisa, und ich musste die Reise der anderen genauso achten, wie ich wollte, dass meine geachtet würde.

Wenn jemand Ihre »Knöpfe drückt«, dann geschieht das normalerweise deshalb, weil er oder sie alten Schmerz oder alte Wut in Ihnen reaktiviert – vielleicht fühlten Sie sich damals ausgenutzt, zu Unrecht beschuldigt oder einfach schlecht behandelt. Wenn Sie das nächste Mal merken, dass jemandes Worte, Taten oder Entscheidungen Sie wütend machen, dann poltern Sie nicht gleich los oder verschließen Sie sich nicht völlig, sondern überlegen Sie einen Augenblick, welche Ihrer eigenen Opfergeschichten das Verhalten Ihres Gegenübers aufrührt. Dieses Bewusstsein hilft Ihnen, über Ihre persönliche Geschichte hinauszusehen und zu erkennen, was im anderen gerade vor sich geht. Wenn Sie dann Mitgefühl empfinden, wird Ihr Verständnis-Muskel stärker, und das ist sowohl für Ihre Vergangenheit als auch für Ihre Gegenwart ausgesprochen heilsam.

Sie können andere nicht besser machen, als sie sind!

Das Gefühl, Opfer zu sein, ist weit verbreitet. In meinen Workshops erzählen mir die Teilnehmenden oft, dass und wie sie von anderen verletzt oder nicht genug geliebt wurden. Sie berichten von einer Mutter, einem Vater, einem Ehemann oder einer Ehefrau oder von Geschwistern, die mehr Schaden als Gutes angerichtet haben. Meine Antwort lautet immer gleich: »Alle Menschen in Ihrem Leben versuchen aufrichtig nach ihren Kräften das Beste zu tun. **Andere Menschen können Sie nur so sehr lieben, wie sie fähig sind, sich selbst zu lieben. Sie können Ihnen nur in dem Maße vergeben und Sie annehmen, wie sie auch sich selbst vergeben und sich annehmen können. Sie können Ihnen nur so viel geben, wie sie zu geben haben.** Vielleicht glauben Sie, dass Sie mehr verdient hätten und wahrscheinlich haben Sie damit sogar Recht. Aber das ist unwichtig, wenn Ihr Gegenüber einfach nicht in der Lage ist, Ihnen mehr zu geben.

Oft veranschauliche ich das an folgendem Beispiel: Wenn Sie in ein leeres Zweiliter-Gefäß den Inhalt eines vollen Dreiviertelliter-Gefäßes gießen, dann erwarten Sie doch auch nicht, dass das Zweiliter-Gefäß voll wird, oder? Sie akzeptieren, dass das kleine Gefäß nicht mehr Inhalt fassen kann.

Aber bei Menschen vergessen wir das. Immer wenn Sie erwarten, dass jemand mit einer Dreiviertelliter-Kapazität Ihnen die zwei Liter gibt, die Sie sich wünschen, dann verurteilen Sie den anderen von vornherein zum Scheitern und programmieren für sich selber permanent Enttäuschungen vor.

Letzten Endes kann jemand seine Liebesfähigkeit so stark verbessern, wie er oder sie es will. Wenn diese Person im Augenblick aber bei einem Dreiviertelliter steht, dann können Sie einfach nicht mehr von ihr erwarten. So sehr er oder sie sich vielleicht auch wünscht, mehr geben zu können, im Augenblick ist der betreffende Mensch dazu einfach nicht in der Lage. Er oder sie ist immer noch mit dem Aufbau seiner eigenen Muskeln beschäftigt.

Wenn Ihre Mutter, Ihr Vater, Ihr Mann oder Ihre Frau, Ihre Geschwister, Ihre Kinder oder Freunde die Grenze ihrer momentanen Liebesfähigkeit, ihres Verständnisses, ihres Kommunikationstalents oder ihrer Möglichkeit, Ihnen zu vergeben, erreicht haben, dann haben sie die Wahl – sie können sich entweder um die Verbesserung dieser Fähigkeiten bemühen oder davon ausgehen, dass sie alles getan haben, was ihnen möglich ist. Sie werden sich für das entscheiden, womit sie am besten leben können.

Es liegt nicht in Ihrer Verantwortung, anderen zum Wachstum zu verhelfen. Vielmehr ist es Ihre Aufgabe, sie genau so zu lieben, wie sie sind. Wenn Sie dies akzeptieren können, haben Sie eine der effektivsten Methoden entdeckt, Ihren Verständnis-Muskel auszubilden.

Mit einem starken Verständnis-Muskel werden Sie in Beziehungen weniger Widerstand erleben. Dann reagieren Sie nicht mehr mit Schmerz oder Wut auf alles Negative, was andere sagen oder tun, sondern gönnen ihnen Zeit zum Atemholen. Sie erkennen, dass sie an ihrem eigenen Opfer-Päckchen zu tragen haben und ihren eigenen Seelenmüll mit sich herumschleppen. Dann zwingen Sie andere auch nicht mehr, so zu sein, wie Sie es von ihnen erwarten, sondern können sie allmählich so lieben, akzeptieren und schön finden, wie sie sind.

Denken Sie daran: Seinen Verständnis-Muskel bildet man aus, indem man ihn benutzt. Trainieren Sie diesen Steh-auf-Muskel jeden Tag und tun Sie dazu Folgendes:

1. Suchen Sie das Geschenk in jeder Lage.
2. Blicken Sie über die unmittelbare Situation hinaus, und betrachten Sie das große Ganze.
3. Schauen Sie in Ihr Herz, und entdecken Sie dort Ihr Mitgefühl.
4. Versetzen Sie sich in die Lage der anderen.

Verständnis ist eine innere Veränderung, die im Äußeren große Erträge bringt. Es befreit Sie von Wut und Schmerz und lässt Sie kraftvoller, zielstrebiger und freudiger durchs Leben gehen – *egal was passiert*!

Im Folgenden stelle ich Ihnen nun ein paar *Beflügelnde Erste Schritte* vor, die zu dieser Veränderung und einem starken Verständnis-Muskel führen.

Beflügelnde Erste Schritte

Joan Baez sagte einmal: »Handeln ist das Gegenmittel zur Verzweiflung.« Dem möchte ich hinzufügen: »Und das Mittel zum Erfolg.« Wenn Sie im Leben weiterkommen wollen, dann müssen Sie handeln. Es reicht nicht, wenn Sie von diesen kraftvollen neuen Ideen lesen und darüber nachdenken; Sie müssen auch anwenden, was Sie gelernt haben. Sie müssen gleich heute etwas tun, was Sie gestern noch nicht getan haben.

Im Folgenden stelle ich Ihnen Schritte vor, die ich aufgrund meiner Erfahrung bei der Arbeit mit Tausenden von Menschen entwickelt habe. Ich empfehle sie, um Ihr Verständnis für sich selbst und andere zu stärken. Machen Sie so viele oder so wenige davon, wie Sie möchten. Jeder Mensch ist anders und schreitet unterschiedlich schnell voran. Machen Sie die Schritte, die Sie am meisten ansprechen. (Wenn Sie gute Erfolge erzielen wollen, dann lassen Sie dabei aber nicht genau die Schritte aus, die Ihnen am schwierigsten erscheinen. Denn wenn Sie einen Widerstand gegen eine Übung verspüren, dann bedeutet das normalerweise, dass genau diese Übung Ihnen den größten Nutzen bringt.)

Sie werden einen enormen Zuwachs an Energie verspüren, wenn Sie Ihre Opfer-Taschen ablegen, sich jeden Abschnitt Ihrer Lebensreise wirklich zu eigen machen und alle Menschen in Ihrem Leben einfach so akzeptieren, wie sie sind.

1. **Antworten finden, inneren Frieden finden:** Alle Ihre Erfahrungen, die positiven wie die negativen, haben dazu beigetragen, dass Sie zu dem Menschen werden konnten, der Sie heute sind: jemand, der ständig weiterlernt, wächst und voranschreitet. Den Prozess, bei dem man alte Erfahrungen noch einmal neu betrachtet und seine Beziehung dazu verändert, um ihnen ihren negativen Einfluss zu nehmen,

nennt man »Reframing«. Das Wort kommt vom englischen *frame*, was Rahmen bedeutet. Man stellt also alte Erfahrungen in einen neuen Rahmen. Wenn Sie Ihrer Beziehung zu Geschichten aus Ihrer Vergangenheit einen neuen Rahmen geben, dann werden Sie feststellen, dass Sie mehr Kraft für die Gegenwart haben.

- Nehmen Sie zu Beginn Papier und Stift zur Hand und schreiben Sie zwei bis vier Erlebnisse aus Ihrer Vergangenheit auf, die sehr schmerzlich für Sie waren und bei denen Sie sich heute noch fragen, warum Ihnen dies geschehen ist.
- Wenn Sie sich immer wieder fragen »warum?« und keine Antwort finden können, dann bleiben Sie eine Gefangene und das Opfer Ihres Erlebnisses. Sie werden inneren Frieden finden, wenn Sie alle Ihre »Warums« beantwortet haben. Schreiben Sie deshalb unter jedes Erlebnis in Großbuchstaben »WARUM?«.
- Beantworten Sie dann jedes »WARUM?« aufrichtig und mitfühlend und so, dass Ihre Antwort sowohl der Wahrheit als auch Ihnen gerecht wird. Damit holen Sie sich Ihre Kraft zurück. **Wollen Sie Besiegte oder Siegerin sein? Sie haben die Wahl!** Schieben Sie in Ihren Antworten niemandem die Schuld zu. Schimpfen Sie weder mit sich noch mit anderen. Gestehen Sie allen Beteiligten zu, dass sie wachsen und sich entwickeln, genau wie Sie selbst. Zwar mögen Ihnen nicht alle Antworten gefallen, doch in diesem Ersten Schritt geht es darum, etwas abzuschließen, damit Sie die Geschichte nicht länger mit sich herumtragen und sich damit selbst Kraft rauben.

2. **In die Gegenwart bringen:** Denken Sie an etwas, das Ihnen jetzt gerade zu schaffen macht und Sie beunruhigt oder vielleicht sogar völlig aus der Bahn wirft. Bei diesem Ersten

Schritt werden Sie bis zu drei Gründe dafür finden, dass es sich dabei um ein Geschenk in einer Verpackung aus Schleifpapier handeln könnte. Stellen Sie sich dazu vor einen Spiegel, schauen Sie sich selbst in die Augen, und beantworten Sie folgende Fragen:

- Was lerne ich gerade daraus?
- Inwiefern trainiert diese Situation meinen Verständnis-Muskel?
- In welcher Hinsicht werde ich, sobald ich diese Wachstumschance überstanden habe, ein besserer Mensch sein?

Seien Sie geduldig mit sich selbst. Lassen Sie die Worte frei fließen, und zensieren Sie sich nicht.

(Für alle, die besonders schnell lernen wollen: Machen Sie diesen Schritt 21 Tage lang jeden Tag. So wird es Ihnen zur Gewohnheit, das Segensreiche in jeder Situation zu erkennen.)

3. **Es ist nie zu spät, die eigene Reaktion zu verändern:** Die Menschen in Ihrer Umgebung werden immer reden und handeln, wie sie wollen. Oft vergessen wir, dass unsere Freude und unser innerer Friede nicht davon abhängen, was andere sagen und tun, sondern davon, wie wir darauf *reagieren*. In einer schwierigen oder schmerzlichen Situation reagieren wir normalerweise so, dass wir uns am Ende geschädigt, schlecht, im Unrecht oder schuldig fühlen. Unsere Kraft liegt jedoch in der Erkenntnis, dass wir in jedem einzelnen Augenblick die Möglichkeit haben, uns neu zu entscheiden, und zwar so, dass wir uns hinterher gestärkt statt geschwächt fühlen.

- Denken Sie an eine Situation, von der Sie heute wissen, dass sie besser für Sie ausgegangen wäre, wenn Sie anders reagiert hätten. Halten Sie sich dieses Bild vor Augen.
- Stellen Sie sich nun vor, dass Ihr Gegenüber genauso redet und handelt, wie er oder sie das damals tatsächlich getan hat. Aber malen Sie sich dabei aus, dass Sie dieses Mal anders reagieren, nämlich so, dass das ganze Erlebnis anders ausgeht. Hätten Sie zum Beispiel einige Male tief durchatmen, Ihre Worte überdenken und verantwortungsbewusster abwägen können, was aus Ihrem Mund kam? Hätten Sie über eine spontane Wut hinausschauen und mehr Mitgefühl dafür entwickeln können, wie verletzt Ihr Gegenüber war oder wie fehlgeleitet in seinem oder ihrem Verhalten? Können Sie erkennen, dass die Sache anders ausgegangen wäre, wenn Sie anders reagiert hätten? Das bereitet Sie darauf vor, in Zukunft eine kraftvollere Entscheidung zu treffen.

4. **Versuchen Sie nicht, andere zu verändern:** Sie können die Fähigkeiten anderer zu geben, zu lieben und zu verstehen, nicht beeinflussen. Akzeptieren Sie, dass sie ihr Bestes geben und achten Sie, was sie tun können, statt sich darüber zu beklagen, was sie unterlassen. Wenn Sie eine Beziehung verändern wollen, dann verändern Sie sich selbst. Die folgende Übung wird Ihnen helfen, sehr viel mehr Liebe und Dankbarkeit für die Menschen zu empfinden, die in Ihrem Leben eine Rolle spielen: für Ihre Eltern, Geschwister, Kinder, Freunde und Lebenspartner.

- Nehmen Sie ein Blatt Papier zur Hand und schreiben Sie oben den Namen eines Menschen hin, der in Ihrem Leben eine Rolle spielt. Nehmen Sie für jede Person ein eigenes Blatt. Unterteilen Sie das Blatt dann unterhalb des Namens in vier gleich große Felder.

- Geben Sie jedem Feld eine Überschrift. Das linke obere Feld trägt den Titel: »Was ich an dir liebe«. Listen Sie unter dieser Überschrift alles auf, was Sie an der betreffenden Person lieben. Das können Eigenschaften sein, aber auch Dinge, die der- oder diejenige tut oder sagt. Beginnen Sie jeden Satz mit »Ich liebe an dir, dass du...«; zum Beispiel: »Ich liebe an dir, dass du so lustig bist. Ich liebe an dir, dass du so toll kochen kannst. Ich liebe an dir, dass du mich als Kind beschützt hast.« Schreiben Sie alles auf, was Ihnen einfällt und in dieses Feld passt.
- Das rechte obere Feld erhält den Titel: »Was ich an dir annehmen möchte«. Schreiben Sie in dieses Feld alles, was für Sie bezüglich der betreffenden Person schwierig ist, was Sie jedoch gerne annehmen und lieben möchten. Beginnen Sie jeden Satz mit: »Ich möchte annehmen, dass du...«; zum Beispiel: »Ich möchte annehmen, dass du nicht so oft ›Ich liebe dich‹ sagst, wie ich das gerne hätte. Ich möchte annehmen, dass du immer sehr lange arbeitest. Ich möchte annehmen, dass du dich ganz anders ausdrückst als ich.« Schreiben Sie alles auf, wogegen Sie sich bisher gewehrt haben und wovon Sie sich, insgeheim oder offen, gewünscht haben, dass Sie es dem oder der Betreffenden abgewöhnen könnten.
- Das linke untere Feld bekommt den Titel: »Was mir an dir fehlen würde«. Führen Sie hier alle Erlebnisse und Erfahrungen auf, die Ihnen fehlen würden, wenn es diese Person in Ihrem Leben nicht gäbe. Formulieren Sie jeden Satz mit: »Mir würde fehlen...«; zum Beispiel: »Mir würden die Spiele fehlen, die wir als Kinder gespielt haben. Mir würde fehlen, dass wir stundenlang miteinander lachen können. Mir würde fehlen, dass ich mich in deiner Gegenwart immer als etwas Besonderes fühle.« Es kann durchaus sein, dass es zum Teil dieselben Dinge

sind, die Sie an dem betreffenden Menschen lieben. Das ist ganz in Ordnung so.
- Dem Feld unten rechts geben Sie den Titel: »Was dir aus unserer Beziehung immer in Erinnerung bleiben soll«. Für mich ist dieses letzte Feld das wichtigste. Hier beginnen Sie »mit dem Ende vor Augen«, denn Sie beschreiben Ihre Vision der Beziehung im Laufe der gemeinsamen Jahre. Beginnen Sie jeden Satz mit: »Ich möchte, dass du dich immer daran erinnerst, dass ich (wie wir)…«; zum Beispiel: »Ich möchte, dass du dich immer daran erinnerst, dass ich dich bedingungslos geliebt habe. Ich möchte, dass du dich immer daran erinnerst, dass wir immer über alles reden konnten. Ich möchte, dass du dich immer daran erinnerst, dass ich dich um Verzeihung gebeten habe, wenn es nötig war.« Denken Sie daran, dass Sie in diesem Feld nicht nur zurückblicken und aufschreiben, was Sie bereits getan haben. Sie blicken auch nach vorne und formulieren die Beziehung, die Sie gestalten. (Ich empfehle Ihnen diese Übung ganz besonders für Menschen, die von Ihnen gegangen sind, bevor Sie Ihren Frieden mit ihnen schließen konnten. Passen Sie die Sätze in diesem Fall einfach entsprechend an. Zum Beispiel: »Ich möchte mich immer daran erinnern, dass…«) Auf Seite 61 finden Sie eine Grafik, wie ein solches Blatt aussehen könnte.
- Lesen Sie jetzt noch einmal aufmerksam das ganze Blatt durch. Schauen Sie sich an, was Sie an diesem Menschen lieben, was Sie an ihm annehmen möchten, was Ihnen fehlen würde, wenn dieser Mensch nicht mehr da wäre und was ihm aus Ihrer Beziehung immer in Erinnerung bleiben soll.

Diese Übung hilft Ihnen, die Menschen, die in Ihrem Leben eine Rolle spielen, besser und vollständiger zu akzeptieren. Sie vermittelt Ihnen ein klareres Bild dessen, was sie für Sie bedeuten. Jetzt können Sie die kleinen

Herausforderungen, die Ihnen zuvor so riesig erschienen, leichter meistern.
- Erstellen Sie für jeden Menschen in Ihrem Leben ein eigenes Blatt.

Versuche Sie nicht, andere zu verändern

(Name)

Was ich an dir liebe	*Was ich an dir annehmen will*
Was mir an dir fehlen würde	*Was dir aus unserer Beziehung immer in Erinnerung bleiben soll*

Kapitel zwei

Training für Ihren Ich-glaub-an-mich-Muskel:
So stoppen Sie das negative Geplapper in Ihrem Kopf

Wenn ein Sturm durch den Wald tost und dabei alles in seiner Bahn niederreißt, dann bleibt nur der Baum stehen, der tief in der Erde verwurzelt ist. Beim Menschen sorgt ein bestimmter Steh-auf-Muskel für eine solche Erdung. Ich nenne ihn den Ich-glaub-an-mich-Muskel. Er gibt uns die Kraft, aufrecht zu bleiben, wenn die Winde der Angst, Wut oder Verzweiflung uns umzureißen drohen.

Wenn Ihr Ich-glaub-an-mich-Muskel stark ist, haben Sie auch ein hohes Selbstwertgefühl. Sie glauben an sich. Sie sind gut zu sich. Ihre Selbstgespräche – also die Stimmen in Ihrem Kopf – unterstützen Sie und helfen Ihnen, Ihre Ziele zu erreichen. Mit einem gut entwickelten Ich-glaub-an-mich-Muskel kommen Sie auch dann vorwärts, wenn Hindernisse und Herausforderungen sich Ihnen in den Weg stellen.

Ohne den Glauben an sich selbst ist Erfolg beinahe unmöglich. Selbst wenn alles gut läuft, haben Sie dann vielleicht das Gefühl, dass Sie so viel Glück gar nicht verdient haben. Das negative Geplapper in Ihrem Kopf nimmt Sie gefangen und zieht Sie runter. Ich kenne dieses Phänomen nur zu gut. In der Highschool wurde die Ausbildung meines Ich-glaub-an-mich-Muskels für mich buchstäblich zu einer Frage von Leben oder Tod.

Ein Doppelleben führen

Einerseits lief alles bestens, ich gehörte zur Schwimm-Mannschaft, war Leiterin der Cheerleader und mit Begeisterung Kapitänin der Leichtathletik-Mannschaft. Das war etwas ganz Besonderes, weil wir uns mit Fug und Recht damit brüsten konnten, dass wir im Vorjahr die Landesmeisterschaften gewonnen hatten. Doch damit nicht genug: Ich arbeitete am Jahrbuch mit und saß im Schülerbeirat. Dabei wussten die meisten gar nicht, dass ich schulisch echt zu kämpfen hatte. Wenn meine Freunde im Zeugnis ein C (entspricht etwa einer »4«, Anm. d. Übers.) hatten, ärgerten sie sich, aber wenn ich ein C hatte, brach ich in Jubelschreie aus.

Nach außen hin hatte ich immer ein Lächeln oder einen flotten Spruch auf den Lippen, aber im Innern war ich von Selbstzweifeln und zuweilen sogar Selbsthass zerfressen. Ich war nicht nur wütend auf mich, dass ich keine bessere Schülerin war, sondern hatte auch noch die negativen Bemerkungen und Meinungen, die andere früher einmal über mich geäußert hatten, verinnerlicht und für mich übernommen. Hinter der Maske des schillernden Schmetterlings und Freigeistes fühlte ich mich wie ein Vogel im Käfig.

Am schlimmsten aber waren meine negativen Selbstgespräche. An manchen Tagen fühlte sich das so an, als hätte ich einen persönlichen Kritiker im Kopf, der mich stets auf meine Fehler hinwies und mir ständig vor Augen führte, wie unattraktiv ich war. An anderen Tagen war es schon ein kleines Komitee, das mich darauf aufmerksam machte, dass insgeheim alle über mich lachten. Wenn es ganz schlimm kam, dann fühlte ich mich, als hätte ich eine komplette Telefongesellschaft zwischen den Ohren, und alle Stimmen redeten mir zu, einfach aufzugeben und Schluss zu machen. Das negative Geplapper in meinem Kopf sagte, allen anderen könne ich ja vielleicht etwas vormachen, aber mir selber nicht. Meine Beliebtheit und mein Teamgeist in der Schule konnten meinen Schmerz zwar vertuschen, aber meinen inneren Aufruhr nicht beseitigen.

> **Ich bin nicht allein**

Wir haben alle schon einmal Zeiten durchgemacht, in denen der Mensch, den wir nach außen hin darstellten, nicht mit demjenigen übereinstimmte, der wir wirklich waren. Manchmal fühlt sich das sogar richtiggehend so an, als führten wir ein Doppelleben, als würde uns niemand richtig kennen, weil wir unseren Schmerz hinter einem Lächeln und hinter unserer Produktivität verstecken.

Kreuzen Sie ein Kästchen an, wenn Sie dieses Gefühl nachempfinden können. Kreuzen Sie zwei Kästchen an, wenn Sie das häufig so erlebt haben. Kreuzen Sie drei Kästchen an, wenn Sie sich darin treffend beschrieben fühlen.

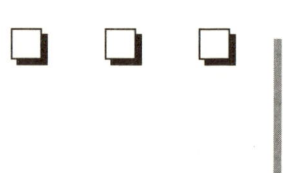

Selbstgespräche bewusst wahrnehmen

Ob es Ihnen bewusst ist oder nicht, auch Sie führen innere Selbstgespräche. Ohne Ihre Lippen auch nur einmal zu bewegen, sagen Sie sich, dass Sie heute gut aussehen oder dass Sie heute gar nicht gut aussehen, dass Sie einfach großartig sind oder dass Sie Fehler gemacht haben. Wenn Sie jetzt denken: *Ich führe doch keine stillen Selbstgespräche; ich weiß gar nicht, was die meint* – dann ist das genau so ein inneres Selbstgespräch, wie ich es meine. Wir sprechen alle mit uns selbst, und was wir dabei sagen, hat großen Einfluss auf uns. So können wir uns selbst zu ziemlich großen Dummheiten überreden, und wir können uns auch großartige Vorhaben ausreden. Ich bin sicher, Sie haben beides schon einmal erlebt. Denn in Wahrheit ist unser Leben lediglich eine quicklebendige Manifestation dieser inneren Selbstgespräche.

Wenn Sie Ihren Ich-glaub-an-mich-Muskel ausbilden wollen, müssen Sie zunächst diese inneren Selbstgespräche bewusst wahrnehmen. Reden Sie mit sich, wie es eine liebevolle Freundin tun würde? Oder sind Sie streng mit sich – kritisch, ungeduldig, ja sogar beleidigend? Ohne Bewusstsein keine Veränderung. Wenn Sie Ihre inneren Selbstgespräche erst einmal bewusst wahrnehmen können, dann können Sie auch lernen, jedes negative Geplapper zu stoppen, sobald es seine destruktive Stimme erhebt.

Sie dehnen Ihren Ich-glaub-an-mich-Muskel, indem Sie bisherige Gewohnheiten aufgeben. Dann werten Sie sich selbst nicht mehr ab, sondern bauen sich mit Liebe auf! Am Ende dieses Kapitels habe ich Beflügelnde Erste Schritte für Sie zusammengestellt, mit denen Sie Ihre negativen Selbstgespräche zunächst erkennen können. Im nächsten Schritt haben Sie die Möglichkeit, anstelle der schädlichen und entmutigenden Botschaften, die Sie herunterziehen, positive Neuformulierungen zu entwickeln.

Sieger geben niemals auf

Mit 15 war meine Leistung in der Schwimm-Mannschaft ein steter Quell des Unglücks für mich. Ich schwamm liebend gerne und bestritt seit etwa drei Jahren auch Wettkämpfe, aber mittlerweile war ich kurz vorm Aufgeben. Nicht, dass meine Schwimmlust bereits gestillt gewesen wäre – ich war einfach so schrecklich schlecht. Meine Lieblingsdisziplin waren die 100-Meter-Freistil, aber irgendwie wurde ich immer

Allerletzte. Ich hatte ein ganzes Regalbrett voller Anerkennungsbändchen, Trostpreisen also, die besagten: »Danke, dass du da warst. Und weil wir nicht wollen, dass du mit leeren Händen wieder gehen musst, haben wir hier etwas für dich. Das kannst du mit nach Hause nehmen und deiner Mutter zeigen.« Und das tat ich dann auch. Ich brachte mein Anerkennungsbändchen mit nach Hause, und meine Mutter stellte es ins Regal. Meine liebe Mutter hatte keine Ahnung, dass das bedeutete, dass ich Letzte geworden war. Sie glaubte wirklich, ich hätte etwas Besonderes geleistet. Doch dieses Regal wies mich weithin sichtbar als Verliererin aus, und ich hatte die Nase gestrichen voll davon.

Eines Nachmittags, es war am Tag vor einem großen Wettkampf, beschloss ich, meiner Großmutter zu verkünden, dass ich in der Schwimm-Mannschaft aufhören wollte. Nun müssen Sie wissen, dass meine Großmutter zwar nur 1,60 Meter groß war – und auch das nur, wenn sie auf Zehenspitzen stand – und selbst tropfnass höchstens 45 Kilo wog; aber sie war eine Frau, mit der man rechnen musste! Sie hielt ihren Haushalt und unsere ganze Familie auf Trab, ohne je vom Sofa aufzustehen oder auch nur die Stimme zu erheben. Ich war mir nicht sicher, wie sie meinen Entschluss aufnehmen würde. Zwar war ich die einzige Sportlerin in unserer Familie, aber da nur höchst selten einmal jemand bei einem meiner Wettkämpfe hatte zuschauen können, dachte ich, es wäre bestimmt keine große Sache.

An jenem Tag also nahm ich meine übliche Position ein und legte meinen großen Kopf auf ihren winzigen Schoß, damit sie mich kraulen konnte. Das machte sie bei allen ihren 18 Enkelkindern, seit ich denken konnte. Als ich ihr sagte, ich wolle mit dem Schwimmen aufhören, stieß sie urplötzlich meinen Kopf von ihrem Schoß, hieß mich aufrecht hinsetzen, sodass sie mich anschauen konnte, und sagte mit ihrer strengsten Stimme: »Kind, merk dir diese Worte: Aufgeber werden niemals Sieger, und Sieger geben niemals auf!«

Ich war baff. Meine Großmutter sprach fast nie in absoluten Begriffen wie »niemals« oder »immer«. Ich fragte: »Oma, meinst du wirklich *niemals*?«

Sie sagte: »Genau, mein Kind, ich meine *niemals*!«

Dann legte sie meinen Kopf wieder auf ihren Schoß und kraulte mich weiter. Sie erzählte mir vom Durchhaltevermögen und der Stärke meiner Vorfahren und erinnerte mich daran, dass ich eine großartige Herkunft hatte. Ich weiß noch, wie mir ein paar Tränchen aus den Augenwinkeln kullerten, als sie – schon wesentlich milder gestimmt – zu mir sagte: »Meine Süße, natürlich darfst du müde sein, natürlich darfst du erschöpft sein. Vielleicht brauchst du einfach etwas Ruhe, musst dich zurückziehen und neue Kraft schöpfen. Aber danach musst du unbedingt wieder auf der Matte stehen und weitermachen.«

Doch schon im nächsten Moment änderte sich ihr Ton. Ich spürte ihre ganze stahlharte Kraft, als sie sagte: »Lisa, deine Großmutter hat keine Verlierer und Aufgeber großgezogen. Du gehst morgen zu diesem Schwimm-Wettkampf und schwimmst, wie es sich für meine Enkelin gehört, hörst du?«

Darauf gab es nur eine Antwort, das wusste ich: »Jawoll, Oma!«

Am nächsten Tag kam meine Mannschaft zu spät zum Wettkampf; meine Disziplin, 100-Meter-Freistil für 15- bis 16-jährige Mädchen, war schon vorbei. Meine Trainerin bestand darauf, dass ich in der nächsten Altersgruppe, also bei den 17- bis 18-Jährigen, schwimmen sollte. Ich hätte mich am liebsten klammheimlich aus dem Schwimmbad gestohlen und wäre abgehauen. Ich wusste, sie wollte mich einfach nur beim Rennen dabeihaben, damit wir nicht umsonst so weit gefahren waren. Sie machte sich keinerlei Hoffnungen, dass ich besser als als Achte abschneiden würde, und auch das nur, weil es keine neun Teilnehmerinnen gab.

Ich stieg also auf den Startblock und warf dabei einen Blick auf die anderen Schwimmerinnen. Diese Mädchen mit ihren hautengen Kappen, Schwimmbrillen und Profi-Schwimmanzügen waren mir um Längen überlegen. Das konnte nur schiefgehen. Ich ließ die Schultern hängen. Ich wusste, ich würde Letzte. *Warum dann überhaupt die Mühe?*

Plötzlich kamen mir Großmutters Worte wieder in den Sinn: *Aufgeber werden niemals Sieger, und Sieger geben niemals auf! Aufgeber werden niemals Sieger, und Sieger geben niemals auf!*

Der Startschuss fiel.

Platsch!

Aufgeber werden niemals Sieger, und Sieger geben niemals auf! Aufgeber werden niemals Sieger, und Sieger geben niemals auf!

Ich schwamm schnell, schneller als je zuvor. Nach der Hälfte der ersten Bahn sah ich, als ich meinen rechten Arm nach hinten zog, dass ich mit einer anderen gleichauf lag. Ich nahm an, wir trugen den Kampf um den achten Platz aus. Da beschloss ich, dass heute einmal die andere Allerletzte werden sollte, und warf mich mit dem ganzen Körper in meine Schwimmzüge. Am Ende der Bahn wendete ich mit geradezu explodierender Energie und legte auf den letzten 50 Metern nochmal an Tempo zu.

Aufgeber werden niemals Sieger, und Sieger geben niemals auf! Aufgeber werden niemals Sieger, und Sieger geben niemals auf!

Beim Finish schlug ich an und schaute mich rechts und links nach den Schwimmerinnen um, die mich geschlagen hatten, aber da war keine. Ich war die Einzige. *Mann!*, dachte ich. *Ich bin so langsam. Die sind bestimmt schon aus dem Wasser gestiegen.*

Ich hob den Kopf und sah, dass meine Trainerin hysterisch herumschrie. Meine Augen folgten ihrem Zeigefinger – und ich traute meinen Augen nicht. Die anderen Schwimmerinnen hatten gerade die Mitte der Bahn erreicht. Ich wandte mich wieder zu meiner Trainerin um und fragte: »Was ist passiert? Hätte ich noch mehr Bahnen schwimmen sollen? *Was ist denn los?*«

Sie erwiderte: »Das frag ich *dich*, Lisa! Du bist erst 15 und hast soeben den amerikanischen Rekord im 100-Meter-Freistil der 17- bis 18-Jährigen gebrochen!«

Völlig benebelt von meinem unerwarteten Sieg konnte ich mir zuerst einmal gar nicht vorstellen, wie ich das gemacht hatte. Dann wusste ich es: Ich hatte meine inneren Selbstgespräche verändert. Statt wie üblich zu denken: *Ich will nicht verlieren, ich will nicht verlieren, ich will nicht verlieren*, hatte ich mir gesagt: *Aufgeber werden niemals Sieger, und Sieger geben niemals auf!*

Ich hatte mich also aufs Gewinnen konzentriert, statt darauf, nicht zu verlieren!

Und wie ist es bei Ihnen? Konzentrieren Sie sich auf das, was Sie *nicht wollen*, statt auf das, was Sie *wollen*? Allzu oft verwenden wir unsere Energie darauf, etwas Schlechtes zu vermeiden, statt darauf, etwas Gutes zu schaffen. Dann sagen wir uns zum Beispiel: »Ich möchte in einer neuen Beziehung nicht verletzt werden« statt »Ich möchte eine gute und erfüllende Beziehung.« Oder: »Ich habe Angst, ich schaff das nicht« statt »Ich werde alles tun, damit es mir gelingt.« Denken Sie daran, das Gesetz der Anziehung besagt, dass Ähnliches Ähnliches anzieht. Wenn wir unsere Aufmerksamkeit auf das lenken, was wir nicht wollen, dann ziehen wir genau das an. Deshalb ist es so wichtig, dass unsere inneren Selbstgespräche positiv bleiben und wir an unseren Zielen festhalten. Wir können unsere Energie darauf verwenden, uns selber zu helfen oder uns zu hemmen. Es liegt wirklich einzig und allein an uns!

Die Selbstgespräche ändern

Niemand wacht morgens auf und denkt sich: *Okay, wollen wir doch mal sehen, wie ich mich heute wieder am besten sabotieren kann!* Dennoch versetzen uns die entmutigenden Selbstgespräche in unserem Kopf Tag für Tag viele Dämpfer. Es ist, als hätten wir einen CD-Spieler im Kopf und könnten einfach nicht die Stopp-Taste drücken, wenn das negative Geschwätz außer Kontrolle gerät.

Was also können wir tun, um diese schädlichen Selbstgespräche zu verändern? Dieser Prozess hat zwar viele Facetten, ein wichtiges Schlüsselelement ist jedoch, im Vorhinein einen Handlungsplan zu entwickeln, der auch ein körperlich spürbares Signal einschließt, das Sie an Ihre Absicht erinnert.

Die folgende Technik hat sich für mich – und für Tausende von Menschen, denen ich sie im Laufe der letzten zehn Jahre in meinen Workshops vermittelt habe – sehr bewährt, um von negativen inneren Dialogen auf positive Selbstgespräche umzuschalten. Ich nenne sie meine Geheimwaffe, denn sie funktioniert wirklich jedes Mal.

Stellen Sie sich zunächst den besagten CD-Spieler in Ihrem Kopf vor. Achten Sie darauf, dass es ein Doppel-CD-Spieler ist: Die negative CD läuft auf der linken, die positive CD auf der rechten Seite. Wenn Sie sich nun das nächste Mal dabei erwischen, dass Sie auf Ihre negativen Selbstgespräche hören, dann drücken Sie mit Ihrem Zeigefinger auf eine Stelle an der linken Stirnhälfte, so als wollten Sie die negative CD abschalten. Drücken Sie dann auf eine Stelle an Ihrer rechten Stirnhälfte, und starten Sie damit die CD, die Sie bestärkt.

Ich weiß, was Sie jetzt denken: *Die macht ja wohl Witze, wenn sie meint, ich stupf mir an den Kopf, um meine inneren Selbstgespräche in den Griff zu kriegen!* Okay, sagen Sie ruhig, ich sei verrückt. Sie wären nicht der Erste. Auf jeden Fall hat es bei mir und bei den Tausenden, die diese Methode angewandt haben, wunderbar funktioniert.

Wendy, eine junge Frau, die vor etlichen Jahren bei einem meiner Workshops war, berichtete mir Folgendes über ihre Erfahrung mit dieser Technik:

> Bei den Feiern zum College-Abschluss sollte ich eine Rede halten, aber auf dem Weg zur Bühne meldeten sich plötzlich meine negativen Selbstgespräche und prophezeiten mir, ich würde das gehörig vermasseln. Meine alten CDs *Angst* und *Versagen* liefen ununterbrochen, als ich mit zitternden Händen mein Redemanuskript aufs Pult legte. Beim Blick ins Publikum wurde mein Mund ganz trocken. In panischer Angst erinnerte ich mich plötzlich an die Geheimwaffe, die Lisa uns gezeigt hatte. Und obwohl mir 8.000 Menschen zuschauten, hob ich meinen Finger zur Stirn und drückte schnell erst die linke und dann die rechte Seite. Sofort spürte ich die Veränderung, ein mächtiger Schub an Selbstvertrauen erfüllte mich. Ich straffte die Schultern, öffnete den Mund und gab alles, was ich hatte. Zu meiner Überraschung und großen Freude erntete ich am Ende meiner Rede tosenden Beifall.
> Als ich von der Bühne ging, kam eine Frau auf mich zu. Sie gratulierte mir zu meiner Rede und fragte dann: »Ich frage mich, warum Sie sich erst links und dann rechts auf die Stirn gedrückt haben, bevor Sie angefangen haben zu reden.«
> Ich lächelte sie an und erklärte: »Ich habe die Stopp-Taste für meine negativen und die Play-Taste für meine positiven Selbstgespräche gedrückt, damit ich für Sie mein Bestes geben konnte.«
> Die Frau starrte mich an und fing dann an zu weinen. Nach etwa einer Minute sagte sie: »Danke. Eigentlich bin ich zur Abschlussfeier meines Sohnes hierhergekommen,

und ich bin sehr stolz auf ihn. Jetzt weiß ich, dass ich hier auch Ihnen begegnen sollte. Ich warte schon ein ganzes Leben lang darauf, dass mir jemand das sagt, was Sie gerade gesagt haben. Vielleicht kann ich von jetzt an auch besser mit meinen negativen Gedanken umgehen.«

Wenn Sie diese Stellen auf Ihrer Stirn drücken, ist das ein körperlich spürbares Signal zur Veränderung Ihres Denkens. Diese Technik basiert auf dem Neurolinguistischen Programmieren (NLP), eine Methode, die das Denk-, Sprach- und Verhaltensmuster des Menschen untersucht. Eine körperliche Aktion, die einen bestimmten Zustand oder ein bestimmtes Verhalten auslösen soll, nennt man im NLP »Ankern«. Bei einer geschäftlichen Besprechung, einer Verabredung oder anderen Gelegenheiten, wo Sie etwas diskreter vorgehen müssen, können Sie auch die Mitte Ihrer linken und dann Ihrer rechten Handfläche drücken. Ob auf der Stirn oder in der Handfläche – diese neue Ankertechnik soll Sie körperlich spürbar daran erinnern, dass Sie nur noch auf die Gedanken hören wollen, die Ihnen dienen und die Sie im Leben weiterbringen.

Am Ende meiner Kräfte

An jenem Tag beim Schwimm-Wettkampf hatte ich erlebt, welch starken Einfluss meine inneren Selbstgespräche auf mein Leben haben. Danach gab ich mir große Mühe, mein Denken in die richtigen Bahnen zu lenken. Doch leider konnte ich damals noch keine dauerhafte Veränderung erreichen. Nach wie vor kam es häufig vor, dass das negative Geschwätz mich übermannte. Nur wenige Monate später brach dieses Geschwätz alle Rekorde. Damals brach für mich eine Welt zusammen.

Meine Familie war für mich immer ein Zufluchtsort gewesen. Unsere Familienurlaube, Kinoabende und unser tägliches gemeinsames Abendessen waren die Höhepunkte in meinem Leben. Als dann aber meine Eltern meinem Bruder und mir in einem gemeinsamen Gespräch sagten, dass sie sich scheiden lassen würden, war es für mich, als würde mein Herz in Stücke gerissen. *Warum machen die so was bloß?*, fragte ich mich. Ich hatte schon mitbekommen, dass sie hin und wieder Meinungsverschiedenheiten hatten, aber ich hatte sie nie wirklich streiten hören.

Unmittelbar danach zog mein Vater von zu Hause aus, und für mich begann eine wahre Hölle. Meine Mutter war wunderbar, aber mein Daddy war mein Beschützer – mein Traumprinz – und mein bester Freund. Er fehlte mir mehr, als ich es je für möglich gehalten hätte.

Ich bin nicht allein

Hat Ihnen jemals etwas so sehr wehgetan, dass Sie alles getan hätten, nur damit der Schmerz aufhört? In der größten Qual und Einsamkeit kann einem sogar Selbstmord wie eine Lösung vorkommen.

Kreuzen Sie ein Kästchen an, wenn es Ihnen schon einmal so ergangen ist. Kreuzen Sie zwei Kästchen an, wenn das mehr als einmal der Fall war. Kreuzen Sie drei Kästchen an, wenn Sie oft so zu kämpfen hatten oder noch haben.

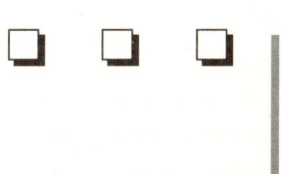

Meine negativen Selbstgespräche und mein Überlebenskampf in der Schule waren ja schon schlimm genug gewesen. Aber mit diesen Veränderungen in meiner Familie ging der Ärger erst richtig los. Mit Beginn der Oberstufe war ich unglücklicher denn je, und meine Gedanken quälten mich unsäglich.

Während meine Freunde überlegten, auf welches College sie gehen wollten, dachte ich an Selbstmord. Natürlich wäre meine Familie für mich da gewesen, wenn ich sie um Hilfe gebeten hätte, aber ich wusste einfach nicht, wie ich das anstellen sollte. Ich wollte eigentlich nicht sterben – aber ich wollte, dass der Schmerz aufhört.

Eines Samstagabends lag ich ganz allein zu Hause auf meinem Bett, plante meinen Tod und stellte mir meine Beerdigung vor. Jeder sagte zum anderen, dass er oder sie ja keine Ahnung gehabt hätte, dass ich so niedergeschlagen und unglücklich war. Meine Mutter und mein Vater saßen weinend beieinander, vereint in ihrer Trauer.

Dieses Bild vor Augen, fing ich auch selber an zu weinen. Ich dachte an alles, was mir fehlen würde: Weihnachten, meine Schulabschlussfeier, alle Geburtstage und Feiertage, die noch vor mir lagen und an denen immer die ganze große Familie zusammenkam. Aber der Schmerz in meinem Herzen war unerträglich, weitaus größer als das Bedauern, dass ich diese Zukunft nicht mehr erleben würde.

Ich setzte mich auf und bereitete mich aufs Sterben vor. Dann ging ich zum Medizinschränkchen im Badezimmer und schaute hinein. Ich wollte etwas nehmen, was meinem Leben ein schnelles und schmerzloses Ende setzen würde, konnte aber lediglich ein fast leeres Glas Tylenol PM[3] finden. Ich zählte acht blaue Tabletten – und zögerte, denn ich befürchtete, dass mir von dieser Menge zwar gehörig schlecht würde, ich aber nicht sterben könnte. Mit einem tiefen Seufzer gab ich die Tabletten zurück ins Glas und stellte es wieder in das Fach, in dem ich es entdeckt hatte.

Ich schloss das Schränkchen und lehnte mich an den Spie-

---

[3] Ein in den USA weit verbreitetes kombiniertes Schmerz- und Beruhigungsmittel mit den Wirkstoffen Paracetamol und Diphenhydramin, Anm. d. Übers.

gel. Dabei schaute ich mir starr in die braunen Augen. Ich stellte mir vor, meine Großmutter hielte mein Gesicht in ihren zarten und doch starken Händen. Plötzlich hörte ich ihre Stimme: »Lisa, Aufgeber werden niemals Sieger, und Sieger geben niemals auf!«

Ich brach in Tränen aus, als mir klarwurde, wie nah ich daran gewesen war aufzugeben. So war ich nicht erzogen worden. Ich zwang mich, weiter in den Spiegel zu schauen. Zwar konnte ich da immer noch keine Siegerin erkennen, aber ich konnte meiner Großmutter vertrauen, die mir ohne den geringsten Zweifel gesagt hatte, dass ich eine Siegerin war. In jenem Augenblick beschloss ich, daran zu glauben, dass das, was sie in mir sah, die Wahrheit war.

Sich den Glauben von anderen borgen

Wie ich werden auch Sie sich wahrscheinlich hin und wieder bei Ihrer Familie und bei Freunden Hilfe holen müssen, wenn Sie Ihren Ich-glaub-an-mich-Muskel aufbauen. Aber schon mit ein klein wenig mehr Selbstvertrauen können Sie allmählich erkennen, wie wichtig Sie sind – ganz ohne Egoismus und Prahlerei, sondern auf eine sehr gesunde Art. Dann sind Sie auch bereit, um Hilfe zu bitten. Es klingt paradox, aber je mehr Sie an sich selbst glauben, desto weniger kann Sie Ihr Ego daran hindern, Hilfe von anderen anzunehmen und sie an Ihrem Seelenleben teilhaben zu lassen. Sie erkennen dann, dass wahre Stärke und Bescheidenheit bedeuten, dass man sich von anderen Hilfe holen und ihnen umgekehrt auch Hilfe geben kann.

Als dann an jenem Abend etwas später mein Vater nach Hause kam – ich lebte damals bei ihm –, setzten wir uns zusammen und redeten. Ich wollte ihm unbedingt sagen, wie kurz davor ich gewesen war, mich umzubringen, aber ich wusste, das würde ihn zutiefst aufwühlen. Wir schütteten einander unser Herz aus, und irgendwann im Laufe unseres Gespräches muss er gemerkt haben, dass ich etwas brauchte, an dem ich mich festhalten konnte. Dann sah er mir in die Augen und sagte: »Lisa, ich bin so stolz darauf, dass ich dein Vater sein darf. Als du geboren wurdest, hatte mein Leben plötzlich wieder einen Sinn.« Ich spürte, wie mir seine ganze Liebe zuströmte. Ich fühlte mich wie eine Pflanze, die im ausgedörrten Boden ums Überleben kämpfte, und nun hatte endlich der Regen eingesetzt. Er hatte keine Ahnung, wie gut er mir in jenem Augenblick getan hat. Als ich später im Bett lag, rief ich mir wieder ins Gedächtnis, dass ich eine Siegerin war, und dieses Mal fügte ich dem noch hinzu, dass ich dem Leben meines Vaters einen Sinn gegeben hatte. Ich sammelte neue Gedanken, die mein negatives Geschwätz ersetzen sollten.

Ein paar Tage später ging ich mit meiner Mutter zum Mittagessen. Im Laufe unseres Gespräches sagte sie: »Lisa, du warst schon immer eine Kämpfernatur, und dafür bewundere ich dich wirklich.« Mein Herz hüpfte vor Freude bei dem Gedanken, dass meine Mutter mich tatsächlich bewunderte. Auch dies war wieder genau das, was ich gerade brauchte.

Ich fing an, mich mit den Augen meiner Familie und meiner Freunde zu sehen. Jeden Tag sang ich innerlich beim Lauftraining auf der Bahn: *Aufgeber werden niemals Sieger, und Sieger geben niemals auf! Mein Vater ist stolz auf mich. Meine Mutter bewundert meine Kraft. Ich bin eine Kämpfernatur!* Statt meinem eigenen verzerrten Selbstbild zu glauben, glaubte ich daran, dass ich die Kraft, Liebe und Güte, die die anderen in mir sahen, wirklich besaß. Ich borgte mir ihren Glauben, als es mir an Glauben an mich selber mangelte.

Mit der Zeit verblassten die negativen Botschaften des persönlichen Kritikers, des kleinen Komitees und der Telefongesellschaft in meinem Kopf, und ich entwickelte eine echte Zuneigung zu mir selbst – zu diesem ganz und gar nicht vollkommenen, aber einzigartigen Menschen Lisa.

Um Hilfe bitten

Nehmen Sie sich einen Augenblick Zeit, und denken Sie an Menschen, die Sie lieben, die Ihnen Mut machen und Sie toll finden. Das sind Ihre Raketen-Booster-Freunde, wie ich sie nenne. Sie sind die Hilfsrakete, die Ihrer eigenen Rakete zusätzlichen Startschub gibt. Sie bilden den Kern der Gemeinschaft, in der Sie sich geborgen fühlen. Wenn Sie Ihre eigene Größe nicht erkennen können, wenn Sie nicht mehr wissen, wer Sie sind oder wer Sie gerade werden, dann stärken Sie an solchen Tagen Ihren Ich-glaub-an-mich-Muskel und wenden Sie sich an Ihre Raketen-Booster-Freunde. Sagen Sie ihnen zum Beispiel: »Mir fällt es gerade richtig schwer zu erkennen, was an mir gut ist. Ich vertraue dir und schätze deine Meinung über mich. Bitte sag mir mal, welche guten Eigenschaften du an mir erkennen kannst.« Lassen Sie Ihre Freunde ein Bild von Ihnen zeichnen, das Sie stärkt und das Sie so lange anschauen können, bis Sie selbst ein ähnliches Bild von sich haben.

In meinen Workshops sage ich den Teilnehmenden oft: »Wenn Ihre eigenen Beine Sie nicht tragen, dann borgen Sie sich Kraft von jemand anderem. Wenn Sie selbst nicht mehr klar sehen können, dann borgen Sie sich die Klarheit anderer. Wenn Ihr Herz schmerzt, dann leihen Sie sich Liebe von jemand anderem. Und wenn Sie das Licht am Ende des Tunnels nicht sehen können, dann borgen Sie sich den Glauben an einen guten Ausgang von jemand anderem.«

Wahrscheinlich haben Sie schon einmal erlebt, dass andere etwas Negatives über Sie sagten und dass sich das bei Ihnen festgesetzt hat, obwohl Sie sich große Mühe gaben, dem keinen Glauben zu schenken. Nun, wenn andere Ihnen ihre Liebe und ihre Wertschätzung zeigen, dann können dieselben Kräfte und Einflüsse, die zuvor im Negativen gewirkt haben, jetzt ebenso gut zu Ihren Gunsten wirken! Probieren Sie es aus. Sie werden es als enorm stärkend und inspirierend erleben.

Das Äußere spiegelt das Innere

Während ich meinen Ich-glaub-an-mich-Muskel trainierte, veränderte sich vieles, im Äußeren wie im Inneren. Ich war allmählich mehr im Einklang mit mir selber, und schon eröffneten sich mir neue Möglichkeiten. Im Sommer 1984 fanden in Los Angeles die Olympischen Spiele statt. Im Frühjahr desselben Jahres wurde angekündigt, dass von den über 2.500 Läuferinnen im Los Angeles County, 50 Bahnläuferinnen die Chance erhielten, während der Spiele direkt mit den Olympialäuferinnen zu arbeiten. Den ganzen Sommer lang wären diese Mädchen auf Tuchfühlung mit den Stars der Läuferinnenszene, würden ihnen assistieren und damit Spitzensportlerinnen aus der ganzen Welt unterstützen; Sportlerinnen, die Bronze-, Silber- und Goldmedaillen gewinnen und neue Weltrekorde aufstellen würden.

Hunderte von Mädchen, die wesentlich schneller waren als ich (und wesentlich bessere Noten hatten) bewarben sich um einen Platz in diesem Eliteteam, daher war ich schon dankbar, dass meine Trainerinnen mich zum Lohn für meine Bemühungen immerhin nominierten. Als ich dann eines Tages aus der Schule nach Hause kam und einen Brief des Olympischen Komitees mit einer Einladung ins Team vorfand, war ich vor Freude ganz aus dem Häuschen! Ich schwebte förmlich durchs Haus und stellte mir vor, wie ich Tag für Tag mit Florence Griffith Joyner, Carl Lewis und Mary Decker zusammen war. Wochenlang konnte ich kaum essen, schlafen oder mich auf irgendetwas anderes konzentrieren.

Vor lauter Freude wegen der Olympischen Spiele fiel meine Enttäuschung darüber, dass ich bis Juni immer noch von keinem der Colleges, bei denen ich mich beworben hatte, eine Zusage erhalten hatte, kaum ins Gewicht. Als es mir so schlecht gegangen war, hatte ich die Bewerbungen monatelang immer wieder aufgeschoben, denn damals glaubte ich ja nicht, dass ich zu Collegebeginn überhaupt noch am Leben wäre. Sobald mir dann aber klar war, dass es für mich sehr wohl noch eine Zukunft gab, musste ich mich mächtig beeilen und Bewerbungen einreichen. Zwar befürchtete ich, damit für das nächste Schuljahr schon zu spät dran zu sein, aber ich bemühte mich, meine inneren Selbstgespräche so positiv zu halten wie ich nur konnte – und nicht allzu weit über den Sommer hinauszudenken.

Eines Abends, drei Tage vor dem Beginn der Olympischen Spiele, rief mein Vater mich zu sich in die Küche. Mit strengem Blick fragte er: »Lisa, was gedenkst du eigentlich nach den Olympischen Spielen zu tun?«

Das war, als hätte er einen Eimer eiskaltes Wasser über mir ausgeschüttet. Gezwungen, der Realität nach dem Sommer ins Auge zu sehen, antwortete ich knapp: »Ich weiß nicht, Dad. Ich werde mir wohl irgendeine Arbeit suchen müssen, weil ich ja von keiner Schule, in die ich wollte, eine Zusage erhalten habe.«

»Na«, sagte er, »vielleicht solltest du mit den Bewerbungen doch noch etwas warten.«

Daraufhin schaute ich ihn etwas begriffsstutzig an. Plötzlich strahlte er übers ganze Gesicht: »Lisa, nach den Olympischen Spielen – gehst du aufs College!« Er überreichte mir einen Brief, in dem es hieß, dass ich angenommen worden war und ein Stipendium für ein vierjähriges Studium erhielt!

Ich jubelte und hüpfte vor Freude. Mein Vater nahm mich fest in die Arme, wir tanzten zusammen durch die Küche und sangen: »Go, Lisa!! Go, Lisa!!«

Als ich später Zeit hatte, über all das Gute nachzudenken, das mir passiert war, wurde mir klar, dass ich mit dem Aufbau meines Ich-glaub-an-mich-Muskels zugleich auch den Glauben anderer an mich gestärkt hatte. Zum ersten Mal erkannte ich, dass meistens *die Welt uns genau so sieht, wie wir uns selber sehen.*

Sie selbst haben den Schlüssel zu Ihrem Erfolg oder Ihrem Scheitern in der Hand. Wo immer Sie hinkommen, hält man Ihnen nichts weiter als einen Spiegel vor. Wenn jemand anscheinend nicht an Sie glaubt, dann glauben Sie in dem Moment vielleicht nicht stark genug an sich selbst. Wenn man Sie geringschätzt und nicht achtet, dann liegt das vielleicht daran, dass Sie gar nicht damit rechnen, wertgeschätzt und geachtet zu werden. Auch wenn Sie möchten, dass man Sie anständig behandelt, dann spiegelt doch vielleicht die Art, wie Sie mit sich selber umgehen und wie Sie mit sich umspringen lassen, diesen Wunsch nicht wider. Denken Sie immer daran: **Es liegt an Ihnen, der Welt zu zeigen, wie Sie behandelt werden wollen.**

Diese Erkenntnis erfüllte mich mit Begeisterung, denn sie gab mir enorme Kraft. Ich erkannte, dass ich durch den sorgfältigen Umgang mit meinen Gedanken und meinem Selbstbild bestimmen konnte, welche Erfahrungen ich im Leben machte. Natürlich ist das nicht immer einfach, aber ich wusste jetzt, dass es möglich ist. Dies war ein weiterer wichtiger Durchbruch hin zu einem Leben, wie ich es wollte.

Die eigene Größe annehmen

Die eigenen negativen Selbstgespräche zu erkennen, zu hinterfragen und umzukehren, hat den großen Vorteil, dass Sie von nun an Ihren Versagensängsten das Heft aus der Hand nehmen. Wenn Sie an sich selbst glauben, dann bieten Sie – Ihr wahres Ich, das Ihre wahre Größe kennt – den Zweifeln die Stirn. Dann sehen Sie diese Zweifel nicht mehr als Wahrheiten an, sondern als Meinungen, was sie in Wirklichkeit auch sind; Meinungen, die Sie einfach nicht zu beachten brauchen.

Bevor ich meinen Ich-glaub-an-mich-Muskel entwickelt habe, ließ ich es immer wieder zu, dass meine Selbstzweifel mich sabotierten. Jahrelang wollte ich Motivationstrainerin werden. Doch immer wenn ich kurz davor war, hielten meine negativen Selbstgespräche mich davon ab: *Lisa, du hattest eine Fünf in Rhetorik und bist durch die Englisch-Prüfung gefallen. Wer hört einer mit solchen Zeugnissen schon zu?* Oder: *Wie viele afroamerikanische Trainer kennst du? Vergiss es einfach. Du fällst bloß auf die Schnauze!* Und sogar: *Wie willst du Menschen so stark machen können, dass sie ihr Leben selber in die Hand nehmen, wenn du nicht einmal dein eigenes Gewicht im Griff hast?* Wenn ich das hörte, zog ich mich jedes Mal schnellstens wieder auf sicheres Terrain zurück. Ich lebte mein unscheinbares Leben, arbeitete in einem Beruf und für ein Gehalt, mit dem ich gerade mal meinen Lebensunterhalt bestreiten konnte. Aber ich ging nicht meinen Träumen nach.

Endlich jedoch betrachtete ich mein negatives Geschwätz als das, was es in Wirklichkeit ist – einfach ein Haufen heiße Luft –, und hörte nicht mehr darauf. Heute hat meine Arbeit als Motivationstrainerin direkt oder indirekt das Leben von Millionen Menschen auf der ganzen Welt berührt und beeinflusst und mehr als 3000 Jugendliche vom Selbstmord abgehalten.

Oft frage ich mich: *Wie vielen Menschen hätte ich noch helfen können, wenn ich schon Jahre früher nicht mehr auf meine negativen Selbstgespräche gehört und viel eher mit meinen Vorträgen angefangen hätte?* Ich möchte Sie bitten, sich eine ähnliche Frage auch einmal zu stellen: Was könnten Sie in Ihrem Leben tun, wenn Sie Ihrem negativen Geschwätz den Ton abdrehen und stattdessen Ihre stärkenden Selbstgespräche anschalten würden?

Die Menschen, die ich kenne und die das gemacht haben, trauen sich auf einmal viel mehr zu als je zuvor. Sie ziehen klarere Grenzen, wodurch andere sie als das achten und ehren, was sie sind. Sie verschwenden weder Zeit noch Energie auf überflüssige Sorgen bezüglich dessen, was schieflaufen könnte; sie packen es an und lassen ihre Träume wahr werden.

Sind Sie bereit für einen Quantensprung in Ihrem Leben? Ob Sie nun vom Leiden zur Heilung finden, statt gut einfach großartig oder statt großartig schlichtweg umwerfend werden wollen – Sie allein sind der Katalysator, nur Sie allein können dafür sorgen. Die Menschen in Ihrer Umgebung können und werden Ihnen sagen, was sie von Ihnen halten, aber schlussendlich ist allein wichtig, was *Sie* davon glauben wollen. Wenn Sie glauben, dass Sie ein Leben voller Freude und Liebe führen werden, dann haben Sie Recht. Und wenn Sie glauben, dass Sie ein Leben voller dramatischer Ereignisse, Chaos, Schulden und Enttäuschungen führen werden, dann haben Sie ebenso Recht. Welches Leben Sie führen wollen, liegt in Ihrer Hand. Entscheiden Sie sich, welche Art von Selbstgesprächen Sie in Ihrem Kopf führen wollen. Wenn Sie Ihr Leben verbessern wollen, dann verbessern Sie Ihren inneren Dialog. In dem Augenblick, in dem Sie aufrichtig davon überzeugt sind (das entscheidende Wort hier heißt *aufrichtig*), dass Sie bereit sind für etwas Neues und Besseres, sei es auf dem Gebiet Ihrer Gesundheit, Ihrer Beziehungen, Ihrer Finanzen oder Ihrer Spiritualität, geben Sie sich die Erlaubnis, mehr Glück und Erfolg zu erleben als je zuvor.

Wie Sie inzwischen wissen, entwickeln Sie Ihre Steh-auf-Muskeln, indem Sie sie benutzen. Gönnen Sie Ihrem Ich-glaub-an-mich-Muskel folgende Trainingseinheiten:

1. Stellen Sie die negative CD in Ihrem Kopf ab.
2. Begegnen Sie sich selbst mit Achtung und Freundlichkeit.
3. Borgen Sie sich den Glauben an sich selbst von anderen, wenn Ihr eigener schwach wird.
4. Umgeben Sie sich mit Menschen, die Sie lieben, bewundern und Ihnen Mut machen.

Wenn Sie an sich selbst glauben, dann lassen Sie nicht mehr zu, dass äußere Umstände Ihr Selbstbild bestimmen. Selbst wenn ein Orkan um Sie herum tobt, können Sie sich ins Zentrum, ins Auge des Sturms, begeben und dort jenen geerdeten, positiven Ort in Ihrem Innern finden, den Sie immer und überall mit sich tragen.

Im Folgenden ein paar *Beflügelnde Erste Schritte*, mit denen Sie Ihren Ich-glaub-an-mich-Muskel aufbauen können und selbst Ihre beste Cheerleaderin werden.

Beflügelnde Erste Schritte

1. **Entlarven Sie die Lügen, und entdecken Sie die Wahrheit:** Erinnern Sie sich an den großen Ghettoblaster mit dem Doppel-CD-Spieler in Ihrem Kopf? Bei den meisten Menschen ist die CD mit den negativen Selbstgesprächen voll und die positive CD fast leer. Deshalb hat dieser Beflügelnde Erste Schritt zwei Teile: Löschen Sie die negative CD und entwerfen Sie das Skript für die positive.

   Zunächst stellen wir fest, was auf der negativen CD drauf ist. So können Sie klar erkennen, was Sie sich die ganze Zeit zugemutet und welche Gedanken Ihr Bild der Realität gezeichnet haben.

   - Legen Sie Papier und Bleistift bereit. (Verwenden Sie weder Kugelschreiber noch Füller, sondern einen Bleistift, der ausradiert werden kann.) Denken Sie nun ein Weilchen nach. Wenn Ihre negative CD loslegt, was sagen Sie sich dann? Ich bin nicht gut genug; ich bin nicht schlau genug; ich bin schuld, dass...? Diese Gedanken oder Lügen, wie ich sie nenne, führen geradewegs zu Angst, Frustration oder persönlicher Enttäuschung im Zusammenhang mit bestimmten Menschen oder Situationen. Schreiben Sie alle diese Gedanken auf, ohne Korrekturen, so wie sie kommen, und lassen Sie zwischen den einzelnen Sätzen jeweils drei bis vier Zeilen frei. Betrachten Sie das Papier als eine Art Giftmülldeponie und laden Sie alles ab, was dorthin gehört. Verwenden Sie so viele Blätter, wie Sie wollen – einige Teilnehmerinnen in meinen Workshops haben bis zu 16 Blätter vollgeschrieben. Dazu kann ich nur sagen: herzlichen Glückwunsch! Je mehr Lügen Sie entlarven, desto bewusster werden Sie – und desto unwahrscheinlicher wird es, dass Sie Ihr negatives Geschwätz weiterlaufen lassen.

Lassen Sie sich von der Menge Ihrer negativen Selbstgespräche nicht entmutigen. Wenn Sie sich deswegen verurteilen, dann verstärken Sie sie nur noch. Denken Sie immer daran, Sie ermitteln das negative Geschwätz in Ihrem Kopf, um es umkehren zu können.

- Gehen Sie dann jeden negativen Gedanken, den Sie aufgeschrieben haben, einzeln durch – die Lügen, die Sie sich jahrelang immer wieder vorgesagt haben – und schreiben Sie in die freien Zeilen unter jedem Gedanken *mit roter Tinte* Ihre Wahrheit! Lauschen Sie dafür im Stillen auf Ihre Intuition (nicht auf Ihren Verstand) und schreiben Sie eine positive Aussage über sich auf. Schauen Sie tief in Ihre Seele und rufen Sie sich die Wahrheit ins Gedächtnis, auch wenn Sie sie im Moment vielleicht noch nicht so ganz glauben mögen.

    Wenn Sie zum Beispiel geschrieben haben: »Ich bin unattraktiv«, dann schreiben Sie darunter: »Gott hat mich mit meiner persönlichen, einzigartigen Schönheit geschaffen. Ich muss nicht so aussehen wie andere, weil ich nämlich ich bin, und ich bin genug.« Oder wenn Sie geschrieben haben: »Ich werde nie die wahre Liebe finden«, dann könnten Sie in etwa Folgendes schreiben: »Ich entscheide mich jetzt dafür, *zuallererst* mich selbst vollständig zu lieben, damit die anderen wissen, wie sie mit mir umgehen sollen. Ich erstelle eine Liste der Eigenschaften, die ich mir bei meinem Partner wünsche und entscheide mich dann dafür, diese Eigenschaften *zuerst* selbst zu entwickeln. Das wird genau den richtigen Partner für mich anziehen.« Wie Sie sehen, sind diese positiven Aussagen weder wachsweich noch oberflächlich. Sie kommen tief aus Ihrem Inneren und bilden die Grundlage für die neue CD mit den positiven Selbstgesprächen, die Sie als Nächstes erstellen.

- Radieren Sie zum Schluss die negativen Sätze aus, die Sie

mit Bleistift geschrieben haben. Die roten Sätze, die nun übrig sind, sind das Skript für Ihre neue CD.

2. **Spielen Sie neue Stücke auf:** Jetzt ist es an der Zeit, dass Sie Ihren Verstand neu konditionieren und Ihre alten Gedanken, die Sie geschwächt haben, durch neue, inspirierende Gespräche ersetzen. Zunächst mag sich das befremdlich und unnatürlich anfühlen, weil Sie noch an die alten giftigen Lügen auf Ihrer negativen CD gewöhnt sind. So schädlich diese Gedanken auch sind, Sie haben sich daran gewöhnt. Mit den folgenden beiden Methoden können Sie das Entstehen neuer, positiver Selbstgespräche beschleunigen:

- *Visuelle Signale:* Bis Sie Ihre neuen Gespräche auswendig können, brauchen Sie optische Signale, die Sie daran erinnern. Wenn Künstler wie Harry Connick jun., Patti LaBelle oder Beyoncé ein neues Lied lernen, dann haben sie den Text permanent vor Augen und singen ihn immer wieder, bis er ihnen im Gedächtnis bleibt. Dasselbe müssen Sie auch tun. Ihre positiven Wahrheiten sind wie ein neues Lied. Wenn Sie es singen, wird es Ihr Leben allmählich verwandeln.

  Schreiben Sie jede Woche mindestens einen positiven Satz aus Ihrem Skript in einer leuchtenden Farbe auf eine Karteikarte oder einen selbstklebenden Notizzettel und stellen bzw. kleben Sie ihn irgendwohin, wo Sie den Satz oft sehen. Ich klebe meine Affirmationen oft zuerst einmal an meinen Badezimmerspiegel, denn im Bad bereite ich mich darauf vor, der Welt zu begegnen. Außerdem klebe ich sie an die Innenseite meiner Wohnungstür, dann sehe ich sie noch einmal, bevor ich in die Welt hinausgehe. An meinen Kühlschrank klebe ich sie allerdings nicht, denn dort besteht die Gefahr, dass sie zwischen all

den Familienfotos, Einkaufslisten und Kunstkarten untergehen. Stellen oder kleben Sie sie so auf bzw. an, dass sie Ihnen auffallen, und wechseln Sie die Stelle nach 30 Tagen, damit Sie sie wieder bewusst wahrnehmen.
- *Physisches Ankern und mentale Impulse:* Versprechen Sie sich selbst, die »Geheimwaffe« einzusetzen, die ich in diesem Kapitel beschrieben habe. Drücken Sie also, wenn Sie sich das nächste Mal von Ihren negativen Gedanken überwältigt fühlen, zuerst eine Stelle an der linken und dann an der rechten Seite Ihrer Stirn. Oder entwickeln Sie einen eigenen körperlichen Anker, der sich für Sie stimmig anfühlt.

    Bei manchen Menschen wirken allerdings mentale Impulse am besten. Wenn eine Freundin merkt, dass ihr negatives Geschwätz wieder einsetzt, dann denkt sie das Wort »Löschen«, um den Gedankenstrom zu unterbrechen und danach »Neustart«, um neu zu entscheiden, wie sie mit sich sprechen möchte. Was Sie verwenden, spielt keine Rolle, solange es bei Ihnen funktioniert. Wenn Sie von vornerein einen Handlungsplan haben, dann sind Sie in diesem Prozess des inneren Wandels immer einen Schritt voraus.

3. **Schreiben Sie sich einen Liebesbrief:** Als ich auf der Highschool war, habe ich als eine der wirkungsvollsten Methoden zur Ausbildung meines Ich-glaub-an-mich-Muskels den Liebesbrief entdeckt – voller anerkennender und Mut machender Worte *an mich selbst.* Eine Lehrerin, der ich anvertraut hatte, wie unglücklich ich war, hatte mir das vorgeschlagen. Ich schrieb Folgendes:

Liebe Lisa,
heute möchte ich Dir einmal sagen, wie sehr ich Dich liebe und schätze. Ich weiß, Du hast es in letzter Zeit ganz schön

schwer gehabt und Dich sehr allein gefühlt, aber vergiss bitte nie, dass ich immer bei Dir bin und bleiben werde. Ich bin so froh, dass Du Dich entschlossen hast weiterzuleben. Ich weiß, dass Deine Freunde und Deine Familie Dich sehr lieben. Sie wären zutiefst unglücklich, wenn Du nicht mehr da wärst. Ich bin Dir dankbar, dass Du Dir Hilfe geholt und Dir versprochen hast, das Gute in Dir zu entdecken. Ich hab Dich sehr lieb, Lisa und ich werde immer an Deiner Seite sein. Fest versprochen!

Jetzt sind Sie dran. Fragen Sie sich zunächst: *Was würde ich meiner besten Freundin oder meinem besten Freund schreiben, um ihr oder ihm zu zeigen, wie sehr ich sie oder ihn mag und schätze?* Werden Sie sich dann selbst zur besten Freundin und schreiben Sie Ihren Brief. Wenn Sie fertig sind, lesen Sie sich den Brief vor. Sie werden staunen, wie viel Kraft Ihnen das gibt. Machen Sie das regelmäßig, sagen wir einmal in der Woche oder im Monat.

4. **Stellen Sie fest, bei wem Sie sich geborgen fühlen:** Erstellen Sie dazu zunächst eine Liste aller Menschen, mit denen Sie regelmäßig in Kontakt sind: Ihre Freunde, Familie, Kollegen und so weiter. Vermerken Sie dann auf einer Skala von 1 bis 10, wie wohl Sie sich bei jedem Einzelnen fühlen. Eine 10 bedeutet, dass Sie mit diesem Menschen jederzeit und überall über alles reden und sicher sein können, dass er Sie liebevoll unterstützt. Eine 1 hingegen bedeutet, dass Sie sich bei diesem Menschen so wenig wohl fühlen, dass Sie ihm gegenüber nie auch nur das geringste Private durchsickern lassen möchten.

- Wenn Sie nun diese Menschen einstufen, dann legen Sie den Finger auf jeden Namen und lassen Sie ihn ein, zwei Minuten dort liegen. Schreiben Sie dann die erstbeste

Zahl auf, die Ihnen aufgrund Ihrer Erfahrung mit diesem Menschen in den Sinn kommt. (Seien Sie fair und ehrlich zu sich selbst. Bloß weil jemand Ihre Mutter oder Ihr Vater ist, muss das nicht heißen, dass er oder sie automatisch eine 9 oder 10 bekommt.) Ihren Finger nehmen Sie dabei aus zwei Gründen zu Hilfe. Erstens lenkt das Ihre Aufmerksamkeit voll und ganz auf den jeweiligen Menschen. Statt zu schauen, welche Werte Sie den anderen auf Ihrer Liste zugewiesen haben und Ihre Wertung daran zu orientieren, konzentrieren Sie sich darauf, was Sie bei ebenjener Person empfinden. Und zweitens ist der Tastsinn ganz eng mit unseren Gefühlen verbunden. Mit dem Wort *Gefühl* bezeichnen wir sowohl das innere als auch das äußere Empfinden. Ich habe festgestellt, dass das Berühren des Namens mit dem Finger mir den Zugang zu meinen wahren Gefühlen der betreffenden Person gegenüber sehr erleichtert.

- Sehen Sie Ihre Liste noch einmal durch. Die Menschen mit einer 10 sind Ihre Raketen-Booster-Freunde. An diese Menschen können Sie sich wenden, wenn Sie Ihren Ich-glaub-an-mich-Muskel stärken wollen.
- Denken Sie aber daran, dass auch alle anderen auf Ihrer Liste einen wichtigen Platz in Ihrem Leben einnehmen und Sie an diesen Beziehungen immer arbeiten können, bis auch Sie eine 10 erreichen. Im Moment sind jedoch Ihre Raketen-Booster-Freunde diejenigen, bei denen Sie sich während Ihrer inneren Arbeit immer gut aufgehoben fühlen können.

Kapitel drei

Training für Ihren Ich-pack's-an-Muskel:
Steigen Sie vom Nagelbett

Machen wir uns nichts vor: Nicht immer läuft alles so, wie wir es gerne hätten. Arbeitsplätze und Aufträge kommen und gehen, Beziehungen können uns enttäuschen, Kinder haben hin und wieder Probleme – manchmal läuft es einfach schief! Mit starken Steh-auf-Muskeln kommen Sie jedoch besser durch die Krisen, die sich in Ihrem Leben einstellen können und werden.

Wie Sie sehen, hat die Entwicklung Ihrer Steh-auf-Muskeln genauso viel damit zu tun, wohin Sie wollen, wie damit, woher Sie kommen. Die Fähigkeit, nach jedem Stolpern wieder aufzustehen, ist die Grundlage dafür, im Leben erfolgreich »vorwärtszustolpern«.

Winston Churchill hat einmal gesagt: »Wenn Sie durch die Hölle gehen, dann *gehen Sie weiter*.« Deshalb nenne ich denjenigen Steh-auf-Muskel, mit dem wir uns in diesem Kapitel befassen werden, Ihren Ich-pack's-an-Muskel. Ebendieser Ich-pack's-an-Muskel macht es möglich, dass Sie weitergehen können, dass Sie auch angesichts von Hindernissen vorwärtskommen. Ohne einen starken Ich-pack's-an-Muskel kann man sehr leicht steckenbleiben. Dann trauern wir, weil unser Plan A gescheitert ist und verpassen derweil all die anderen Chancen zu Wachstum und Erfolg, die ständig vor unserer Nase liegen.

Wenn Sie Ihren Ich-pack's-an-Muskel kräftigen wollen, dann müssen Sie lernen, einen flexiblen Kurs für Ihre Zukunft anzusteuern, wobei Sie Ihre Augen fest auf Ihre übergeordneten Ziele gerichtet halten.

Leider blieb ich damals, als mein Plan A den Bach runterging, erst einmal volle vier Jahre lang – von 19 bis 23 – stecken. Ich kam keinen einzigen Schritt weiter! Wegen meines schwachen Ich-pack's-an-Muskels war ich wie gelähmt und starrte mit gebrochenem Herzen auf eine Tür, die mir gerade vor der Nase zugefallen war.

Das Ende eines Traums

Nach der Highschool wollte ich aufs College. Ich erhielt sogar sage und schreibe vier Stipendien für ein vierjähriges Studium in einer kleinen Stadt in Oregon; ein Stipendium erhielt ich, weil wir in meiner Familie alle Baptisten waren, ein zweites aufgrund meiner Erfolge als Bahnläuferin, das dritte wegen finanzieller Bedürftigkeit und das vierte als afroamerikanische Studentin. Der Besuch des College war mir aus zwei Gründen wichtig. Erstens war ich die Erste in unserer Familie, die ein vierjähriges Studium absolvieren würde, und zweitens war das für mich der erste Schritt zur Verwirklichung meines großen Traums: Ich wollte eine erfolgreiche Geschäftsfrau werden. Ich wollte einen Abschluss in Betriebswirtschaft und Kommunikationswissenschaften machen und dann eines Tages mein eigenes Public-Relations-Büro haben.

Es forderte mir eine gehörige Anpassungsleistung ab, mich an das Leben in einer kleinen ländlichen Stadt, mit überwiegend weißer Bevölkerung, zu gewöhnen, nachdem ich doch im Zentrum von South Central Los Angeles aufgewachsen war. Aber mit der Zeit freute ich mich über die neuen Erfahrungen, die mir das Leben dort bot: Ich begegnete Menschen aus vielen verschiedenen Gesellschaftsschichten, ich sah mehr Bäume als je zuvor und natürlich erlebte ich Regen – Unmengen an Regen.

Dadurch, dass ich so weit weg von meiner Familie und ganz auf mich selbst gestellt war, lernte ich viel über mich. Ich entdeckte meine eigenen Werte und Moralvorstellungen. Wenn ich beschloss, auf den vielen Partys, auf denen es reichlich Alkohol gab, nichts zu trinken, dann geschah das nicht, weil ich Angst hatte, mein Vater könnte es herausbekommen, sondern weil *ich* es nicht wollte. Schon bald gewöhnte ich mich daran, selbstständig Entscheidungen zu treffen.

Woran ich mich aber partout nicht gewöhnen konnte, waren die Anforderungen im Laufen.

Seit der Grundschule war ich begeisterte Läuferin. Ich war überglücklich, wenn ich mich zu neuen Höchstleistungen antreiben konnte und meine persönlichen Erfolge auch meiner Mannschaft zugute kamen.

In jenem ersten Jahr auf dem College nahm ich an sechs Tagen pro Woche an Rennen teil. Später habe ich dann erfahren, dass das in jeder Hinsicht übertrieben war. Aber damals spürte ich nur, dass mein Körper unter der Belastung litt und diese Leistung nicht unbegrenzt erbringen konnte. Ich klagte beim Trainer darüber, aber da wir in dieser Saison noch kein einziges Mal geschlagen worden waren (nachdem wir in den vergangenen Jahren kein einziges Bahnrennen gewonnen hatten), wollte er mich nicht seltener einsetzen. Ich fühlte mich ausgenutzt und war frustriert.

Aber auch in meinem zweiten Studienjahr wurde es nicht besser. Mitten im dritten Semester – der Trainer hatte entschieden, dass ich trotz einer gerissenen Sehne und mit geschientem Schienbein laufen sollte – kam für mich der Wendepunkt. Ich verkündete, dass ich nicht mehr für die Schule laufen konnte und wollte. Nach vielen Besprechungen hinter verschlossenen Türen stellte man mir ein Ultimatum: Lauf weiter, oder pack deine Sachen und mach, dass du nach Hause kommst. Als ich protestierte und sagte, dass nur eines meiner Stipendien ans Laufen gekoppelt sei und meine Noten gut genug seien, um am College zu bleiben, machte man mich postwendend darauf aufmerksam, dass alle meine Stipendien auf Antrag der Schule widerrufen werden konnten. Ohnmächtige Wut packte mich; was die da machten, war einfach nicht fair. Vielleicht hätte ich einen Kompromiss aushandeln können, aber ich war jung, impulsiv und wütend. Ich weigerte mich zu laufen. Als Reaktion darauf wurden meine sämtlichen Stipendien mit sofortiger Wirkung widerrufen.

> **Ich bin nicht allein**

Haben Sie schon einmal erlebt, dass der Wind ohne Vorwarnung plötzlich aus einer anderen Richtung wehte? Eben wussten Sie noch, wie der Hase läuft, und schon im nächsten Augenblick sind Sie völlig ratlos und nehmen überrascht und verwirrt zur Kenntnis, was vor sich geht. Dann haben Sie vielleicht sogar das Gefühl, dass äußere Faktoren stärker über Ihr Leben bestimmen als Sie selber.

Kreuzen Sie ein Kästchen an, wenn Sie so etwas schon einmal erlebt haben. Kreuzen Sie zwei Kästchen an, wenn es öfter vorgekommen ist. Und kreuzen Sie drei Kästchen an, wenn Sie das Gefühl haben, es ergeht Ihnen ständig so.

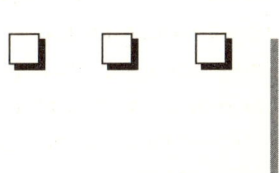

Bisher hatte ich meinen Eltern von meinen Torturen noch nichts erzählt, denn ich wollte nicht, dass sie sich darüber aufregten. Sie waren so stolz auf mich, und ich hatte Angst, dass ich sie mit meiner Entscheidung enttäuschen würde. Weil ich wusste, dass meine Familie ohne finanzielle Unterstützung die Studiengebühren nicht würde bezahlen können, packte ich meine Siebensachen und bat eine Freundin, mich zum Flughafen zu fahren. Ich flog nach Hause.

Während des Fluges starrte ich mit leerem Blick aus dem Fenster und spielte meine Lage in Gedanken immer wieder durch. Ich war verzweifelt und schockiert zugleich. *Wie konnten mich dieselben Leute, die mich eben noch bejubelt und bewundert hatten, nun so hintergehen und fallenlassen?*

Am Flughafen in Los Angeles angekommen, rief ich meinen Vater an, aber es war niemand zu Hause. Seit ich im College war, war er mit seiner Firma öfter unterwegs. Also fuhr ich mit dem Taxi nach Hause und schloss die Haustür mit dem Ersatzschlüssel auf. Ich stellte meine Koffer in meinem Zimmer ab und legte mich aufs Bett, völlig überwältigt von dem Gefühl, dass das alles gar nicht wahr sein konnte. Eigentlich sollte ich überhaupt nicht hier sein, sondern im College auf die bevorstehenden Prüfungen lernen. Benommen und verwirrt starrte ich zur Decke, bis ich schließlich einschlief.

Auch jetzt noch wollte ich meine Mutter nicht beunruhigen, doch am nächsten Morgen rief ich sie an und erzählte ihr alles. Sie erkannte schon am Klang meiner Stimme, wie niedergeschlagen ich war. »Ach Süße«, sagte sie, »du bist so stark und voller Ideen. Das überstehst du auch noch. Denk immer daran, ein einzelnes Erlebnis entscheidet nicht gleich über dein ganzes Leben.« Ich wusste, dass dies weise Worte waren, aber in dem Augenblick konnten sie mich kein bisschen trösten.

Drei Tage später kam mein Vater von seiner Geschäftsreise zurück und fand mich zu Hause über meinen Büchern vor. An seinem Gesichtsausdruck konnte ich ablesen, dass ihn meine Anwesenheit gleichermaßen überraschte wie beunruhigte. Als ich ihm erzählte, was geschehen war, fühlte ich mich enorm erleichtert. *Mein Vater ruft die College-Leitung an und bringt den ganzen Schlamassel wieder in Ordnung*, sagte ich mir.

Dann kann ich wieder aufs College gehen, meine Prüfungen ablegen und so weitermachen, als wäre das alles nur ein böser Traum gewesen.

Und tatsächlich griff Dad zum Telefonhörer und wählte die Nummer des Colleges. Ich konnte hören, was er im Zimmer nebenan sagte: »Was meinen Sie damit: Sie hat keine Wahl?... Ich weiß, dass die Studiengebühren 10.992 Dollar im Jahr betragen... Nein, das kann ich nicht aus eigener Tasche bezahlen... Nein, ich werde sie nicht dazu zwingen, dass sie läuft... Und was ist mit ihren übrigen Stipendien? Kann man denn da gar nichts tun?... Ich verstehe. Dankeschön. Auf Wiederhören.«

Als er wieder ins Zimmer kam, bereitete ich mich auf das Unvermeidliche vor. Dad seufzte tief auf und sagte: »Es tut mir leid, meine Kleine, aber ich glaube, du kannst nicht wieder aufs College. Wir können es uns einfach nicht leisten.«

Ich weiß nicht, was mir mehr wehtat – zu wissen, dass ich wirklich nicht mehr aufs College konnte, oder den Schmerz in den Augen meines Vaters sehen zu müssen. Ich brauchte noch ein paar Tage, bis ich endgültig verstanden hatte, dass es nichts mehr gab, worauf ich lernen sollte, dass ich nirgendwo mehr sein musste und dass niemand mehr meine Anwesenheit überprüfen und auf einer Liste oder in einem Buch abhaken würde. Langsam drehte ich durch. Ich brach ohne ersichtlichen Grund in Tränen aus und lächelte kaum noch. Weil es mir peinlich war, dass ich nicht mehr aufs College ging, schlug ich auch die Einladungen meiner Freunde zu deren College-Veranstaltungen oder anderen Festen aus. Meine Träume von einer schönen Zukunft schienen sich in Luft aufzulösen. Alles glitt mir aus den Fingern. Plan A hatte nicht funktioniert, und ich hatte keine Ahnung, was ich nun tun sollte.

Schlimmes wird noch schlimmer

Denken Sie einmal an eine Zeit in Ihrem Leben, als Sie glaubten, dass etwas Bestimmtes geschehen müsste, was dann aber nicht eintrat. Wie ging es Ihnen damals? Was haben Sie gemacht? Meist wird unsere Reaktion in einem solchen Fall von den Umständen unserer persönlichen Katastrophe beeinflusst. Wenn unser Plan A gescheitert ist, weil wir irgendwas vermasselt haben, dann ergehen wir uns normalerweise in Selbstvorwürfen und überlegen, was wir hätten besser machen können. Wenn uns jemand hat hängen lassen, dann gehen wir wahrscheinlich darin auf, demjenigen die Schuld an unserem Unglück zuzuschieben und sind außer uns vor Wut, dass sein oder ihr falsches oder hinterlistiges Verhalten uns das Leben schwergemacht hat. Wenn Plan A gescheitert ist, ohne dass jemand schuld daran gewesen wäre, dann verheddern wir uns womöglich in den Einzelheiten der ganzen Angelegenheit, versuchen zu verstehen, was passiert ist, und erzählen unsere Geschichte immer wieder jedem, der sie hören will, besonders aber uns selbst.

Das Tragische daran ist, dass uns dies nicht nur nicht weiterbringt, sondern sogar noch weiter von unserem Ziel wegführt, das wir eigentlich vor Augen hatten. Es ist, als wären wir in ein Loch gefallen und verwendeten nun unsere Energie darauf, es noch tiefer auszugraben. Immer tiefer versinken wir in der Fallgrube der Schuldzuweisungen, des Klagens und der Scham, bis wir unseren ursprünglichen Weg überhaupt nicht mehr sehen können. Weil ich keinen starken Ich-pack's-an-Muskel hatte, konzentrierte ich meine ganze Aufmerksamkeit auf die Umstände, warum ich das College hatte verlassen müssen, statt auf mein ursprüngliches Ziel, Geschäftsfrau zu werden, weshalb ich ja überhaupt erst aufs College gegangen war. Diese Konzentration auf die Vergangenheit führte zu einer immensen Last negativer Emotionen – Neid, Verbitterung, Abscheu vor mir selber –, die mich in meiner Produktivität kein Stückchen weiterbrachten. Statt weiter auf meine Träume zuzugehen, kam ich vom Weg ab und geriet in eine Abwärtsspirale.

Einer der wichtigsten Schritte beim Aufbau Ihres Ich-pack's-an-Muskels besteht darin, Abstand zu den Details Ihrer persönlichen Situation zu gewinnen und Ihr ursprüngliches Ziel im Auge zu behalten. Wenn Sie sich unbeirrt auf das größere Ziel konzentrieren, dann sorgt Ihr Wunsch, dorthin zu gelangen, dafür, dass Sie auf der richtigen Spur und in Bewegung bleiben – ganz egal, wie viele Umwege Sie machen müssen. Um wieder ins Handeln zu kommen, müssen Sie Ihren Plan vielleicht etwas modifizieren, eine neue Richtung einschlagen oder sich womöglich sogar neue Partner suchen. Das ist alles vollkommen in Ordnung. Je eher Sie sich wieder Ihrem übergeordneten Ziel zuwenden können, desto weniger Zeit brauchen Sie, um sich von Ihrer Enttäuschung zu erholen.

Dieses Prinzip kann bei kleinen und großen Zusammenbrüchen sehr hilfreich sein. Wenn Sie das nächste Mal also den Eindruck haben, dass etwas nicht so läuft, wie Sie es möchten – sei es eine Familien- oder Vereinsfeier, die nicht so abläuft wie geplant, ein verregneter Urlaub oder ein wichtiger Geschäftsabschluss, der nicht zustande kommt –, halten Sie einen Moment inne und führen Sie sich Ihre ursprüngliche Absicht, Ihr übergeordnetes Ziel vor Augen. Der Zweck der Feier war, sich mit Familie und Freunden einen schönen Tag zu machen; der Urlaub sollte der Entspannung dienen und der Geschäftsabschluss sollte Ihnen mehr finanzielle Freiheit verschaffen. Können Sie sich auch jetzt noch, wo alles schiefgeht, an Ihr übergeordnetes Ziel erinnern und Möglichkeiten finden, es dennoch zu erreichen? Ein solches Maß an Flexibilität ist nicht immer einfach, aber mit etwas Übung, das verspreche ich Ihnen, ist es möglich.

Der Weg des geringsten Widerstands

Die Tage schlichen dahin, ich vertrödelte sie zu Hause und war völlig orientierungslos. Ich hatte nicht den blassesten Schimmer, was ich werden wollte. Wenn ich mich in meiner Gemeinde so umschaute, dann wusste ich nur, was ich *nicht* werden wollte: Ich wollte nicht Sozialhilfeempfängerin oder die Freundin eines Drogendealers werden, und ich wollte auch keinen x-beliebigen Aushilfsjob. Am allerwenigsten aber wollte ich weiter zu Hause bleiben; ich wollte aufs College gehen und die Ziele ansteuern, die ich mir gesetzt hatte.

Besorgt über meine Antriebslosigkeit drängten meine Mutter und mein Vater mich, wenigstens irgendetwas zu tun. Weil mir nichts Besseres einfiel, meldete ich mich an der hiesigen Berufsschule für Wirtschaft an. Das kam mir wie ein immenser Rückschritt vor, denn auf dieser Schule landeten üblicherweise diejenigen aus der Highschool, die schlechte Noten hatten, die Schule schwänzten und hinter dem Schulhaus kifften. Ich wusste von Anfang an, dass ich nicht dorthin gehörte, aber ich verkniff mir allen Dünkel und krempelte die Ärmel hoch, fest entschlossen, die Buchhaltungsausbildung, für die ich mich angemeldet hatte, so schnell wie möglich abzuschließen.

Heute weiß ich, dass diese Wirtschaftsschule nur ein Trostpflaster für mich war. Ich wollte da eigentlich gar nicht hin und besuchte sie nur, weil das, was ich wirklich wollte, mir verschlossen war. In meinem Kopf gab es nur das College oder gar nichts! Wie ein trotziges Kind tat ich also missmutig meine Pflicht, schleppte mich durch die Gegend und ging den ganzen Tag über hart mit mir ins Gericht.

Weil mein Verständnis-Muskel damals noch so schwach entwickelt war, war ich viel zu sehr damit beschäftigt, mich als Opfer zu fühlen, als dass mich interessiert hätte, was ich nun eigentlich wirklich als Nächstes tun könnte. Daher zog ich meine innere Weisheit oder Intuition bei meiner Entscheidung, was als Nächstes zu tun sei, gar nicht erst zu Rate.

Ohne einen starken Ich-pack's-an-Muskel ließ ich mich von äußeren Einflüssen treiben – in diesem Fall vom Vorschlag meiner Eltern und der räumlichen Nähe der Wirtschaftsschule. Ich verspürte keinerlei inneren Antrieb; ich wählte einfach den Weg des geringsten Widerstandes. Leider ließ ich mich von dieser Strömung lange Zeit in die völlig falsche Richtung treiben.

Kleine Brötchen backen

In den folgenden paar Jahren arbeitete ich aufgrund meiner Ausbildung bei verschiedenen Betrieben in der Buchhaltung. Ich verdiente genug, um meinen Lebensunterhalt bestreiten zu können, aber das war auch das einzig Gute daran.

Mit 23 hatte ich eine Stelle in der Abteilung Buchhaltung/Mahnwesen eines winzigen Fernsprechauftragsdienstes. Mehrere Kunden konnten ihre monatlichen Gebühren nicht bezahlen, und es gehörte unter anderem zu meinen Aufgaben, die überfälligen Rechnungen einzutreiben.

Zwar sprach ich gerne mit anderen Leuten, aber bei diesen Anrufen wurde mir jedes Mal übel. Immer wenn ich von unseren Kunden verlangte, Geld rauszurücken, das sie nicht hatten, wurde mir nur zu deutlich bewusst, dass ich trotz bester Absichten selber ein paar unbezahlte Rechnungen hatte. Mir war, als stürbe meine Seele jeden Tag ein wenig mehr ab, aber ich hatte keine Ahnung, wie ich sie wieder lebendig werden lassen *und* dabei meinen Lebensunterhalt bestreiten sollte.

Eines Tages rief mich meine Chefin zu sich und bedeutete mir, mich zu setzen. Mit einem Lächeln fragte sie mich: »Lisa, was ist Ihre Leidenschaft? Was möchten Sie *wirklich* machen im Leben?«

Da hatte sie mich glatt auf dem falschen Fuß erwischt, und ich zögerte einen Moment mit meiner Antwort. Weil ich glaubte, dass sie meine Loyalität zum Unternehmen testen wollte, gab ich ihr eine Antwort, von der ich annehmen konnte, dass sie sie hören wollte, auch wenn ich im Innern wusste, dass sie nicht der Wahrheit entsprach. »Ich möchte in der Buchhaltung arbeiten und dieser Firma dienen«, erwiderte ich.

Ich bin nicht allein

Haben Sie sich schon einmal so gefühlt, als verschwände jeden Tag ein Stückchen mehr von Ihrer Lebendigkeit, je länger Sie irgendwo blieben? Oft backen wir jahrelang kleine Brötchen, verlieren alle Freude und bringen unsere wahren Talente nicht zur Geltung. In dieser unbefriedigenden Situation können wir es uns sogar so bequem einrichten, dass wir glauben, wir hätten sie als unser Schicksal hinzunehmen.

Kreuzen Sie ein Kästchen an, wenn Sie sich schon einmal so gefühlt haben. Kreuzen Sie zwei Kästchen an, wenn das mehr als einmal passiert ist. Und kreuzen Sie drei Kästchen an, wenn Sie das Gefühl haben, dass es eigentlich meistens so ist.

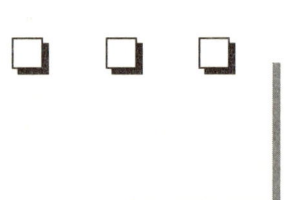

Ich ging davon aus, dass ihr diese Reaktion gefallen würde, aber stattdessen seufzte sie bloß, lehnte sich in ihrem Sessel zurück und schüttelte den Kopf. »Lisa«, sagte sie, »Sie sind einer der nettesten Menschen, denen ich je begegnet bin. Ich habe Sie telefonieren gehört, und ich kann Ihnen sagen, dass Sie die Menschen aufrichtig lieben.«

Ich lächelte über das Kompliment und dachte an all die wunderbaren Gespräche, die ich mit unseren Kunden geführt hatte und an das Mitgefühl, das ich ihnen hatte entgegenbringen können.

»Das einzige Problem dabei ist«, fuhr sie fort, »Sie lieben sie so sehr, dass Sie es nicht fertigbringen, sie zur Zahlung aufzufordern, wenn sie gerade eine schwere Zeit durchmachen. Aber, meine Liebe, Sie sind in der Abteilung Mahnwesen! Sie wissen aufgrund Ihrer Ausbildung, dass Sie streng zu den Kunden sein müssen, aber Sie bringen es einfach nicht fertig. Für mich bedeutet das, dass dies nicht der richtige Beruf für Sie ist!«

Endlich wurde mir klar, worauf das hinauslief, und es platzte förmlich aus mir heraus: »Heißt das, dass Sie mich rausschmeißen?« So sehr ich ihn auch hasste, ich brauchte diesen Job.

Ihre Antwort, so liebenswürdig sie auch war, versetzte mir einen Stich. »Lisa, ich schmeiße Sie nicht raus. Sie sind eine wunderbare Mitarbeiterin. Ich *gebe Sie frei,* damit Sie Ihre wirkliche Aufgabe im Leben finden können. Denn das Mahnwesen ist es ganz sicher nicht, und nach alledem, was ich beobachtet habe, glaube ich auch nicht, dass es die Buchhaltung ist.«

Meine Chefin machte mir den Abschied aus dem Unternehmen so angenehm wie möglich und versprach mir ein glänzendes Zeugnis, aber innerlich brannte ich vor Scham und Erniedrigung. Entlassen, so glaubte ich, wurden nur Verlierer. Das war zwar nicht besonders logisch, denn ich hasste meinen Job, aber vielleicht wissen Sie ja auch, wie weh Ablehnung tut, selbst wenn man das, was man verliert, gar nicht will.

Bestimmt ist Ihnen auch schon aufgefallen, dass wir Menschen die Tendenz haben, in einer Situation zu verharren, auch wenn diese Situation unangenehm ist. Oft halten wir an einer Beziehung, an einem Arbeitsplatz oder an etwas anderem fest, was uns eigentlich gar nicht dient, nur um die Miete bezahlen zu können, den Frieden zu wahren oder nur ja nicht zu scheitern. Wenn wir dann aber unseren Arbeitsplatz verlieren oder unser Partner uns verlässt, dann fühlen wir uns abgelehnt, obwohl wir ja von vorneherein wussten, dass die Stelle oder der Partner für uns nicht das Richtige ist. Die Erfahrung, abgeschoben zu werden, bevor wir selbst bereit sind zu gehen, ist schmerzlich.

Das liegt daran, dass unser Bedürfnis nach Akzeptanz und Anerkennung häufig stärker ist als unser Wunsch nach Glück. Wenn Sie sich darüber im Klaren sind, dass Glück und Erfüllung in Wirklichkeit Ihr erstes und wichtigstes Ziel sind, dann sind Sie viel eher in der Lage, eine unfreiwillige Trennung nicht als Ablehnung, sondern – um mit den Worten meiner Chefin zu sprechen – als Befreiung zu sehen. Dann erkennen Sie eine solche Veränderung als die Chance, die sie tatsächlich ist – die Chance, dem immer näher zu kommen, was für Sie wirklich richtig ist.

Dazu ist es jedoch notwendig, dass Sie Ihren Verständnis-Muskel und Ihren Ich-glaub-an-mich-Muskel aufgebaut haben. Ansonsten kommt Ihnen das alles nur wie eine Ablehnung nach der anderen vor. In diesem Fall hilft die Erkenntnis, dass das, woran Sie festgehalten haben, auf Dauer ohnehin nicht gehalten hätte. Wenn Sie sich in einer Situation befinden, die Ihnen nicht entspricht, dann fügt sich einfach nichts zum anderen, und Sie können gar nicht auf Dauer darin verharren. Ob Sie also nun jemand aus einer Arbeitsstelle entlässt oder in einer Beziehung verlässt, verfluchen Sie die Veränderung nicht, sondern seien Sie dankbar dafür. Sie schafft Raum für das, was Sie eigentlich tun sollen, für das, was das Universum für Sie bereithält.

Auch wenn ich damals aufgewühlt war, weil ich meinen Arbeitsplatz verloren hatte, so wusste ich doch, dass meine Chefin Recht hatte. Ich konnte einfach nicht mit Engagement daran arbeiten, Geld aus Menschen herauszupressen, die keines hatten, und Soll und Haben auszugleichen, war mir nicht genug. Dennoch stürzte mich die Entlassung in noch größere Verwirrung: *was jetzt?*

Ich musste essen und meine Miete bezahlen. Ich brauchte unbedingt einen neuen Job – wahrscheinlich wieder in der Buchhaltung – ganz egal, was ich davon hielt. Also war ich wieder einmal auf der Suche. Tag für Tag kaufte ich drei verschiedene Zeitungen und markierte alle Anzeigen, in denen Buchhalterinnen gesucht wurden. Sobald es aber darum ging, zum Telefon zu greifen und ein Vorstellungsgespräch zu vereinbaren, wurde mir buchstäblich schlecht.

Ich bin nicht allein

Wir haben alle schon einmal erfahren, wie frustrierend das Leben sein kann. Manchmal scheint es, als liefe wirklich *nichts* so, wie es soll – als trieben wir immer schneller in die falsche Richtung und könnten einfach nicht bremsen. Schlimmer noch: Dabei können wir eine negative Haltung entwickeln, die noch mehr von genau dem anzieht, was wir partout nicht wollen.

Kreuzen Sie ein Kästchen an, wenn Sie so etwas schon einmal erlebt haben. Kreuzen Sie zwei Kästchen an, wenn Sie den Eindruck haben, dass das recht oft geschieht. Kreuzen Sie drei Kästchen an, wenn es Ihnen eigentlich meistens so geht.

Nach drei Monaten halbherzigen Suchens war ich einer neuen Stelle noch keinen Schritt näher gekommen. Ich hinkte mit meinen Zahlungsverpflichtungen hinterher, bald würde mein

Arbeitslosengeld auslaufen, und meine beiden Mitbewohnerinnen, Sharon und Kendra, machten sich allmählich Sorgen.

Eines Morgens ging ich aus dem Haus und konnte mein Auto nicht finden. Schwankend zwischen Verzweiflung und überschäumender Wut suchte ich mehrere Straßen ab, um dann endlich wieder nach Hause zu gehen und den Diebstahl anzuzeigen. Ich rief auch die Gesellschaft an, über die meine Autofinanzierung lief. »Ms. Nichols«, sagte die Dame am anderen Ende der Leitung in einem kühlen, herablassenden Ton, »Ihr Auto wurde wegen fehlender Raten gepfändet.«

Das war der Tropfen, der das Fass zum Überlaufen brachte. Frustriert und beschämt schmetterte ich das Telefon quer durchs Zimmer. Ich war wütend auf mich, wütend auf meine Lage – einfach wütend auf alles! Ich war wütend auf *das Leben*!

Mein Nagelbett

Am nächsten Tag war ich so angewidert von meiner Lage, dass ich einfach im Bett blieb. Meinen Pyjama noch an, die Chiffreanzeigen neben mir ausgebreitet, zappte ich mich stumpfsinnig durchs Fernsehprogramm. Plötzlich aber fesselte der Vortrag eines gut gekleideten Afroamerikaners meine Aufmerksamkeit. Der Mann hieß Les Brown, so stand es auf dem Bildschirm, und war anscheinend Motivationstrainer. Bis dahin hatte ich noch nie etwas von ihm gehört, aber seine optimistische Art der Präsentation faszinierte mich. Ich legte die Fernbedienung aus der Hand und hörte zu, was er zu sagen hatte – und was mein Weltbild gehörig ins Schwanken bringen sollte.

Eines Tages ging ein Mann an einem Haus vorüber und sah eine kleine alte Dame, die in ihrem Schaukelstuhl wippte. Neben ihr las ein kleiner alter Herr die Zeitung und wippte seinerseits in einem Schaukelstuhl. Zwischen ihnen auf der Terrasse lag ein Hund. Der jaulte jämmerlich, als ob er große Schmerzen hätte. Beim Vorübergehen fragte sich der Mann im Stillen, warum der Hund wohl so jaulte.

Am nächsten Tag kam der Mann wieder an dem Haus vorbei. Wieder sah er das alte Paar in ihren Schaukelstühlen und zwischen ihnen den Hund, der immer noch dieselben schmerzvollen Laute von sich gab. Verdutzt nahm der Mann sich vor, dass er das alte Paar danach fragen wollte, sollte der Hund am folgenden Tag immer noch jaulen.

Am dritten Tag bot sich ihm zu seinem Kummer erneut dieselbe Szene: Die kleine alte Dame schaukelte, der kleine alte Herr las, und der Hund auf seinem Fleck jaulte erbärmlich. Das konnte er nicht mehr mit ansehen.

»Entschuldigen Sie, gute Frau«, sprach er die alte Dame an. »Was hat denn Ihr Hund?«

»Ach, er?«, sagte sie. »Er liegt auf einem Nagel.«

Diese Antwort verwunderte den Mann, und er fragte: »Wenn er auf einem Nagel liegt und ihm das wehtut, warum steht er dann nicht einfach auf?«

Die kleine alte Dame lächelte und sagte in einem liebevollen, großmütterlichen Ton: »Nun, mein Lieber, es tut ihm nur gerade so sehr weh, dass er darüber *jammert*, aber noch nicht so sehr, dass er etwas dagegen *tut*.«

Wie vom Donner gerührt setzte ich mich kerzengerade im Bett auf, die Augen weit aufgerissen. Es war, als spräche Les Brown mich direkt an. Mir war, als müsse ich nur nach unten schauen, und dann könnte ich sie sehen, die Nägel, auf denen ich in den letzten Monaten gelegen und über die ich so gejammert hatte. Nun ja, eigentlich war ich während der letzten paar Jahre darauf gelegen! Entsetzt über meine eigene Unbeweglichkeit, beschloss ich: *Jetzt reicht's! Endgültig Schluss! Es ist so weit: Heute steig ich runter von meinem Nagel.* Ab sofort würde ich aufhören zu jammern und mein Leben wieder selbst in die Hand nehmen.

Liegen Sie auch auf einem Nagel?

Erkennen auch Sie sich in dem Hund des alten Paares wieder? Beklagen Sie sich über eine bestimmte Situation, unternehmen aber nichts dagegen? Manchmal machen wir uns selbst etwas vor. Dann glauben wir, dass wir schon etwas unternehmen, wenn wir unsere Probleme bloß immer und immer wieder im Kopf herumwälzen oder mehrfach mit anderen darüber sprechen. In Wahrheit aber kann ein solches Verhalten zwar sehr zeitraubend sein, führt aber selten zu einer echten Lösung. (Außerdem laugt es uns aus!) Und doch kommen viele Menschen über diesen Punkt nicht hinaus.

Jetzt kommt unser Ego ins Spiel. Wir rechtfertigen unsere Lage und suchen uns aktiv Mitstreiter, die uns darin unterstützen. Wir wollen sozusagen Chormitglieder gewinnen, die unser Lied »Ich armer Tropf« mit uns singen – und offensichtlich finden wir auch immer welche. Unsere Mitsängerinnen und Mitsänger liegen dabei normalerweise selbst auf einem Nagel und jammern zugleich über ihr eigenes Leiden. Wie heißt es doch so treffend: Mit seinem Schmerz ist keiner gern allein. Aber Unterstützung dieser Art macht es uns nur noch schwerer, von unserem Nagel herunterzukommen.

Nach einer gewissen Zeit haben wir uns so sehr an unser Unglück auf einem bestimmten Gebiet gewöhnt, dass wir es als völlig normal betrachten. So verrückt es klingen mag: Wir machen es uns in unserer ungemütlichen Lage gemütlich!

Doch so ungemütlich sie auch sein mag, wir können uns erst dann aus unserer Lage befreien, wenn wir den ersten, alles entscheidenden Schritt getan haben: Wir müssen erkennen, dass wir feststecken. Les Browns Geschichte hat mir diesen Schritt ermöglicht. Endlich wurde mir klar, dass ich auf einem Nagel lag.

Wenn Sie Ihren Ich-pack's-an-Muskel aufbauen wollen, dann nutzen Sie Ihren Schmerz oder Ihr Unbehagen als Signal, Ihr momentanes Verhalten kritisch zu überprüfen. Warum jammern Sie, tun aber nichts? Wenn Sie sich beim Jammern ertappen, dann halten Sie einen Moment inne und machen Sie sich bewusst, was gerade in Ihnen vorgeht. Fragen Sie sich: Was will ich? Was würde mich glücklich machen? Welchen klitzekleinen Schritt kann ich heute in dieser Richtung unternehmen? Wovor habe ich Angst, wenn ich diesen Schritt tue? Wenn wir uns diese Fragen stellen, werden wir uns unserer selbst klarer bewusst. Ein solches Selbst-Bewusstsein ist ein mächtiges Gegenmittel gegen destruktive Gewohnheiten. Und wie wir bereits gesehen haben, ist es der erste Schritt hin zum Aufbau aller unserer Steh-auf-Muskeln. Damit schaffen wir die Grundlage für ein besseres Handeln.

Nicht nur wütend sein – aktiv werden

Sobald wir uns unserer Situation bewusst werden, liegt es an uns, etwas dagegen zu unternehmen. Zum Glück können wir dieselbe Energie, die wir bisher aufs Jammern und Klagen verwendet haben, umleiten und für unseren Übergang vom Feststecken zum Vorwärtskommen nutzen.

Die Erkenntnis, dass ich auf einem Nagel lag, war für mich so, als würde ich endlich den Fuß von der Bremse meines Autos nehmen. Jetzt musste ich als Nächstes das Lenkrad in die Hand nehmen und das Auto dahin steuern, wohin ich wollte.

Noch ganz benommen von meiner plötzlichen Erkenntnis über den Nagel, bemerkte ich, dass Les Brown immer noch sprach. Meine Aufmerksamkeit wandte sich wieder dem Fernseher zu. Kraftvoll strömten die Worte aus seinem Mund an mein Ohr: »Sie sind die Gestalterin und der Gestalter Ihres Lebens. Es ist Ihre Aufgabe, Ihr Leben für sich so zu gestalten, wie Sie es möchten!«

Ich konnte mein Leben selbst gestalten? Ich konnte entscheiden, was ich tun wollte? Plötzlich war ich voller neuer Begeisterung. Es war Zeit für einen komplett neuen Ansatz bei meiner Jobsuche.

Ich sprang aus dem Bett und unter die Dusche. Ich warf die drei Zeitungen mit den markierten Anzeigen weg. Ich war nicht mehr jenes hoffnungs- und hilflose Menschlein, das Tag für Tag immer dieselben unattraktiven Stellenanzeigen angekreuzt hatte. Ich nahm ein leeres Blatt Papier und verbrachte die nächste Stunde damit, mir völlig klarzumachen, was ich wirklich wollte, wo meine Begabungen lagen und wofür ich mich mit Leib und Seele begeistern konnte.

Als Erstes erstellte ich eine Liste der Tätigkeiten, die mir meiner Meinung nach Freude machen würden und von denen ich schon immer geträumt hatte. Schon wenn ich nur an sie dachte, lebte ich auf! Als ich meine Liste noch einmal durchlas, verspürte ich ein fröhlich flatterndes Gefühl im Bauch – Schmetterlinge der Hoffnung und des Glücks, von denen ich längst geglaubt hatte, dass sie ein für alle Mal verschwunden wären. Da wusste ich, dass ich auf dem richtigen Weg war.

Als Nächstes bestimmte ich meine vier Spitzenreiter. Das waren:

1. Ich möchte vor Menschen sprechen und ihnen helfen.
2. Ich möchte reisen (am Ende sogar um die ganze Welt).
3. Ich möchte mit einem Notebook unterwegs sein.
4. Ich möchte einen schwarzen Anzug tragen.

Nicht alles auf meiner Liste ergab sofort einen Sinn. Ich wusste nicht so recht, warum es mir so wichtig war, einen schwarzen Anzug zu tragen (wahrscheinlich verband ich damit Macht und Erfolg). Ich spürte einfach nur, dass mich die Vorstellung von einem Leben, in dem alle diese Dinge eine Rolle spielten, mit einer Freude erfüllte, wie ich sie seit Jahren nicht mehr erlebt hatte. Sie gab mir eine Vision von der Lisa, die ich sein wollte und die ich, wie ich tief im Innersten wusste, auch sein konnte.

Dann traf ich eine mutige Entscheidung. Ich rannte zum nächsten Kiosk, versorgte mich mit neuen Zeitungen und beschloss dann, nur die Anzeigen anzukreuzen, die *meinen* Anforderungen entsprachen – ganz egal, ob sie nun etwas mit Buchhaltung zu tun hatten oder nicht. Danach wollte ich die entsprechenden Unternehmen anrufen und ihnen *meine* Fragen stellen!

Ich markierte also eine Reihe interessanter Anzeigen, griff zum Telefon und wählte die jeweiligen Nummern. Sobald ich mit dem zuständigen Menschen verbunden war, fragte ich als Allererstes: »Schließt diese Position auch Reisen und die Arbeit mit Menschen ein und hat man ein Notebook zur Verfügung?« Nach den ersten zwölf Neins beschlich mich ein vertrautes Gefühl der Entmutigung.

Aber ich wollte mich nicht wieder auf meinen Nagel legen, deshalb stellte ich mich vor den Badezimmerspiegel und munterte mich auf. Ich sah mir geradewegs in die Augen und sagte: »Lisa, du hast nur dieses eine Leben. Und wenn du nicht darum kämpfst, dir selber das Beste zu geben, dann wird auch kein anderer kommen und es dir überreichen. Du hast zwölfmal ›nein‹ gehört – na und! Du brauchst nur ein einziges ›Ja‹! Mir wurde klar, dass meine neue Haltung es mir nicht automatisch leichter machte; aber sie stärkte meine Überzeugung, dass ich es immer weiter versuchen musste.

Entschlossen wählte ich weitere Nummern und fing mir weitere Neins ein. Aber dann stieß ich auf Gold!

»Guten Tag«, sagte ich. »Mein Name ist Lisa Nichols, und ich rufe wegen Ihrer offenen Stelle im Kundenservice an. Ich habe ein paar Fragen, die ich Ihnen gern stellen würde, wenn das möglich ist.« Ohne der Frau am anderen Ende der Leitung Gelegenheit zu geben, »Nein« zu sagen, fuhr ich fort: »Geht es in dieser Position darum, mit Menschen zu arbeiten und ihnen zu helfen?«

»Ja, darum geht es«, antwortete die Frau.

»Und ist diese Position auch mit Reisen verbunden?«

»Ja, das ist sie«, lautete ihre Antwort.

»Stellt Ihre Firma für diese Position ein Notebook zur Verfügung?«

»Aber selbstverständlich tun wir das«, erwiderte sie und klang dabei ein wenig überrascht.

So weit war ich bis jetzt noch nie gekommen. Ganz gespannt stellte ich meine letzte Frage: »Kann ich bei der Arbeit einen schwarzen Anzug tragen?«

»Unbedingt!«

Ich spürte, dass ich ihre Neugier geweckt hatte, denn die nächste Frage kam von ihr. »Na, erfüllen wir Ihre Anforderungen?«, erkundigte sie sich mit einem Schmunzeln in der Stimme.

»Ja, das tun Sie«, sagte ich mit einem breiten Lächeln. »Wann darf ich zum Vorstellungsgespräch kommen?«

Ich bekam die Stelle! Mein neuer Arbeitgeber war Softwarehersteller, und meine Aufgabe bestand darin, Anwenderinnen und Anwender im Umgang mit neuer Software zu schulen. Zehn Tage später begann ich und wurde in die Stelle eingearbeitet, zu der mich meine Wunschliste geführt hatte. Ich war von meinem Nagel heruntergestiegen und mir meiner Kraft bewusst geworden.

In Bewegung bleiben

Mit einem starken Ich-pack's-an-Muskel geht auch die Bereitschaft einher, sich im Leben immer wieder zu bewegen, *egal, was passiert.* Wenn sich ein Hindernis vor Ihnen auftut und Sie aus der Bahn wirft, dann stehen Sie auf, klopfen sich den Staub von den Kleidern und sehen sich um. Sie machen sich auf die Suche nach Ihrem nächsten Schritt – und notfalls auch nach einem neuen Weg. Das bedeutet nicht, dass es immer schnell gehen muss; es bedeutet einfach, dass Sie es sich zur obersten Priorität machen, immer in Bewegung zu bleiben. Seit ich meinen Ich-pack's-an-Muskel entdeckt habe, gab es durchaus auch Zeiten, in denen ich nur kriechen konnte. Aber selbst dann achtete ich darauf, dass ich in Bewegung blieb.

Es mag Situationen geben, in denen es von außen so aussieht, als bewegten Sie sich nicht, aber im Innern wissen Sie, dass Sie in Bewegung sind und sich auf den Abschnitt Ihrer Reise vorbereiten, der unmittelbar vor Ihnen liegt.

Diese Selbstverpflichtung, immer in Bewegung zu bleiben, funktioniert dann am besten, wenn auch Ihr Verständnis-Muskel stark ist. Wie Sie sicher noch wissen, können Sie mit Hilfe Ihres Verständnis-Muskels das Geschenk entdecken, das in allem steckt. Ihr Ich-pack's-an-Muskel macht dann den nächsten Schritt und versetzt Sie in die Lage, nach dieser neuen Erkenntnis zu handeln. Wenn Sie gerade das Ende einer Beziehung, einen beruflichen Rückschlag, eine gesundheitliche Herausforderung, den Verlust eines geliebten Menschen oder einen anderen schweren persönlichen Schlag verkraften müssen, dann können Sie leichter über das Chaos des gegenwärtigen Augenblicks hinaussehen, wenn Sie das Geschenk oder die Lektion entdecken können, die darin enthalten ist. Doch nur durch Handeln können Sie das Glück und den Durchbruch erleben, die auf Sie warten. In Kapitel sieben werden wir den Entschlossenheits-Muskel kennenlernen, der Sie bei der Stange hält, bis Sie Ihre Ziele erreicht haben.

Mit einem gut entwickelten Ich-pack's-an-Muskel halten Sie schon ganz von selbst nach den Chancen Ausschau, die in einem unerwarteten Umweg liegen. Statt der Vergangenheit und dem Scheitern Ihres Plans A nachzutrauern, entwickeln Sie aus den Elementen und Möglichkeiten, die Ihnen *jetzt* zur Verfügung stehen, Ihren neuen Plan, Plan B. Und was Sie da entdecken, könnte Sie überraschen!

Sie könnten dabei nämlich erkennen, dass Plan B der Plan des Universums oder Gottes Plan für Sie ist, und dass Plan A *Ihr* Plan für Sie war. Plan A, entwickelt auf der Grundlage Ihrer begrenzten Sicht und Erkenntnis, kann einfach nicht mithalten mit dem, was Gott mit Seinem Plan B für Sie in petto hat. Rückblickend betrachtet weiß ich, dass ich mich nie so gut als Rednerin hätte entwickeln und so vielen Menschen hätte helfen können, wenn ich nicht in der Firma gearbeitet hätte, die ich fand, als ich endlich meinen Plan B akzeptieren und anfangen konnte, ihn umzusetzen.

Halten Sie nun einen Moment inne und denken Sie an eine Situation in Ihrem Leben, als eine Tür zufiel und damit Ihre geplante Route, den Weg, der so klar vor Ihnen zu liegen schien, versperrte. Ihre erste Reaktion war wahrscheinlich Frustration, Enttäuschung oder Angst. Stellen Sie sich nun vor, wie Sie sich fühlen würden, wenn Sie wüssten, dass diese Tür zufallen musste, weil eine bessere für Sie aufgehen sollte. Manchmal können Sie sofort erkennen, dass es so besser ist, andere Male dauert es etwas länger. Aber das spielt keine Rolle, wichtig ist, dass Sie immer nach der nächsten, besseren Tür Ausschau halten, durch die Sie gehen können, auch wenn es nicht diejenige ist, die Sie erwartet haben. Auf diese Weise entwickeln Sie Ihren Ich-pack's-an-Muskel am schnellsten.

Der Weg entwickelt sich

In meiner neuen Position bei dem Softwareentwickler bereiste ich das ganze Land (in meinem todschicken neuen schwarzen Anzug und mit einem Notebook unterm Arm) und bildete Mitarbeiterinnen und Mitarbeiter von Drogen- und Alkoholberatungsstellen im Umgang mit einer Software aus, die auf ihre besonderen Bedürfnisse zugeschnitten war.

Das war Ende der 80er-Jahre, als der PC noch kein selbstverständlicher Bestandteil unseres Alltags war und ich feststellen musste, dass die meisten Menschen Scheu vor dem Computer und allem hatten, was damit verbunden war. Ich bat um ein Gespräch mit meinem Chef und schlug ihm vor, die erste Stunde meiner Schulungen ausschließlich auf Motivationstraining zu verwenden. Damit sollten die Teilnehmenden ihre Angst vor dem Unbekannten überwinden und sich für den neuen elektronischen Wind begeistern können, der in unserem Land und auf der ganzen Welt wehte. Er war mit meinem Vorschlag einverstanden.

Der Bann war gebrochen. Die Mitarbeiterinnen und Mitarbeiter in meinen Schulungen waren engagierter, stellten mehr Fragen und lernten wesentlich schneller, sobald ich mir zuvor die Zeit genommen hatte, ihren Widerstand und ihre Unsicherheit anzusprechen. Am meisten überraschte mich aber, wie viel Freude den Teilnehmenden – und auch mir – dieser inspirierende Teil der Schulung machte. Schon bald baten sie mich um mehr: Ich sollte die Sitzung am Nachmittag ebenfalls mit einem Motivationstraining beginnen und den Tag auch so abschließen.

Im Mittelpunkt dieser Gespräche standen oft persönlichere Themen: eigene Ziele, die Kinder oder Partner der Teilnehmenden, Gewichtsprobleme und so weiter. Es zeigte sich, dass sich diese Möglichkeit der Weiterentwicklung, die darin bestand, sich der Herausforderung zu stellen, die der Computer für sie bedeutete, auch auf alle anderen Bereiche ihres Lebens auswirkte. Und ich erkannte, was ich damit eigentlich machte: Ich half den Menschen, von ihrem eigenen Nagel herunterzukommen und ihren Ich-pack's-an-Muskel aufzubauen.

Auch ich freute mich auf unsere Sitzungen. Immer wenn meine Klientinnen und Klienten ein Aha-Erlebnis hatten, an lang vergrabene Gefühle herankamen oder einander umarmten (was oft geschah), bekam ich Gänsehaut, und ein wohliger Schauer lief mir über den Rücken. Die Leute waren so dankbar, und ich konnte sehen, dass ich ihnen wirklich half. Ich empfand meine Tätigkeit als sinnvoller denn je und spürte, dass ich endlich meine Berufung gefunden hatte.

> **Ich bin nicht allein**
>
> Verbringen Sie Ihre Wochenenden und Abende mit Tätigkeiten, bei denen Ihr Herz vor Freude hüpft und träumen Sie sogar davon, das, was Sie gerne tun, zu Ihrem Beruf zu machen? Wenn Sie erst einmal auf den Geschmack gekommen sind, Ihre Talente und Fähigkeiten wirklich einzusetzen, dann versteht es sich von selbst, dass Sie das öfter tun wollen. Nie fühlen Sie sich lebendiger, als wenn Sie Ihre einzigartigen Talente umsetzen können.

Kreuzen Sie ein Kästchen an, wenn Sie das schon einmal erlebt haben. Kreuzen Sie zwei Kästchen an, wenn Sie sich oft so fühlen. Und kreuzen Sie drei Kästchen an, wenn es Ihnen tagtäglich so geht.

Mein weiterer Weg zeichnete sich immer deutlicher ab. Ich wollte mehr solcher Reden halten, die meine Zuhörerinnen und Zuhörer und mich selbst begeisterten. Langsam, aber sicher bastelte ich an meiner Karriere als Motivationstrainerin. Zunächst bot ich meine Vorträge umsonst an und behielt meinen Brotberuf. Doch schon nach wenigen Jahren arbeitete ich hauptberuflich als Motivations-Coach für zwei Unternehmen – einschließlich der Softwarefirma, zu der ich an dem Tag geführt wurde, an dem ich meinen Ich-pack's-an-Muskel entdeckt hatte.

Les Browns Geschichte hat einen Funken in mir gezündet, der nie verloschen ist. In Kapitel sechs erzähle ich von den Herausforderungen, denen ich mich ein paar Jahre später stellen musste, als mich meine innere Führung bat, eine neue Richtung einzuschlagen: größere Brötchen zu backen und meine Begabungen einem größeren Publikum zur Verfügung zu stellen.

Zum Architekten oder zur Architektin Ihres Lebens werden

Wenn Sie anfangen, Ihren Ich-pack's-an-Muskel zu entwickeln, geschieht etwas Wunderbares: Aus Krisen werden Chancen, in sich zu gehen, die eigenen Prioritäten zu überdenken und wieder in Kontakt mit dem zu kommen, wovon Sie wirklich träumen. Bei meinen Workshops und Vorträgen begegne ich immer wieder so vielen Menschen, die sich, genau wie ich damals, seit Jahren innerlich gelähmt fühlen und mit negativen Gefühlen auf unerwünschte Vorfälle in ihrem Leben reagiert haben. Wie angewurzelt verharren sie an ihrem Fleck, weinen, ballen drohend die Fäuste oder lassen den Kopf hängen und denken nicht eine Sekunde daran, dass sie immer noch die Möglichkeit haben, etwas zu unternehmen und sich das Leben so zu gestalten, wie sie es haben wollen. Zumindest vorübergehend glauben sie nicht mehr daran, dass einzig und allein sie selbst die Architektin oder der Architekt ihres Lebens sind. In den

Momenten, in denen sie ihre Kraft an den unerwünschten Vorfall abgeben, verpassen sie jedoch die Chance auf Wachstum und tiefere Selbsterkenntnis, die sich bietet, wenn man in sich geht und am höheren Zweck seines Daseins auf dieser Erde festhält.

Verstehen Sie mich nicht falsch. Ich will damit nicht sagen, dass Sie Ihre Gefühle verdrängen sollen, wenn Ihre Träume zerbrechen. Sie sollen keine fröhliche Maske aufsetzen und so tun, als könne Ihnen nichts etwas anhaben. Ja, ich möchte Sie sogar ausdrücklich dazu auffordern, Ihren Tränen oder Ihrer Wut freien Lauf zu lassen. Diese Gefühle anzuerkennen, ist ein sehr wichtiger Schritt im ganzen Prozess. Was ich aber sagen will, ist: **Bleiben Sie dabei nicht stehen!**

Manche Leute halten lieber an ihrem Schmerz fest, statt sich um etwas Besseres zu bemühen und dabei das Risiko des Scheiterns auf sich zu nehmen. Diese Möglichkeit erscheint zunächst einfacher, doch am Ende zahlt man dafür einen wesentlich höheren Preis. Es stimmt schon: Wenn Sie es wagen, aktiv etwas für ein besseres Leben zu unternehmen, dann werden Sie wahrscheinlich auch Rückschläge in Kauf nehmen müssen und hier oder da scheitern. Manchmal schämen Sie sich vielleicht sogar. Womöglich machen sich die Leute lustig über Sie, weil Sie etwas Großes probiert haben und damit vielleicht gerade auf die Nase gefallen sind. Sobald Sie aber ins Handeln kommen, haben Sie den Bann der Hoffnungslosigkeit gebrochen. Und wenn Sie erst einmal auf den Geschmack gekommen sind, Ihrer Leidenschaft und Ihrem Lebenssinn nachzugehen, dann werden Sie sich mit nichts Geringerem mehr zufriedengeben wollen. Dann möchten Sie nur noch Ihrem Schicksal folgen – und Ihr Ziel erreichen.

Was mich angeht, so konnte ich, als ich erst einmal von meinem Nagel heruntergestiegen war, erkennen, dass mich eher meine Dummheit als meine Angst davon abgehalten hatte. Ich habe einfach nicht gewusst, dass ich Verbindung zu meiner inneren Wahrheit aufnehmen und aufschreiben kann, was ich im Leben erreichen will, um dann mutig zur Tat zu schreiten und es in der Realität umzusetzen. Ich fühlte mich wie in einem Gefängnis, aber dieses Gefängnis gab es nur in meinem Kopf. Sobald ich erst einmal angefangen hatte, meinen Ich-pack's-an-Muskel zu benutzen, wurde mir klar, dass ich jederzeit hätte handeln können – wenn ich es nur gewusst hätte.

Ihren Ich-pack's-an-Muskel kräftigen Sie durch hundertprozentige Hingabe an Ihr Wunschziel. Ich spreche hier nicht von dem tollen Auto oder dem fantastischen Haus oder einem dicken Bankkonto. Das sind nur die kleinen Vergünstigungen, die bei größeren, umfassenderen Zielen abfallen. Solche Ziele sind zum Beispiel: Ihre Leidenschaft zu leben, sinnvolle Beziehungen einzugehen und sich mit einer höheren Macht verbunden zu fühlen. Wenn es Ihnen mehr darum geht, solche Ziele zu erreichen als darum, dass Ihre Pläne genau so, in dem Tempo und mit den Menschen funktionieren, wie Sie sich das vorgestellt haben, dann beziehen Sie Ihre Kraft aus einer so tiefen, wahrhaftigen Quelle in Ihrem Inneren, dass Sie nichts mehr aufhalten kann.

Und dann? Passen Sie auf! Wenn sich Ihre Klarheit mit Ihrer Überzeugung zusammentut und Sie den beiden noch Ihr aktives Handeln zur Seite stellen, dann werden Sie erleben, wie sich Ihre Welt vor Ihren Augen verwandelt!

In meinen Workshops erzähle ich meinen Zuhörern von den Gipfeln und Tälern im Leben. Immer wenn Sie sich Ihrer ganzen Kraft bewusst sind, alles in Ihrem Leben lieben und innere Ruhe Sie erfüllt, dann stehen Sie auf einem Gipfelpunkt Ihres Lebens. Wenn es aber so aussieht, als sei Ihr Leben aus dem Gleichgewicht geraten, und wenn Sie mit Ihren Gedanken und Gefühlen ringen, dann wissen Sie, dass Sie in einem Tal zwischen zwei Gipfeln stehen. Wenn Sie gerade im Tal sind, dann denken Sie vor allem an eines: **Lassen Sie sich hier nicht häuslich nieder!** Bringen Sie keinesfalls Ihren iPod, Ihre Möbel oder Ihre Kleider hierher. Und geben Sie schon gar keine Jammerpartys! Für Sie geht es jetzt darum zu merken, dass Sie gerade in einer Talsohle angelangt sind, um so schnell wie möglich daraus wieder aufzusteigen. Hin und wieder im Tal zu landen, ist völlig in Ordnung; sich dort niederzulassen, ist es nicht!

Hier hilft es, wenn Sie lernen, schneller zu erkennen, wo Sie sich gerade befinden – unterscheiden zu können, ob Sie gerade beim Aufstieg auf den Gipfel sind oder an einer Stelle am Berg feststecken oder womöglich sogar ins Tal abrutschen. Wo immer Sie gerade stehen, konzentrieren Sie sich auf Ihren Ich-pack's-an-Muskel, um weiter zu Ihrem nächsten Gipfel aufzusteigen.

So trainieren Sie Ihren Ich-pack's-an-Muskel:

1. Erkennen Sie, wenn Sie jammern, sich festgefahren haben, »auf dem Nagel liegen«.
2. Konzentrieren Sie sich wieder auf Ihr ursprüngliches Ziel.
3. Seien Sie offen für andere, möglicherweise bessere Wege dorthin.
4. Behalten Sie Ihre kühnsten Träume und die Art und Weise im Blick, wie Sie dem Leben dienen wollen, solange Sie auf dieser Erde sind.

Wenn Sie sich schwören, immer nur das Beste zu tun, auf Ihr Ziel hinzuleben und immer in Bewegung zu bleiben, dann programmieren Sie sich auf Erfolg – *egal was passiert!*

Beflügelnde Erste Schritte

Die Dinge anzupacken, hat seine Vorteile. Und die erlebt man nun einmal am besten, wenn man – die Dinge anpackt! In jedem Kapitel gibt es *Beflügelnde Erste Schritte* zur Entwicklung Ihrer Steh-auf-Muskeln, aber für Ihren Ich-pack's-an-Muskel ist es doppelt so wichtig, dass Sie sie machen. Inspirierende Ideen und spannende Geschichten zu lesen, baut weder diesen Muskel auf, noch verwandelt es Ihr Leben; das geschieht nur, wenn Sie tatsächlich aktiv werden.

1. **Erkennen Sie Ihre Nägel:** Immer und immer wieder sage ich den Menschen, dass jeder Prozess des persönlichen Wachstums damit beginnt, dass man sich eine gesunde, kräftige Dosis Realität verpasst. In diesem Fall bedeutet das, dass Sie sich mit der Realität des Nagels (oder des Nagelbetts) befassen müssen, auf dem Sie im Augenblick liegen. Das sind schlechte Angewohnheiten, gespannte Beziehungen, negative Arbeitsbedingungen, der suboptimale Gesundheitszustand oder die prekäre finanzielle Lage, über die Sie sich schon seit geraumer Zeit beklagen, gegen die Sie aber immer noch nichts unternommen haben. Die folgende Übung kann Ihnen helfen, Ihre individuellen Nägel – den Grund Ihrer dauernden Klagen – zu erkennen und sie langsam, aber sicher aus Ihrem Leben zu entfernen.

- Besorgen Sie sich aus Ihrer Werkzeugkiste oder aus dem Baumarkt ein Sortiment unterschiedlich langer Nägel, die kleinsten sollten nur etwa zwei, die größten etwa zehn Zentimeter lang sein. Sie brauchen jeweils drei Nägel von jeder Länge.
- Denken Sie an drei Bereiche Ihres Lebens, die Ihnen Unbehagen bereiten oder bei denen Sie sich wie auf einem Nagelbett fühlen. Ein solcher Bereich könnte zum Bei-

spiel Ihre Schulden sein, ein weiterer Ihre schwierige Beziehung zu jemandem aus Ihrer Familie oder einem geliebten Menschen und ein dritter Ihre Unzufriedenheit mit Ihrer momentanen Arbeitsstelle oder Ihrem Gewicht. Schreiben Sie dann jeden Bereich wie eine Überschrift auf ein Blatt Papier, sodass Sie am Ende drei Blätter haben. Ziehen Sie auf allen drei Blättern in der Mitte eine Querlinie. Bewerten Sie jedes Thema auf einer Skala von 1 bis 5, wobei 1 ein gelindes Unbehagen bezeichnet, 3 eine größere, anhaltendere Herausforderung darstellt und 5 für ein Höchstmaß an Ärger, Aufregung und Erschöpfung steht. Befestigen Sie nun mit Klebeband den Nagel, der Ihrer Meinung nach der Schwere der Belastung entspricht, am oberen Ende der Seite. (Wenn sich alle drei Themen wie Stufe 5 anfühlen, dann kleben Sie drei große Nägel auf. Sorgen Sie also dafür, dass Sie genügend große Nägel zur Verfügung haben.)

- Schreiben Sie nun in die obere Hälfte des Blattes (bis zur eingezeichneten Linie) in allen Einzelheiten auf, was das jeweilige Thema zur Herausforderung für Sie macht. Sie können ganze Sätze formulieren oder eine Liste all der Dinge aufstellen, die in dieser Sache nicht richtig laufen. Denken Sie dabei daran: Hier geht es darum, Ihren Anteil an der Sache und Ihre Verantwortung zu erkennen. Das Problem kann also nicht ausschließlich an anderen liegen; Sie müssen sich selbst mit einbeziehen, wenn Sie ermitteln, was nicht gut läuft. Das gibt Ihnen auch mehr Macht, auf ein neues Ergebnis hinzuwirken.
- Erstellen Sie nun in der unteren Hälfte der Seite eine Liste all der Dinge, die Sie tun können – und seien sie noch so minimal –, um die Größe des Nagels, den Sie auf der Seite aufgeklebt haben, zu beeinflussen und zu verringern. Ihr oberstes Ziel ist dabei, den Nagel auf seine kleinstmögliche Größe zu reduzieren und dann vollständig zu ent-

fernen. Fragen Sie sich: *Was muss ich tun, damit dieses Thema ein für alle Mal erledigt ist?* Denken Sie auch hier wieder in kleinen, berechenbaren Schritten und nicht in riesigen, impulsiven Sprüngen. Ein Chirurg, der einen Fremdkörper aus Ihrem Körper entfernt, macht das ja auch nicht im Eiltempo und operiert hastig und übereilt – also sollten Sie das auch nicht tun, wenn Sie diesen Nagel aus Ihrem Leben entfernen.

Wenn Sie das, was Sie tun können, um in jedem Bereich Verbesserungen zu erzielen, tatsächlich umsetzen, dann werden Sie feststellen, dass das Ausmaß der Herausforderung zusehends kleiner wird. Wenn das geschieht, ist es an der Zeit, dass auch die Nägel kleiner werden. Ersetzen Sie deshalb einfach den Nagel, der im Moment noch bei dem Problem klebt, durch den nächstkleineren. Am Ende sollten Sie den Nagel komplett entfernen können. Versuchen Sie, dass Sie innerhalb der nächsten zwei bis vier Monate mindestens einen Nagel vollständig von einem Ihrer Blätter entfernen können. Bei manchen Nägeln gelingt das früher als bei anderen, und vielleicht haben Sie sogar einen Nagel, bei dem es viel länger dauert, als Sie erwartet oder geplant hatten, bis er weg ist. Geben Sie nicht auf, wenn es länger dauert. Lassen Sie einfach weiter Ihren Ich-pack's-an-Muskel spielen und Sie werden erleben, dass auch diese Nägel mit der Zeit verschwinden. Wenn Sie wirklich dabei bleiben, Ihren Ich-pack's-an-Muskel zu trainieren, werden Sie diese Nägel dauerhaft entfernen können.

2. **Verbinden Sie sich noch auf oder nach dem Umweg wieder mit Ihrem ursprünglichen Ziel:** Denken Sie daran: Bei der Ausbildung Ihres Ich-pack's-an-Muskels ist es mit am wichtigsten, dass Sie Ihr Ziel immer vor Augen haben, auch wenn Sie Rückschläge verkraften müssen oder sich schein-

bar gerade in eine völlig andere Richtung bewegen. Nehmen wir zum Beispiel einmal an, Sie haben einen tollen Urlaub mit Ihrer Familie geplant, und schon von dem Augenblick an, in dem Sie ins Auto oder ins Flugzeug steigen, geht alles schief. Jetzt ist es wichtig, dass Sie sich wieder mit den Gründen für Ihre Reise verbinden: Sie wollen Ihre Batterien wieder aufladen, eine schöne Zeit mit Ihren Lieben verbringen, Tapetenwechsel erleben und mal etwas Neues ausprobieren. Je eher Sie sich wieder auf Ihr ursprüngliches, höheres Ziel besinnen können, desto weniger Zeit werden Sie darauf verwenden müssen, mit Ihrer Enttäuschung fertigzuwerden.

- Wenn Sie das nächste Mal feststellen, dass etwas nicht so läuft, wie Sie das möchten, dann versuchen Sie mal, die Pause-Taste zu drücken und Ihre Gedanken ausschließlich auf Ihr ursprüngliches Ziel zu richten. Atmen Sie dafür zuerst ein paarmal tief durch. Lassen Sie die Enttäuschungen einen Augenblick beiseite und konzentrieren Sie sich auf Ihr oberstes Ziel. Was war Ihr eigentliches Anliegen? Können Sie eine Möglichkeit finden, das noch zu erreichen, selbst wenn Sie sich gerade auf Abwegen befinden? Tun Sie einen Moment lang so, als liefe alles tatsächlich genau nach Plan und als bekämen Sie genau das, was Sie wollen. Wenn Sie Ihrem Denken eine solche leichte Verschiebung aufzwingen, kann das dazu führen, dass die Art und Weise, wie Sie Ihr Ziel erreichen wollen, sich verändert. Vielleicht entdecken Sie ja auf einem solchen kleinen Umweg Möglichkeiten, Ihr Ziel auf andere, eventuell sogar bessere Weise zu erreichen. Das erfordert eine gewisse Flexibilität, aber mit etwas Übung können Sie Ihr Ziel erreichen, ganz egal wie viele Irrungen und Wirrungen Sie auf dem Weg dahin durchlaufen.

3. Lassen Sie es beim Jammern und Klagen nicht bewenden: Es ist nur menschlich, über etwas zu klagen, besonders wenn wir Schmerzen haben oder es uns nicht gutgeht. Aber wie wir bereits wissen, bringt uns Klagen keinen Schritt weiter, wenn wir nichts tun, um die Situation zu verändern. Der Schlüssel liegt darin, in Bewegung zu bleiben, trotz unserer Klagen. Gerade so wie Sie sich der Nägel, auf denen Sie liegen, klipp und klar bewusst werden müssen, so müssen Sie auch erkennen, wie Sie jammern und welche Wirkung das auf Sie hat. Zwar beklagen wir uns oft nicht lauthals bei anderen, sondern grummeln nur still in uns hinein und sind frustriert, aber auf unsere Energie wirkt sich das genauso negativ aus. Wenn Sie sich das nächste Mal jammern hören – entweder still für sich oder bei jemand anderem –, dann stellen Sie sich der Herausforderung, vom Jammer-Modus auf den Aktions-Modus umzuschalten. Beantworten Sie sich dazu folgende Fragen, und handeln Sie entsprechend Ihrer Antworten:

- Was klappt bei mir gerade nicht?
- Was möchte ich, damit es mir in dieser Situation besser geht?
- Welchen klitzekleinen Schritt kann ich heute tun, um dem näher zu kommen?
- Was habe ich davon, wenn ich diesen Schritt mache?

Sobald Ihnen erst einmal bewusst ist, worüber Sie jammern, wird Ihnen auch klarer, was Sie tun können, um schneller und eher ans Ziel zu kommen. Unser Handeln folgt immer unserer Erkenntnis.

Kapitel vier

Training für Ihren Ich-weiß-was-ich-weiß-Muskel:

Gott ist gut, ist einfach gut. Juhu!

»Alles wird gut.«
Wie oft haben Sie diese Worte schon gehört – oder *gebraucht*? Und wie oft haben Sie sich das im Stillen selbst versichert, aber doch nicht so sehr daran geglaubt, dass Sie voller Selbstvertrauen weitermachen konnten? Stellen Sie sich einmal vor, wie es wäre, wenn Sie wüssten, dass sich alles zum Besten wendet – selbst wenn nichts darauf hindeutet und Sie keinen blassen Schimmer haben, wie das gehen soll!

Dieses tiefe Vertrauen nenne ich den Ich-weiß-was-ich-weiß-Muskel, es entsteht aus der Verbindung zu etwas, das größer ist als wir selber. Wenn dieser Muskel stark ist, dann müssen Sie gar nicht erst versuchen, sich davon zu überzeugen, dass am Ende das Beste für Sie herauskommt, denn dann *wissen* Sie das bereits.

Bitte beachten Sie, dass ich hier nicht von *glauben* spreche. Denn Wissen geht einen Schritt weiter als Glauben. Denken Sie einmal darüber nach: Wenn Sie sagen, dass Sie etwas glauben, dann gibt es doch häufig einen Aspekt in Ihnen, der sich da nicht ganz so sicher ist. Sie sind noch dabei, sich selbst zum Glauben an das, was Sie sich erhoffen, zu überreden. Wissen jedoch ist eine abgeschlossene Tatsache. Es ist »gebongt« und nicht mehr verhandelbar. Das ist vollständiges und pures Vertrauen, die Art unerschütterlichen Glaubens, mit der ein Kind an seine Mutter glaubt.

Die Vorteile eines gut entwickelten Ich-weiß-was-ich-weiß-Muskels sind enorm. Er verleiht Ihnen sowohl die Freiheit, alles zu tun und auszuprobieren, als auch eine einzigartige innere Ruhe, die für Verwirrung und Angst völlig unempfänglich ist. Er verschließt Chaos und Panik die Tür. Stellen Sie sich ein Glas mit Öl und Wasser vor. Das Öl steht für alle Ihre Zweifel und Ängste, das Wasser symbolisiert Ihren Glauben. Aus der Erfahrung wissen Sie, dass die beiden sich nicht vermischen. Genau so ist es, wenn Ihr Ich-weiß-was-ich-weiß-Muskel stark ist. Dann können Ihre Zweifel und Ängste Ihrem Glauben nichts anhaben. Sie wissen *ohne die leisesten Zweifel*, dass alles gut enden wird.

Ich habe diesen Muskel in einer sehr dunklen Zeit in meinem Leben entdeckt. Im Äußeren gab es ausgesprochen wenig, was mir gezeigt hätte, dass alles wieder in Ordnung kommen würde – es sah sogar alles eher nach dem genauen Gegenteil aus. Also musste ich in mich gehen und die nötige Ermutigung und Sicherheit, jene *Gewissheit* also, in mir selber suchen. Ich fand sie durch meine Verbindung zu meiner Höheren Macht und hielt daran fest. Aber um diese Verbindung herstellen zu können, musste ich erst die Vorstellungen von Gott und Göttlichkeit hinter mir lassen, die ich in der Kindheit entwickelt hatte.

Die Suche nach Gott

»Junge Dame! Wo wollen Sie eigentlich hin mit Ihren nackten Steckenbeinchen?« Mürrisch verfolgte mich Sister Brown, meine Lehrerin in der Sonntagsschule, mit scharfem Blick, als ich auf meinen Stuhl zusteuerte.

Ich erstarrte vor Schreck, und mir fehlten einen Augenblick die Worte. Auf dem Weg zur Sonntagsschule war ich hingefallen und hatte mir das Knie aufgeschürft, was dazu führte, dass meine sauberen weißen Strümpfe voll Blut waren. In der Kirche angekommen, huschte ich zur Toilette, zog die ruinierte Strumpfhose aus und stopfte sie in den Mülleimer. Wäre ich nach Hause gegangen, um mir frische Strümpfe anzuziehen, hätte ich die Stunde verpasst, und ich dachte mir, Gott würde mich bestimmt auch ohne Strümpfe akzeptieren.

Aber Sister Brown, eine stattliche, imposante Frau mit entsprechender Stimme, war da anderer Meinung. Bevor ich auch nur ein Wort sagen konnte, schrie sie mich an: »Du entehrst Gottes Haus, und das dulde ich nicht!« Sie wies auf einen harten Holzstuhl in der Ecke und sagte: »Setz dich da hin, mit dir beschäftige ich mich später noch.«

Während der gesamten Bibelstunde sah sie stets in meine Richtung, wenn sie von Dingen sprach, die wir tun und die Gott missfallen. Dabei starrte sie mich so lange an, bis die anderen Kinder auch herschauten. Die Missbilligung in den Augen meiner Freundinnen und Freunde tat weh und war erniedrigend. Als Sister Brown nach der Stunde mit den Eltern plauderte, die ihre Kinder abholten, schlich ich mich durch die Hintertür und rannte, so schnell ich konnte, die Allee hinunter zum Haus meiner Großmutter. Heulend fragte ich Gott, warum er sich eine so gemeine Frau zur Arbeit in Seinem Haus ausgesucht hatte.

Ich ging zwar weiterhin zur Kirche (wenngleich nie wieder ohne Strümpfe), aber dies war der Anfang meiner strikten Abneigung gegen die »Heiligen Hühner«. So nannte ich jene Gemeindemitglieder, die mir sozusagen die Bibel um die Ohren schlugen – als wäre ich eine Heidin aus der Hölle, die nie und nimmer einer Beziehung zu Gott würdig wäre. Statt willkommen und aufgenommen fühlte ich mich verurteilt.

Dennoch wollte ich unbedingt eine Beziehung zu Gott. Meine

Großmutter Bernice lebte so, und ich sah, wie viel Zuversicht und Vertrauen sie daraus bezog. Aber es erschien mir einfach zu qualvoll, mich dafür mit den Heiligen Hühnern arrangieren zu müssen. *Wenn das die einzige Möglichkeit ist, in den Himmel zu kommen,* dachte ich bei mir, *dann verzichte ich.*

Schließlich überwältigten mich meine Abneigung und das Unbehagen, das ich empfand. Als ich 16 Jahre alt war, hatte ich die Nase voll von Angst und Verurteilungen. Achselzuckend ließ ich meine Erfahrungen mit der Kirche hinter mir und hoffte, dass ich meine Verbindung zu Gott auf andere Weise finden würde.

Ich bin nicht allein

Haben Sie sich von einer einzelnen Person oder einer Gruppe je so verurteilt gefühlt, dass Sie beschlossen, sich komplett von ihnen zurückzuziehen, obwohl Sie ihre Gemeinschaft und Unterstützung gebraucht hätten, einfach um sich selbst zu schützen?

Kreuzen Sie ein Kästchen an, wenn es Ihnen schon einmal so ergangen ist. Kreuzen Sie zwei Kästchen an, wenn dies ein ernstes Thema für Sie ist oder war. Kreuzen Sie alle drei Kästchen an, wenn Sie im Moment von diesem Gefühl überwältigt werden oder in der Vergangenheit wurden.

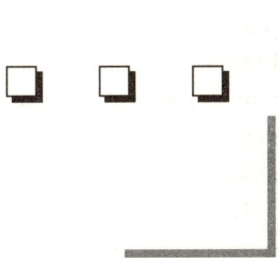

In den folgenden paar Jahren nahm ich die Bibel nur ganz selten zur Hand und ging nur einmal im Jahr zur Kirche – an Ostern. Über Religiosität dachte ich nicht weiter nach, bis mich eine längst begrabene Erinnerung in die Knie zwang und mich bei Gott Zuflucht suchen ließ.

Eine Bitte aus tiefstem Schmerz

Es fing ganz harmlos an. Ich war 19 und bereits nicht mehr auf dem College. Eines Nachmittags saß ich mit meinen drei Cousins zusammen, und wir sahen uns einen Stapel alter Fotos an. Da fiel mir das Bild eines Jungen im Teenageralter in die Hände. Ich erkannte ihn nicht, aber mein Herz fing sofort an wie wild zu klopfen und ich konnte kaum noch atmen. Mir war, als senkte sich eine dunkle Decke der Wut über mich.

»Wer ist das?«, fragte ich und erstickte fast vor Wut. »Los, sagt schon!« Meine Cousins wussten es auch nicht, also rannte ich ins Zimmer meiner Tante. »Tante, Tante«, rief ich und zeigte ihr das Bild. »Wer ist das?«

Sie überlegte einen Augenblick und sagte dann: »Ach, das ist der Sohn von der Frau, die dich und deinen Bruder und auch deine Cousins immer gehütet hat.«

Ich starrte auf das Bild, und in meinem Kopf drehte sich alles. *Was war bloß los?* Ich kannte ihn nicht persönlich, und doch war ich mir sicher, dass ich mal in seiner Nähe gewesen war – und dass ich ihn hasste. Trotz meines inneren Aufruhrs behielt ich meine Gefühle für mich.

Ich nahm das Bild mit nach Hause und musste es den ganzen Nachmittag lang immer wieder anschauen. Ich versuchte, meiner Beziehung zu diesem Jungen auf die Spur zu kommen. Er war also der Sohn meiner Babysitterin. Aber was hatte das mit mir zu tun? Irgendwann überkam mich der übermächtige Wunsch, mich am ganzen Körper zu waschen. Ich stellte das heiße Wasser an, trat unter die Dusche und schrubbte mich, bis meine Haut überall schmerzte. Dann griff ich zum Handtuch und begann mich abzutrocknen.

Plötzlich war es, als würde alles um mich herum immer langsamer. Während ich mich berührte und mit dem Handtuch meine Schenkel abrieb, erinnerte ich mich – in allen Einzelheiten –, dass auch er mich berührt hatte. Die Erinnerung war, als brauste ein Auto mit voller Wucht über mich hinweg. Ich fing an zu zittern und unkontrollierbar zu weinen, mein Kopf schlug hin und her, bis ich kaum noch stehen konnte.

An mein Handtuch geklammert, fiel ich auf den Toilettensitz und erstarrte vor Entsetzen, während in meinem Kopf ein Film ablief: Der Junge auf dem Foto schickte meinen Bruder und meine Cousins aus dem Zimmer, öffnete den Reißverschluss seiner Hose und zwang mich, ein fünfjähriges Mädchen, meinen Mund an seinen Penis zu halten. In der nächsten schlimmen Szene sagte er, dass ich nie und nimmer jemandem etwas davon erzählen dürfte. Wenn ich es doch täte, versprach er mir eine gehörige Tracht Prügel und sagte, auch meine Eltern würden mir mächtige Ohrfeigen verpassen. Ich weiß zwar nicht mehr genau, wie oft das passiert ist, aber ich bin mir sicher, dass es mehr als einmal geschehen ist.

Mit der Erinnerung stellte sich ein Geschmack in meinem Mund ein, der mir den Magen umdrehte. Ich schnappte mir eine fast volle Flasche Listerine und gurgelte damit so lange, bis sie leer war. Dabei schluckte ich auch einiges.

Der Schmerz in meiner Brust war unerträglich. Am liebsten hätte ich etwas kurz und klein geschlagen oder wäre mit einem Auto durch die Straßen gerast. Ich wollte keinen Blödsinn machen, aber ich wusste, ich musste meine wachsende Wut irgendwie abreagieren. Frische Luft könnte helfen, dachte ich und ging nach draußen. Die Hürde, die mein Vater in unserem Garten aufgebaut hatte, als ich in der Highschool war, stand immer noch. Also fing ich an, über die Hürde zu rennen. Ich sprintete 20 oder 30 Meter, sprang über den Balken, rannte zum Ausgangspunkt zurück und fing wieder von vorne an. Bei jeder Runde erinnerte ich mich an weitere Details. Es war niemand zu Hause, der mich hätte sehen können, also machte ich zwei Stunden am Stück so weiter, bis ich zu erschöpft war, um wütend zu sein. Schließlich ging ich wieder rein und weinte mich in den Schlaf.

Am nächsten Morgen erwachte ich mit hämmernden Kopfschmerzen und zugeschwollenen Augen. Meinem Vater fielen meine rot verquollenen Augen und meine langsamen Bewegungen auf, und er fragte, was mit mir los sei. Ich sagte ihm, ich hätte Heuschnupfen. Ich brachte es nicht über mich, ihm die Wahrheit zu sagen.

> **Ich bin nicht allein**
>
> Sind Sie schon einmal von jemandem so verletzt worden, dass Sie noch lange Schmerz oder Wut empfunden, sich als Opfer gefühlt oder den Wunsch nach Rache verspürt haben?

Kreuzen Sie ein Kästchen an, wenn Ihnen so etwas schon einmal passiert ist. Kreuzen Sie zwei Kästchen an, wenn diese Gefühle Sie eine Weile völlig beansprucht haben. Kreuzen Sie drei Kästchen an, wenn Sie immer noch nicht wissen, wie Sie über das Geschehene und die Gefühle, die es in Ihnen ausgelöst hat, hinwegkommen sollen. (Denken Sie daran, Sie sind nicht allein; wir kreuzen diese Kästchen zusammen an.)

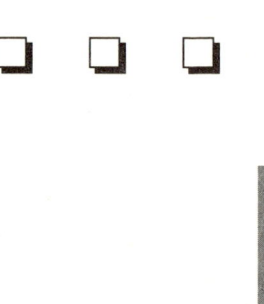

In den nächsten sechs Monaten machte ich mich zwar nicht aktiv auf die Suche nach dem jungen Mann, der mich missbraucht hatte, aber ich hielt nach ihm Ausschau. Ich hatte mir das Bild gut eingeprägt. Er hatte einen riesigen Schopf im Afro-Look, karamellfarbene Haut und ein strenges, wie gemeißelt wirkendes Kinn. Immer wenn ich jemanden mit so einer Frisur vorbeigehen sah, machte ich einen langen Hals, um zu gucken, ob er es war. Ich wusste nicht genau, was ich tun würde, wenn ich ihn fände, aber ich wusste, dass ich ihm genauso wehtun wollte, wie er mir wehgetan hatte.

Die Zeit verging, aber nicht meine Wut auf den, der mich so gequält hatte. Zerfressen vor Schmerz und Wut, fühlte ich mich, als wären mein Körper, mein Geist und meine Seele überhaupt nicht mehr im Einklang miteinander. Jemand hatte mir einmal gesagt, wenn man wütend auf einen anderen sei, dann sei das gerade so, als trinke man Gift und warte darauf, dass dieser andere stirbt. Und mit jedem hasserfüllten Gedanken an ihn trank ich einen neuen Schluck Gift.

Eines Freitagabends saß ich in meinem Zimmer und fühlte mich hoffnungsloser denn je. Als Kind hatte mir meine Großmutter immer gesagt: »Wenn du niemanden hast, an den du dich wenden kannst, dann übergib deinen Kummer Gott, mein Kleines. Geh einfach zu Gott, Gott ist immer für dich da.« Jetzt erinnerte ich mich an ihre Worte, fiel auf die Knie und schrie: »Lieber Gott, bitte hilf mir, das durchzustehen. Ich möchte mich wieder mögen können, trotz allem, was mir passiert ist.« Ich zählte darauf, dass Gott meinen direkten und aufrichtigen Hilferuf annehmen würde und dass es Ihm nichts ausmachen würde, dass ich seine Kirche und so viele Menschen in ihr abgelehnt hatte.

Ich betete aus tiefster Seele: »Bitte hilf mir, dass ich die Rachegelüste und den Hass in meinem Herzen auf diesen Mann loslassen und stattdessen Mitgefühl empfinden und ihm vergeben kann. Ich brauche Deine Hilfe, lieber Gott. Ich schaffe es nicht alleine.«

In diesem Augenblick machte ich den ersten Schritt, die Wut und meine Opferrolle, an der ich so lange festgehalten hatte, loszulassen. Es war, als atmete ich seit einem halben Jahr zum ersten Mal wieder tief durch. Ich hatte Angst gehabt vor meiner Wut und vor dem, was ich aus Zorn hätte tun können. Als ich mich öffnete und um Hilfe bat, gab ich mir zugleich endlich die Erlaubnis, mir selber wieder zu trauen.

Mein Herz öffnet sich für Gott

»Sich Gott öffnen« – ich bin sicher, viele von Ihnen haben diese Redewendung schon einmal gehört. Aber was bedeutet sie eigentlich? Und wie geht das?

Zunächst einmal ist es sicher hilfreich, wenn Sie wissen, was ich mit Gott meine. Meine Gotteserfahrung ist geprägt von meiner baptistischen Erziehung, aber das muss für Sie nicht das Richtige sein. Vielleicht sagen Sie statt Gott lieber Natur oder Göttlicher Geist, der Schöpfer, das Universum, die Universelle Macht, Mutter-Vater-Gott, Höheres Selbst; oder Sie sprechen von Ihm als dem namenlosen Eigentümer Ihrer Seele oder als Ihr spirituelles Bewusstsein. Immer wenn Sie in diesem Buch das Wort Gott entdecken, dann sollen Sie wissen, dass Sie es so übersetzen können, wie es für Sie stimmig ist. Wichtig ist nur, dass Sie anerkennen, dass es etwas Höheres in uns allen gibt – und dass es zu unserem Besten wirkt. Ihr Ich-weiß-was-ich-weiß-Muskel hilft Ihnen, sich mit dieser Höheren Macht verbunden und von ihr unterstützt zu fühlen, ganz gleich, wie Sie sie nennen.

Wenn Sie Ihren Ich-weiß-was-ich-weiß-Muskel nutzen, dann brauchen Sie niemanden mehr, der Ihnen sagt, wie Sie sich mit jener göttlichen Kraftquelle verbinden sollen. Als ich an jenem Freitagabend meinen Hilferuf aussandte, sprach ich Gott direkt an und sagte: »Das ist etwas zwischen Dir und mir, lieber Gott.« Jetzt lagen mir die Heiligen Hühner nicht mehr auf dem Gewissen und blockierten meinen Weg zu Gott. Wenn ich eine persönliche Beziehung zu Gott aufnahm, dann war meine Verbindung rein und direkt.

Sich seiner Höheren Macht zu öffnen, ist nicht schwer. Ja, es fängt sogar damit an, dass man gar nichts tut. Wenn Sie Ihren Ich-weiß-was-ich-weiß-Muskel aktivieren wollen, dann lassen Sie alle Bemühungen los, Ihre Situation zu lösen, und werden Sie still. In dieser Stille werden Sie feststellen, dass Sie viel klarer erkennen können, was in Ihnen wirklich vorgeht.

Im nächsten Schritt legen Sie Ihren inneren Schutzmantel ab und ergeben Sie sich. Das braucht vielleicht ein wenig Mut, weil Sie damit freiwillig auf einer sehr tiefen Ebene verletzbar werden. Aber ein entscheidender Faktor bei der Entwicklung Ihres Ich-weiß-was-ich-weiß-Muskels ist die Erkenntnis, dass Sie nichts zu befürchten haben. Gott ist anders als alles, dem Sie bisher begegnet sind. Diese göttliche, universelle Macht lebt in einer völlig anderen Welt. Nehmen Sie alle Liebe, die Sie bisher erfahren haben, und multiplizieren Sie sie mit einer Million. Und lassen Sie sie dann jedem Menschen überall auf der Welt zukommen. Stellen Sie sich vor, dass es für alles jederzeit Vergebung gibt. Und malen Sie sich zum Schluss einen Sonnenuntergang, den Regen, die Meere und die Berge aus – die ganze Schönheit der Schöpfung. Das meine ich mit Gott.

Meinen inneren Schutzmantel abzulegen, bedeutete für mich, darauf zu vertrauen, dass ich, obwohl ich schlecht über die Kirche gesprochen hatte und von meinem Pfad mit Gott abgewichen war, wieder zurückkommen konnte und aufgenommen würde. Es bedeutete zu wissen, dass eine Macht, die größer ist als ich, mir mit meiner Wut, meiner Angst und meinem Schmerz helfen würde.

Was bedeutet es für Sie, Ihren inneren Schutzmantel abzulegen? Zuzugeben, dass Sie Hilfe brauchen? Oder vielleicht zu akzeptieren, dass Sie Liebe verdienen? Was immer es ist – wenn Sie Ihren Ich-weiß-was-ich-weiß-Muskel stärken wollen, dann fangen Sie genau da an, indem Sie nämlich bereit sind, von der Stelle aus, an der Sie gerade stehen – allein und im Dunkeln – die Hand zu einer Quelle der Liebe und der

Kraft auszustrecken, die Sie wahrscheinlich nicht sehen können.

Nach Jahren der Sehnsucht und des Hoffens hatte ich endlich entdeckt, wie ich mein Herz einer höheren Macht öffnen konnte. Gott direkt anzurufen und zu spüren, dass Er für mich da ist, war ein Schritt in die richtige Richtung, aber es war noch ein langer Weg, bis ich wirklich »wusste, was ich wusste«.

Klitzekleine Schritte

Die nächsten zwei Jahre lebte ich in den Tag hinein. Ich hatte meinen Schmerz noch nicht ganz überwunden, deshalb arbeitete ich viel, feierte viel und hatte eine Beziehung nach der anderen, in der Hoffnung, die wahre Liebe zu finden, die meinen Schmerz wenigstens teilweise würde heilen können. Ich hatte mich zwar an eine Höhere Macht gewandt, aber noch keine wirklich dauerhafte Beziehung hergestellt.

Eines Sonntags lud mich dann eine Nachbarin ein, mit ihr den Gottesdienst zu besuchen. Mein erster Gedanke war: *Oje, noch so ein Heiliges Huhn, das unbedingt meine Seele retten will.* Als Ausrede sagte ich ihr, ich sei nicht angemessen gekleidet (ich trug einen Jogginganzug). Sie meinte, das sei schon in Ordnung, ich könne genau so kommen, wie ich sei. Das beeindruckte mich. Sister Browns Schimpftirade wegen meiner Strümpfe noch in lebendiger Erinnerung, wollte ich nun doch die Kirche sehen, in die man sogar im Jogginganzug kommen durfte. Also nahm ich ihre Einladung an.

Während des Gottesdienstes hatte ich so viele ängstliche Stimmen im Kopf, die mich eine Sünderin schalten, dass ich gar nicht viel davon mitbekam, was die Pastorin sagte. Aber immer wenn die Gemeinde sang, waren es Lieder, mit denen ich etwas anfangen konnte: Lieder von Unvollkommenheit, Einsamkeit und Bedürftigkeit. Allmählich beschlich mich der Gedanke, dass ich vielleicht doch gar nicht so anders war als diese Menschen, und die Mauer, die ich um mein Herz herum errichtet hatte, stürzte langsam in sich zusammen. Ich saß in der Kirchenbank und weinte während des gesamten Gottesdienstes.

Mit bangem Herzen ging ich danach zur Kanzel. Argie Taylor, die Pastorin, sah nur kurz in mein tränenüberströmtes Gesicht und nahm mich sofort in den Arm. Ich ließ mich in ihre Arme sinken und schmiegte den Kopf an ihre Brust, als wäre sie meine Mutter. Pastorin Taylor hielt mich fest, solange ich schluchzte und strich mir sanft über Rücken und Kopf. Ich spürte keinerlei Abwertung, Spott oder Verurteilung. Kein Fegefeuer, sondern nur Liebe und Angenommensein. Als ich aufgehört hatte zu weinen, fragte sie mich, ob ich warten wolle, bis sie den Rest der Gemeinde verabschiedet hätte. Dann könnten wir uns in ihrem Büro unterhalten.

An jenem Tag begann ich mit Pastorin Taylors Hilfe eine Reise aus vielen klitzekleinen Schritten, die mich zu einer neuen Ebene spiritueller Kraft führen sollte. Als Erstes fragte mich Pastorin Taylor, ob ich bereit wäre, all das aufzugeben, was mich von einer guten Beziehung zu Gott abhielte und mich im nächsten halben Jahr in allen meinen Bedürfnissen auf ihn verlassen wollte. Ich dachte darüber nach. Denn das bedeutete, auf die Discos, die Partys und die Treffen am späten Abend zu verzichten, bei denen ich mich inzwischen am besten entspannen und einfach Spaß haben konnte.

»Nein, Pastorin, tut mir leid. Ein halbes Jahr, das ist zu lang.«

Dann fragte sie, ob ich mich vielleicht für 30 Tage ausschließlich auf Gott verlassen wollte. Ich dachte an all die Chancen auf Liebe, auf die ich 30 Tage lang würde verzichten müssen. »Tut mir leid, Pastorin, auch das ist mir zu lang.«

»Lisa, willst du es sieben Tage lang mit Gott versuchen?«

Wieder überlegte ich. Dann war ich mir meiner Sache sicher: Wenn ich meinen Lebensstil ändern und meine Freunde und Liebhaber mal eine Woche nicht sehen würde, dann könnte ich hinterher die Verbindung immer noch wieder aufnehmen, falls dieses »sich auf Gott verlassen« nicht klappen sollte. Also war ich einverstanden.

Zuerst war es sehr schwer. Ich dachte oft daran, was ich verpasste. Aber mit jedem Tag, an dem ich Bibelstellen studierte, die Affirmationen las und die Kassetten hörte, die Pastorin Taylor mir gegeben hatte, merkte ich, dass es mir im Herzen gutging und dass ich mich so stark fühlte wie seit Langem nicht mehr.

Am nächsten Sonntag ging ich wieder zur Kirche. Danach besuchte ich Pastorin Taylor. Sie fragte mich, ob ich bereit sei, mein Versprechen um sieben Tage zu verlängern. Ich war einverstanden.

Am Ende der dritten Woche konnte ich spüren, dass meine Energie sich verändert hatte. Mein Gang war schwungvoller geworden, meine Schultern waren entspannt und statt mich am Ende der Gottesdienste aus der Kirche zu schleichen und im Büro der Pastorin Zuflucht zu suchen, blieb ich noch ein Weilchen und unterhielt mich mit den anderen Gemeindemitgliedern. Über die Partys und die Treffen, die ich verpasste, machte ich mir keinerlei Gedanken mehr, denn das Gefühl der Zusammengehörigkeit, das ich mir davon versprochen hatte, erhielt ich nun durch meine Verbindung zum Göttlichen Geist und zu meiner neuen Gemeinde. Als mich Pastorin Taylor an jenem Sonntag fragte, ob ich es noch einmal sieben Tage mit Gott versuchen wollte, schüttelte ich den Kopf und sagte: »Nein, das will ich nicht.«

Das überraschte sie – aber ihr verblüffter Gesichtsausdruck verschwand bei meinen nächsten Worten. Lächelnd sagte ich ihr: »Ich werde es mit Gott… mein Leben lang versuchen.«

Endlich hatte ich eine Möglichkeit, mit Gott in Beziehung zu sein, gefunden.

Zunächst kostete es Energie, diese Beziehung aufrechtzuerhalten. Es war ungefähr so, wie wenn man eine Kerzenflamme mit der Hand vor dem Wind schützt. Ich versprach mir selber, Ohren und Herz meiner Höheren Macht zu öffnen. Wenn ich vor einer Entscheidung stand, fragte ich mich: »Würde man daran erkennen, dass Gott in mir wohnt?« So gewann mein Verhalten immer klarere Konturen, obwohl ich nicht bereit war, mich komplett zu verändern. Ich drücke das gern so aus: »Ich verließ die Überholspur, aber nicht die Autobahn.« Aber mit der Zeit wurde mein Gefühl der Verbundenheit zu meiner Höheren Macht immer beständiger, und schon bald bezog ich Energie – und Kraft – daraus, wenn etwas in meinem Leben schieflief.

Ich helf dir staubsaugen, Liebes!

Viele, ja zu viele Menschen zäumen das Pferd von hinten auf, wenn es um ihre Beziehung zu ihrer Höheren Macht geht. Wir wollen den Göttlichen Geist in unser Leben aufnehmen, aber wir glauben, dass wir dazu erst »würdig« sein müssen. In Wirklichkeit aber sind wir das bereits. Es gibt keine Vorbedingungen für eine Beziehung zu Ihrer Höheren Macht.

Für mich bestand der erste Schritt darin, die verrückte Meinung aufzugeben, dass ich Gott früher einmal Unrecht getan hätte. Weil ich in der Kirche keine Strümpfe getragen hatte? Weil ich nicht regelmäßig betete oder die Gottesdienste besuchte? Alle diese Gründe für mein Gefühl der Unwürdigkeit konnte ich loslassen, als mir klarwurde, dass sie absolut nichts mit meiner Fähigkeit zu tun hatten, eine sinnvolle Beziehung zu meiner Höheren Macht aufzubauen und aufrechtzuerhalten.

Wenn Sie Ihren Ich-weiß-was-ich-weiß-Muskel entwickeln wollen, dann müssen Sie den momentanen Stand Ihrer Beziehung zu Ihrer Höheren Macht voll und ganz so akzeptieren können, wie er ist. Und Sie sollten sich von der Vorstellung verabschieden, dass Sie vollkommen sein müssen, bevor Sie Gott in Ihr Leben lassen können. Es ist, als ob Gott auf Ihrer Schwelle sitzen und warten würde, während Sie glauben, Sie müssten das Haus putzen. In Wirklichkeit ist es Ihm völlig gleichgültig, ob es in Ihrem Haus schmutzig ist; Er möchte Ihnen beim Saubermachen helfen. Vielmehr ruft er sogar durch die Tür: »Wenn du mich reinlässt, helf ich dir staubsaugen, Liebes.« Er möchte Ihr Leben schöner machen.

Ihr Vertrauen auf den Göttlichen Geist kann Ihnen beim Aufbau Ihres Ich-weiß-was-ich-weiß-Muskels helfen. Aber denken Sie immer daran, dass ein starker Ich-weiß-was-ich-weiß-Muskel den Weg, der vor Ihnen liegt, zwar ebnen kann, dass Sie ihn aber nach wie vor gehen müssen. **Wenn Sie Ihre Last an Ihre Höhere Macht abgeben, dann bleiben Sie dennoch für Ihren Anteil daran und auch für die Suche nach Lösungen selbst verantwortlich.** Sie *teilen* sie mit Ihrer Höheren Macht, damit Sie sich von dem überwältigenden Druck, den sie auf Sie ausübt, befreien können.

Wenn Sie zum Beispiel finanzielle Probleme haben, dann können Sie nicht einfach Ihre Schulden Gott übergeben. Aber die Gewissheit, dass sich alles zum Guten wenden wird, macht es Ihnen leichter, etwas dagegen zu unternehmen und die Verantwortung für das zu übernehmen, was jetzt zu tun ist. Müssen Sie nach wie vor dafür sorgen, dass sich Ihre Einnahmen erhöhen? Müssen Sie sich nach wie vor darum bemühen, neue Verdienstmöglichkeiten zu finden, damit Sie Ihre Schulden abbezahlen können? Selbstverständlich! Zwar wird Ihnen Ihr Göttlicher Geist den Weg zeigen, aber die physischen Schritte müssen Sie selber tun.

Sie werden es immer merken, wenn Sie etwas einer Höheren Macht übergeben haben und mit Ihrem Ich-weiß-was-ich-weiß-Muskel arbeiten, denn dann handeln Sie in Ruhe und mit Klarheit. Wenn Sie sich gestresst und ängstlich fühlen, dann bedeutet das, dass Sie Ihre Last wieder ganz allein tragen. Sie fürchten, es hilft doch nicht. Wenn Sie Ihre Überzeugung verlieren und bloß auf eine gute Lösung hoffen und gleichzeitig darum bangen, dann lenkt das nervöse Geschwätz in Ihrem Kopf Sie ab. Sie sind dann nicht im Einklang mit den Schritten, die Sie eigentlich unternehmen sollten.

Im Vertrauen auf ein gutes Ende können Sie klarer denken. Wenn Sie sich erst einmal dem Göttlichen Geist geöffnet und Ihren Ich-weiß-was-ich-weiß-Muskel trainiert haben, dann brauchen Sie nur noch zuzuhören. Sie werden hören: »Schau mal, geh da lang, tu jenes.« Wenn Sie Ihre Höhere Macht für sich wirken und Ihnen zum Erfolg verhelfen lassen, dann sehen Sie den richtigen Weg plötzlich viel klarer vor sich.

Es war die über alle Zweifel erhabene Gewissheit, dass Gott mich immer wieder auffangen würde, die mir aus einem der schrecklichsten Abstürze meines Lebens heraushalf.

Ich werde dich nie verlassen

Etwa ein Jahr nachdem ich Pastorin Taylor begegnet war, wurden bei der Firma, bei der ich damals arbeitete und die Luxus-Zubehör für Autos vertrieb, Ermittlungen durchgeführt, weil sie angeblich Gelder ihrer Muttergesellschaft unterschlagen hatte. Ich arbeitete in der Bestellannahme und hatte unwissentlich an einem Trick mitgewirkt, bei dem unter anderem gefälschte Bestellungen aufgegeben wurden. Ich tat, was man mir gesagt hatte, und bearbeitete die Bestellformulare, die auf meinen Schreibtisch kamen, ohne Fragen zu stellen. Und obwohl kriminelle Machenschaften im Gange waren, hatte ich nicht den blassesten Schimmer davon. Doch das spielte keine Rolle. Ich wurde wegen Betrugs angeklagt und hatte den Kopf förmlich schon in der Schlinge. Ich musste erfahren, dass meine Unwissenheit nicht ausreiche, um mich vor einer Strafe zu schützen.

Schon seit ich denken kann, hatte ich immer Angst davor gehabt, ins Gefängnis zu müssen – oder ins Staatscafé, wie es bei uns zu Hause hieß – und auf einmal sah es so aus, als stünde mir genau das bevor. Mit jedem Termin vor Gericht wuchs meine Angst. Im Gerichtssaal musste ich die ganze Zeit weinen. Eines Tages, das Verfahren war schon etliche Monate im Gang, hörte ich in mir eine Stimme. Sie fragte: »Warum weinst du?« Natürlich weil ich Angst hatte, ins Gefängnis zu müssen, obwohl ich unschuldig war.

> **Ich bin nicht allein**
>
> Wenn wir diese leise, kleine Stimme im Innern hören, dann kommt eine überwältigende Ruhe über uns, die wir selbst niemals zustande bringen könnten.

Kreuzen Sie ein Kästchen an, wenn Sie so etwas schon einmal erlebt haben. Kreuzen Sie zwei Kästchen an, wenn es häufig geschieht. Kreuzen Sie drei Kästchen an, wenn Sie auf diese weise und tröstliche Stimme zählen können, wann immer Sie sie brauchen.

Die Stimme in meinem Inneren sagte mit unerschütterlicher Überzeugung: »Lisa, als du eine Höhere Macht in dein Leben gelassen hast, hast du von Gott das Versprechen erhalten, dass er dich niemals verlassen oder verraten wird. Wenn du ins Gefängnis musst, dann rate mal, was passiert? Gott geht mit dir ins Gefängnis.«

Zwar wollte ich immer noch nicht ins Gefängnis, aber bei

diesen Worten löste meine Angst sich in das Nichts auf, das sie in Wirklichkeit war. Ich war ruhig und stark in der Gewissheit, dass Gott bei mir ist, egal, wohin ich gehen muss.

Zwar fand ich eine neue Stelle, aber das Verfahren gegen mich und meinen früheren Arbeitgeber zog sich über Jahre hin. Monat für Monat wurde ich vorgeladen und ging vor Gericht. Aber im Wissen um Gottes Versprechen ging ich mit Zuversicht und Mut. Und dann nahm aus heiterem Himmel eine meiner größten Ängste Gestalt an.

Eines Morgens, ich machte mich gerade fertig, um zur Arbeit zu gehen, standen zwei Polizisten in Zivil vor meiner Tür – mit einem Haftbefehl. Schockiert und aufgelöst fragte ich, warum ich verhaftet würde.

»Wir können keinerlei nähere Angaben machen, Ms. Nichols«, erwiderte einer der Männer. »Wir haben nur die Anweisung, Sie wegen Nichterscheinens vor Gericht festzunehmen und aufs Revier zu bringen.«

Die beiden Männer lasen mir meine Rechte vor und gingen dann rechts und links neben mir zum zivilen Polizeifahrzeug vor meinem Haus. Mein Magen krampfte sich zusammen und Tränen traten mir in die Augen, aber es gelang mir, die Fassung zu bewahren.

Während der Fahrt merkte ich, dass ich etwas brauchte, was mir helfen würde, diese neue, schreckliche Reise, auf der ich mich gerade befand, zu überstehen. Also konzentrierte ich mich auf Bibelstellen, die ich auswendig gelernt, und Affirmationen, die ich mir eingeprägt hatte. Als Erstes wiederholte ich in Gedanken den Satz: »Gott wird mich nie verlassen oder verraten«, aber mir wurde schnell klar, dass ich etwas Kraftvolleres brauchte, etwas, bei dem ich mit dem Herzen dabei sein konnte. Ein Lied! Ich zermarterte mir das Gehirn nach einem der vielen Kirchenlieder, die ich gelernt hatte, aber irgendwie wollte mir nichts einfallen. Ich war immer noch auf der Suche, als wir das Polizeirevier des Sheriffs in Lennox erreichten. Es war ein kleines Gebäude, nur wenige Kilometer von meiner Wohnung entfernt.

Wir warteten auf dem Parkplatz, während der Beamte, der auf dem Beifahrersitz gesessen hatte, aus dem Wagen sprang und in das Gebäude hineinging. Ein paar Minuten später war er wieder da und sagte: »Ms. Nichols, es tut mir leid. Im Moment sind leider keine weiblichen Beamten da, die Sie aufnehmen könnten.« Die Art, wie er mich dabei ansah, ließ ahnen, dass mir nichts Gutes bevorstand. »Wir werden Sie wohl ins Sybil Brand Institute for Women bringen müssen.« Das Sybil Brand Institute for Women war das Bezirksfrauengefängnis und berüchtigt für Überbelegung, Gewalt und Dreck.

Ich spürte, wie mein Herz schneller schlug. Jetzt war klar, dass ich mich im Geiste auf eine höhere Ebene erheben musste, um das zu überstehen. Zu Beginn der etwa 40-minütigen Fahrt zu der Vollzugsanstalt für Frauen fiel mir immer noch kein Lied ein, daher erfand ich selber eine Melodie. Mein musikalisches Talent ist mehr als bescheiden, aber jetzt kam es nur darauf an, meine Verbundenheit zu Gott zu bewahren. Und so sagte ich mir in Gedanken in singendem Tonfall: »Gott ist gut, ist einfach gut. Gott ist gut, ist einfach gut.« Ich schloss die Augen und gab mich ganz der Wiederholung meines neuen »Liedes« hin. Ich staunte, wie sehr es mich erfüllte und nicht den kleinsten Raum mehr ließ für andere Gedanken – oder Ängste. Ich spürte, wie mein Körper zu großer innerer Ruhe fand – und noch bevor ich es richtig merkte, waren wir schon da.

Schaffen Sie sich einen Zufluchtsort

Wenn Sie sich einem Ansturm von Angst ausgesetzt sehen und es keinen sicheren Zufluchtsort im Äußeren gibt, dann können Sie sich mit Hilfe eines starken Ich-weiß-was-ich-weiß-Muskels einen solchen Ort im Inneren schaffen. Das gelingt, indem Sie sich eine beruhigende Umgebung vorstellen, ein erhebendes Lied singen (selbst wenn Sie es sich selber ausdenken wie ich), Affirmationen wiederholen, die Sie inspirieren oder indem Sie meditieren. Tun Sie einfach etwas, was Sie mit der Gewissheit verbindet, dass alles gut werden wird. Dieser Zufluchtsort ist bei jedem Menschen ein anderer. Das Ziel ist, ein Gefühl des Wohlbefindens und der inneren Ruhe zu wecken.

Diese Suche nach der Gelassenheit in Ihrem Inneren können Sie höchst effektiv beschleunigen, indem Sie über tiefes Atmen Ihren Körper mit einbeziehen. Unter Belastung neigen wir dazu, flacher zu atmen oder sogar ein, zwei Augenblicke lang den Atem anzuhalten. Erinnern Sie sich einmal an einen Moment, als Sie jemand erschreckt hat. Wahrscheinlich haben Sie zuerst nach Luft geschnappt und dann die Luft angehalten. Sobald Sie sich wieder sicher fühlten, haben Sie wahrscheinlich erleichtert ausgeatmet und danach normal weitergeatmet. Leider aber ist diese Reaktion überhaupt nicht hilfreich, ganz im Gegenteil: Sie lässt chemische Stoffe im Körper entstehen, die das Ausmaß Ihrer Anspannung noch erhöhen.

Wenn Sie das nächste Mal spüren, dass Sie nervös werden, sich verspannen und den Atem anhalten, dann nehmen Sie einmal bewusst wahr, wie Ihr Körper sich auf Kampf oder Flucht einstellt. Um sich zu beruhigen, zu zentrieren und besser zu erden, verändern Sie dann gezielt Ihre Atmung und atmen Sie tiefer ein und aus.

Ich verwende gerne eine Technik, bei der ich mir vorstelle, dass ich einatme, was ich brauche, sei es Kraft, Bescheidenheit oder Vertrauen, und dass ich ausatme, was ich um mich herum schaffen will, also zum Beispiel Frieden oder Liebe oder Ausgeglichenheit. Oder aber ich stelle mir beim Ausatmen vor, was ich loslassen will, etwa Angst oder Wut. Auf jeden Fall verbindet dieses Vorgehen Ihren Körper mit Ihrem Geist und ermöglicht Ihnen den Zugang zu einer tiefen Kraftquelle in Ihrem Innern, die wiederum Ihren Ich-weiß-was-ich-weiß-Muskel stärkt und aufbaut.

Im Bauch des Ungeheuers

In der Strafanstalt wurde ich in eine Verwahrzelle geleitet, in der bereits 30 oder 40 weitere Frauen waren. Einige trugen ihre eigene Kleidung, andere Anstaltskleidung. In dem Raum standen lauter Bänke, und in der Ecke führte eine halb offene Tür zu einer verdreckten Toilette. Ich konnte den Schmutz und den Urin auf dem Boden sehen, und aus der Toilettenschüssel quoll benutztes Toilettenpapier. Ich setzte mich auf eine der Holzbänke und lehnte mich mit dem Rücken an die Betonwand. Immer weiter sang ich in Gedanken: »Gott ist gut, ist einfach gut. Gott ist gut, ist einfach gut.« Mein Geist war ergriffen von einem Rhythmus, der auch meinen Körper und meinen Verstand ruhig werden ließ. Ich konnte hier, mitten im Gefängnis, Gottes Gegenwart tatsächlich *spüren*.

Dann ging die Tür zur Verwahrzelle auf, und in Reih und Glied marschierten 35 Frauen herein, wie ich sie schrecklicher noch nie gesehen hatte. In ihrer orangefarbenen Kleidung, über und über tätowiert und mit Gesichtern so hart wie Stein, benahmen sie sich, als gehörte ihnen hier alles. Einige waren männlicher als die Männer, die ich kannte. Sie beschimpften erst einander und anschließend uns. Später erfuhr ich, dass die Frauen in der blauen Kleidung aus dieser Strafanstalt kamen und die in der orangefarbenen Kleidung aus dem Staatsgefängnis hergebracht worden waren. Es waren Frauen, die wegen Mordes, sexueller Nötigung, Drogenhandels und schweren Raubs zu Strafen zwischen 20 Jahren und lebenslänglich verurteilt worden waren.

Ich spürte, wie meine Angst wuchs und wusste, dass ich bei

meinem Lied jetzt die Lautstärke mehr aufdrehen musste. Ich schloss die Augen und schrie förmlich innerlich: »Gott ist gut, ist einfach gut.« Und dann fügte ich dem noch etwas Pepp hinzu: »*Juhu*!«

»Gott ist gut, ist einfach gut. *Juhu*! Gott ist gut, ist einfach gut. *Juhu*!« Das gefiel mir. Jetzt musste es nur noch funktionieren.

Ich hielt die Augen geschlossen und fing an, zu meinem inneren Gesang mit dem Kopf zu nicken und mit dem Fuß zu wippen. Ich spürte, wie mein Geist sich wieder erhob. Gottes Gegenwart war immer noch zu spüren, und ich wurde innerlich immer ruhiger. Nach einiger Zeit verhallte der Lärm im Raum. Ich weiß nicht, ob die anderen wirklich nicht mehr redeten oder ob ich sie nur einfach nicht mehr hörte. Ich war wie in einem Konzert, in dem einzig und allein mein einzeiliges Lied gespielt wurde: »Gott ist gut, ist einfach gut. Juhu!«

So sang ich Stunden oder vielleicht auch nur Minuten, ich wusste es nicht, da hörte ich eine Stimme dicht neben mir: »Gib ihr ihr verficktes Sandwich wieder!« Ich öffnete meine Augen und sah zu meiner Überraschung, dass man uns etwas zum Mittagessen gebracht hatte. Eine kleine Tüte war vor mir abgestellt worden, und eine Frau in orangefarbener Kleidung hatte sich an meinem Sandwich bedient. Eine andere orangefarbene Gefangene setzte sich für mich ein und forderte sie auf, es zurückzugeben. »Die tut doch keinem was. Die singt doch bloß die ganze Zeit dieses verdammte ›Gott ist gut‹. Also gib ihr jetzt *sofort* ihr verdammtes Sandwich!« Ihre Bemerkung über mein Lied verblüffte mich; ich fragte mich, wie lange ich wohl schon laut gesungen hatte.

Widerwillig drehte sich die große Frau mit der kaffeebraunen Haut um und warf mir mein Sandwich zu.

Ich hatte keinen Hunger, daher gab ich es ihr wieder und schloss die Augen. In Gedanken sang ich weiter: »Gott ist gut, ist einfach gut. Juhu!« Mit jedem Singen war mir, als schaffe dieses Lied in mir etwas, das nichts und niemand durchdringen konnte. Ich sang weiter.

Dann hörte ich ein lautes: »'tschuldigung, 'tschuldigung.« Ich öffnete die Augen. Es war die Gefangene, die sich so dafür eingesetzt hatte, dass ich mein Sandwich wiederbekam. »Warum singst'n die ganze Zeit dieses verdammte Lied?«, fragte sie.

Ich bemerkte, wie die Frauen einander anzischten, dass sie ruhig sein sollten. Innerhalb von Sekunden waren alle 65 Frauen in der Verwahrzelle still, hatten ihre Augen auf mich gerichtet und warteten gespannt, was ich sagen würde. Ich vermute, sie hatten mir alle eine ganze Weile zugehört und fragten sich, was mit mir los war. Mit mehr Selbstvertrauen, als ich mir selber in einer solchen Situation je zugetraut hätte, sagte ich: »Weil ich jetzt mit Gott verbunden bleiben möchte.«

Dann – es war mir egal, ob sie mich für verrückt hielten – schloss ich wieder die Augen und nahm im Stillen meinen Gesang wieder auf: »Gott ist gut, ist einfach gut. Juhu!«

»'tschuldigung, 'tschuldigung«, sagte die Gefangene wieder. Ich öffnete die Augen.

»Du hast ja verdammt nochmal die Ruhe weg an so einem Ort. Man sieht dir doch sofort an, dass du nicht hierhergehörst und du hast nich'mal Schiss. Was geht'n bei dir?«

Ich lächelte und antwortete: »Gott hat gesagt, Er würde mich nie verlassen oder verraten.« Und eh ich's mich versah, erzählte ich ihr, dass ich den Schutz Gottes hätte und dass nichts und niemand mir etwas anhaben könne, weil Gott bei mir sei.

»Boa, verdammt! Und was hast du tun müssen, damit Gott dir so viel Kraft gibt?«, fragte sie. »Weil, weißte, ich hab 'n paar schlimme Sachen gemacht. Ich hab Leute umgebracht, hab angeschafft, hab Leute ausgeraubt.« Dann senkte sie die Stimme, damit die anderen ihre nächste Frage nicht hören konnten. »Glaubst du, Gott macht das auch für so eine wie mich?«

Ich schaute in ihr verhärtetes Gesicht, und hinter ihren Tätowierungen und ihrer Ausstrahlung, die besagte: »Leg dich bloß nicht mit mir an; ich bin hier die Härteste von allen«, konnte ich das kleine Mädchen sehen, das immer noch beschützt werden wollte. Ich neigte mich ihr zu und sie beugte sich in meine Richtung. Ich sagte: »Ganz egal, was du vor dem heutigen Tag gemacht hast, du hast immer noch das Recht auf Gottes Trost und Gnade.«

Ich konnte sehen, dass sie sich an diesen Worten festhielt. Doch so schnell, wie dieser Augenblick gekommen war, war er auch schon wieder vorbei. Ich lächelte sie noch ein letztes Mal an, schloss die Augen und zog mich wieder an meinen sicheren Ort zurück. »Gott ist gut, ist einfach gut. Juhu! Gott ist gut, ist einfach gut. Juhu!«

Als endlich die Aufnahme-Formalitäten begannen, war ich schon seit mindestens acht Stunden in diesem Arrestraum. Mir wurden Fingerabdrücke abgenommen, ich wurde fotografiert und erhielt blaue Kleidung, steif und kratzig und mindestens zwei Nummern zu groß, die ich anziehen musste. Als wir alle fertig waren, führte uns eine müde aussehende Beamtin in einen anderen, wesentlich größeren Raum, in dem sich insgesamt etwa 300 Frauen befanden – ein fleckiges Meer aus blauer und orangefarbener Anstaltskleidung.

Wir kamen gerade rechtzeitig zum Abendessen. Ich nahm mir mein Essenstablett und erwischte eine leere Bank zum Sitzen. Als ich aufschaute, sah ich, dass die Gefangene, die mein Sandwich für mich gerettet hatte, auf mich zukam. »Ich bin Andrea«, sagte sie und setzte sich. »Und wie heißt du?«

»Ich bin Lisa.«

»Lisa, redest du mal 'n Wort während 'm Abendessen oder singste bloß wieder dieses verdammte Lied?«, fragte sie und grinste.

Bei ihrer Frage musste ich lachen. Plötzlich merkte ich, dass ich die innere Ruhe, die ich mit meinem Lied gesucht hatte, schon besaß – auch wenn meine Augen offen waren und ich mit jemandem redete. Ich lächelte sie an. »Ne, jetzt singe ich nicht mehr. Ich würde gerne reden, wenn du auch willst.«

Sie schenkte mir das erste Lächeln, das ich an diesem Tag zu Gesicht bekam. »Klar, ich würde gern reden.«

> **Ich bin nicht allein**

Wie oft haben Sie die Chance nicht genutzt, mit anderen Menschen in Kontakt zu kommen, nur weil Sie sie nach ihrem Äußeren beurteilt haben? Oft schließen wir aus Verhalten, Kleidung und Ausdrucksweise eines Menschen, dass wir mit ihm oder ihr wohl nichts gemeinsam haben – um dann zu entdecken, dass wir uns getäuscht haben.

Kreuzen Sie ein Kästchen an, wenn Ihnen das schon einmal passiert ist. Kreuzen Sie zwei Kästchen an, wenn Sie diesen Fehler oft gemacht haben. Kreuzen Sie drei Kästchen an, wenn dies eine schlechte Angewohnheit von Ihnen ist und Sie sich deshalb kaum mit anderen verbunden fühlen können.

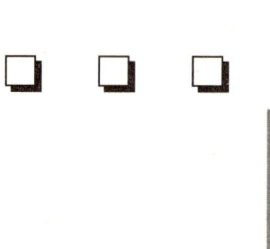

Sie fragte mich aus und ich antwortete ihr: Nein, ich war nicht verheiratet; nein, ich hatte keine Kinder; ja, ich hatte Arbeit und die machte mir Spaß. Ich erzählte ihr, dass ich für eine Firma gearbeitet hatte, gegen die wegen Betrugs ermittelt worden war und dass ich nicht so recht wüsste, warum ich überhaupt hier sei. Von ihr erfuhr ich, dass sie über sieben Jahre lang Prostituierte gewesen war, dass sie einen Zuhälter ermordet hatte, der allzu grob mit ihr umgegangen war, dass sie drogensüchtig gewesen war und dass sie den Rest ihres Lebens im Gefängnis verbringen müsste.

Während wir einander so unser Leben erzählten, versammelten sich weitere Frauen um uns. Und bevor ich's mich versah, waren wir mindestens fünfzehn Frauen, lachten, redeten und erzählten uns Geschichten aus unserem Leben. Sie gaben mir den Spitznamen »Kleine Oprah«, weil ich allen so viele Fragen stellte.

Es waren dieselben Frauen, deren Aussehen und Verhalten mich noch vor wenigen Stunden halb zu Tode erschreckt hatten – und jetzt saßen wir zusammen und hatten Spaß miteinander. Der Zugang zu meiner Höheren Macht hatte mir das Herz geöffnet und mich von Vorurteilen befreit. Jetzt sah ich, dass diese Gefangenen dieselben Ängste, Freuden und Hoffnungen hatten wie ich auch. Unter unserem unähnlichen Äußeren hatten wir sehr viel mehr gemeinsam, als uns trennte.

Am nächsten Morgen wurde ich nach einer kurzen Anhörung vor einem Richter entlassen. Er stellte fest, dass die Ladungen vor Gericht an eine alte Adresse gegangen waren und mich deshalb nie erreicht hatten. Zutiefst erleichtert und erstaunt verließ ich den schmuddeligen Betonklotz voller Frauen, die traurig, wütend oder aggressiv waren – die meisten alles auf einmal. Nun hatte ich zwar erlebt, wovor ich mich am meisten auf der ganzen Welt gefürchtet hatte, aber zugleich wusste ich, dass meine 27 Stunden im Sybil Brand Institute for Women ein Geschenk waren. Zum ersten Mal in meinem Leben hatte ich innere Ruhe empfunden, während um mich herum ein Sturm tobte. Nichts in meiner Umgebung hätte mir Freude oder Gelassenheit schenken können, und doch hatte ich beides verspürt. Mein Lächeln und mein Lachen waren echt gewesen.

Und das Beste war, meine größte Angst – das allergrößte Schreckgespenst von allem, was in Zukunft schieflaufen könnte – war verschwunden. Stattdessen verspürte ich Mut und die Gewissheit, dass ich mit allem fertig würde, was mich je erwarten sollte, *egal was passiert!*

Dankbarkeit – eine direkte Verbindung zu Ihrer Höheren Macht

Wenn Sie dieses Ich-weiß-was-ich-weiß-Gefühl haben, dann brauchen Sie die Schwierigkeiten, in denen Sie stecken, nicht zu analysieren, um herauszufinden, ob Sie sie überstehen oder nicht. Sie brauchen auch nicht nachzumessen, wie tief das Loch ist, in dem Sie sich gerade befinden. Aus tiefstem Inneren wissen Sie bereits, dass am Ende alles gut werden wird, ganz gleich, was Sie tun oder erdulden müssen, bis es so weit ist. Dann spüren Sie: »Ich weiß, was ich weiß, nämlich dass ich weiß, dass ich wieder auf die Beine komme, auch wenn mir noch nicht klar ist, wie oder wann!«

Vielleicht sagen Sie sich jetzt: *Das klingt ja alles ganz toll! Aber wie mache ich mir eine solche spirituelle Gewissheit zu eigen?* Die Antwort ist einfacher, als Sie womöglich denken: durch Dankbarkeit!

Wenn Sie sich jeden Tag etwas Zeit nehmen und für das dankbar sind, was Sie bekommen haben, dann ist das wie eine direkte Verbindung zu Ihrer Höheren Macht. Es öffnet einen Kanal, der zusehends weiter wird und durch den göttliche Energie in Ihr Leben strömen kann. Und Ihr Ich-weiß-was-ich-weiß-Muskel ist nicht nur dazu da, Sie durch schwere Zeiten zu bringen. Er kann Ihre Schritte auch darauf hinlenken, dass Sie alles bekommen, was Sie sich im Leben wünschen. Auch hier spielt Dankbarkeit eine Rolle.

Dankbarkeit verbindet Sie mit der Quelle, aus der Segen und Trost kommen, und schenkt Ihnen die Zuversicht, dass Sie stets behütet sind und geführt werden. Dann können Sie furchtlos, freudig und erwartungsfroh durchs Leben gehen. Und Sie wissen, dass Sie mit der Zeit *sogar noch mehr* haben werden, wofür Sie dankbar sein können.

Dies ist ein weiterer Vorteil der Dankbarkeit. Wenn Sie die Geschenke, die das Leben Ihnen macht, bewusst schätzen, ganz gleich, wie groß oder klein sie sind, dann schaffen Sie damit die Grundlage für weitere Segnungen.

Sehr viele Menschen glauben, wenn man seine Wünsche mit Hilfe des Gesetzes der Anziehung erfüllen wolle, dann müsse man sich das, was man haben will, lediglich immer wieder vorstellen. Aber das ist nicht alles. Wichtiger ist, dass Sie nachsehen, welche Träume sich in Ihrem Leben bereits teilweise erfüllt haben und dass Sie dafür dankbar sind. Diese Dankbarkeit festigt in Ihrem Herzen die Erfahrung, dass etwas bereits Wirklichkeit geworden ist und zieht mehr vom selben an. Dann *wissen* Sie und wünschen oder hoffen nicht nur, dass Sie sich auf Ihr erwünschtes Ziel zubewegen.

Zuversichtlich durchs Leben zu gehen und seiner Höheren Macht zu vertrauen, ist nicht nur wenigen Glücklichen vorbehalten. In diesem Kapitel haben wir miteinander vier Möglichkeiten entdeckt, wie alle Menschen ihren Ich-weiß-was-ich-weiß-Muskel entwickeln können:

1. Öffnen Sie sich für Gott, den Göttlichen Geist, Ihr Höheres Selbst, die Natur, das Universum oder wie immer Sie Ihre Höhere Macht bezeichnen.
2. Laden Sie diese Höhere Macht bereits jetzt zu sich ein, und warten Sie nicht erst, bis Sie vollkommen sind.
3. Lernen Sie, durch Meditation, Atmen oder Gebet Zugang zu einer höheren Kraftquelle zu finden.
4. Spüren Sie mit Hilfe der Dankbarkeit die ständige Gegenwart dieser Höheren Macht in Ihrem Herzen.

Denken Sie immer daran: Es ist vollkommen unwichtig, wie Sie diese Höhere Macht nennen; es ist auch egal, ob Sie im Rahmen einer bestimmten Religion zu Ihm oder Ihr kommen. Wichtig ist vielmehr, dass Sie spüren, dass Sie Teil eines größeren Ganzen sind und dass dieses Ganze auf Ihrer Seite steht.

Beflügelnde Erste Schritte

Ein starker Ich-weiß-was-ich-weiß-Muskel unterstützt den Ich-glaub-an-mich-Muskel, mit dem wir uns in Kapitel zwei näher befasst haben. Sie borgen sich Glauben von der höchsten und stärksten Macht, die es gibt. Die folgenden Übungen unterstützen Sie dabei. Der Lohn ist immens und kann nicht nur Ihr Leben verändern. Mit einem starken, unerschütterlichen Ich-weiß-was-ich-weiß-Muskel werden Sie zum Leuchtturm für andere. Ihr Leben nimmt eine größere Dimension an.

1. **Übergeben Sie die Herausforderung an Ihre Höhere Macht:** Wenn wir unsere Herausforderungen an unsere Höhere Macht übergeben, dann können wir sie freier und ohne die Angst vor einem unsicheren Ausgang lösen. Wenn Sie in einer bestimmten Situation nicht vollkommen ruhig sind, dann haben Sie sie nicht völlig Ihrer Höheren Macht übergeben. In diesem Ersten Schritt entwerfen Sie für sich selbst eine Übergabemethode, bei der Sie mit Hilfe körperlicher oder gedanklicher Übungen negative Gefühle im Zusammenhang mit einer bestimmten Situation loslassen können, selbst wenn Sie noch mittendrin stecken.

- Denken Sie an mindestens eine Situation aus Vergangenheit oder Gegenwart, bei der Sie geglaubt haben, Sie hätten sie Ihrer Höheren Macht übergeben, aber nun aufgrund Ihrer Besorgnis, Ihres Schmerzes, Ihrer Wut oder Ihrer Angst feststellen müssen, dass Sie sie wieder zurückgeholt haben.
- Schreiben Sie die Situation auf ein Blatt Papier. Es spielt keine Rolle, ob sich das Erlebnis erst vor kurzem oder schon vor langer Zeit zugetragen hat. Wichtig ist, dass Sie immer noch an der Sache selbst und an den mit ihr verbundenen Gefühlen festhalten. Schreiben Sie alle Ein-

zelheiten auf, die notwendig sind, damit Sie das Erlebnis aus dem Kopf bekommen und aufs Papier bringen können. Erklären Sie alles so, wie Sie das in einem Gespräch oder in einem Brief an einen vertrauten Menschen tun würden.
- Besorgen Sie sich nun eine Schale, einen Korb, einen Umschlag oder sogar eine verschließbare Kassette und schreiben Sie darauf »innere Ruhe«. Da hinein legen Sie nun das Blatt Papier, um Ihre Situation an eine Macht abzugeben, die größer ist als Sie. Indem Sie Ihr Blatt Papier in dieses Behältnis legen, erklären Sie, dass Sie darauf vertrauen, dass diese Sache gut ausgehen wird und dass Sie von nun an freudigen Herzens nach vorne schauen wollen. Es ist, wie wenn Sie einen Brief schreiben: Sobald Sie ihn in den Briefkasten geworfen haben, können Sie sich entspannen und wissen, dass er zugestellt wird.
- Wenn Sie mögen, können Sie, nachdem Sie Ihre schwierige Situation aufgeschrieben haben, auch ans Meer, an einen See oder einen Fluss gehen. Nehmen Sie dann als Symbol Ihrer Herausforderung einen umweltverträglichen Gegenstand, zum Beispiel ein Blatt, eine Rosenblüte oder ein Stöckchen, und werfen Sie ihn als Geste des Loslassens ins Wasser. Spüren Sie die Ruhe in Ihrem Herzen, die entsteht, wenn Sie anerkennen, dass im Universum größere Kräfte am Werk sind.

2. **Verankern Sie sich im Glauben:** Denken Sie sich drei Affirmationen aus, die Sie an Ihre Kraft erinnern. Zum Beispiel: »Ich wurde geschaffen, um mit allem und jedem fertigzuwerden, das meinen Weg kreuzt.« »Solche Situationen entstehen nur, damit ich meine Kraft und meinen Glauben beweisen kann.« »Ich bin der Gestalter/die Gestalterin meines Schicksals.« Schreiben Sie diese Affirmationen auf Karteikärtchen oder selbstklebende Notizzettel. Nehmen Sie

sich fünf bis zehn Minuten Zeit und wiederholen Sie eine Affirmation mit geschlossenen Augen immer wieder (wie ich es mit meinem Lied gemacht habe). Tun Sie das, so oft Sie mögen, und verwenden Sie dabei jedes Mal eine andere Affirmation, die Ihnen dient.

3. **Erklären Sie Ihren Sieg:** Wenn Sie am Morgen in den Spiegel schauen, dann vervollständigen Sie die folgenden drei Sätze. Geben Sie bei jedem Satz einen anderen Grund an:

- Heute fühle ich mich stärker und besser auf den Tag vorbereitet, weil …
- Ich weiß, dass der Sieg mein ist, weil …
- Ich feiere diesen Tag, weil …

4. **Gewöhnen Sie sich eine dankbare Haltung an:** Bleiben Sie während der nächsten 21 Tage morgens vor dem Aufstehen noch ein wenig liegen und denken Sie an zehn Dinge, für die Sie in diesem Moment dankbar sein können. Das kann mit materiellen Dingen zu tun haben, zum Beispiel einem schönen Auto oder einer gemütlichen Wohnung, oder es kann etwas ganz Einfaches sein, zum Beispiel, dass jemand für Sie kocht oder dass ein fremder Mensch nett zu Ihnen war. Machen Sie sich bewusst, auf wie vielfältige Weise Gott Ihnen durch andere Menschen Seine Liebe zeigt. (Ich rate deshalb zu 21 Tagen, weil Experten sagen, es dauere 21 Tage, bis aus einem bewussten Verhalten eine Gewohnheit wird.)

Kapitel fünf

Training für Ihren Ehrlichkeits-Muskel:
Bleiben Sie bei der Wahrheit

Wenn Sie im Leben etwas erreichen möchten, dann ist Ehrlichkeit nicht nur die beste, sondern die einzig mögliche Haltung – besonders Ehrlichkeit zu sich selbst. Dass es nicht angeht, andere zu belügen, weiß jeder, und doch ist es für viele völlig in Ordnung, sich selbst zu belügen:

Oft schleichen wir geradezu durchs Leben und vermeiden möglichst, der Wahrheit ins Gesicht zu sehen – ja, wir setzen sogar alles daran, dies zu verhindern. Die Folge ist, dass wir alte, destruktive Verhaltensmuster ständig wiederholen, was wiederum unsere Fehler nur noch schlimmer macht. Statt voranzukommen, drehen wir uns im Kreis.

Denken Sie mal darüber nach. Wenn Sie nicht bereit sind, sich anzusehen, wo Sie stehen, wie sollen Sie dann da hinkommen, wo Sie hinwollen? Wenn Sie mit einer Karte navigieren, dann können Sie erst dann herausfinden, wie Sie ans Ziel gelangen, wenn Sie wissen, von wo aus Sie starten. Im Leben bedeutet das, Sie müssen sich Ihrer momentanen Lage voll und ganz bewusst sein – was ein Ausmaß an Ehrlichkeit erfordert, auf das sich viele nicht einlassen wollen.

Ein starker Ehrlichkeits-Muskel ist besonders dann wichtig, wenn Sie im Leben vorankommen wollen, *egal was passiert*. Wenn Sie Schwierigkeiten haben, dann besteht der erste Schritt darin, sich Ihre Situation unerschrocken anzusehen: Sehen Sie der Realität ins Gesicht, so unangenehm oder schmerzlich sie auch sein mag. Wenn Sie sich ein kristallklares Bild davon verschafft haben, wo Sie gerade stehen, dann müssen Sie in einem nächsten Schritt erkennen, inwiefern Sie selbst dazu beigetragen haben und Ihren Anteil daran ohne Ausreden oder Schuldzuweisungen akzeptieren. Nur dann können Sie erfolgreich einen Kurs ermitteln, der Sie zu größeren Erfolgen, mehr Freude und besseren Leistungen führt.

Verwechseln Sie aber den ehrlichen Umgang mit sich selbst nicht damit, sich selber schlechtzumachen. Deshalb schrecken so viele Menschen vor der Ehrlichkeit zu sich selbst zurück. Sie haben Angst, ihre Fehler zuzugeben, denn ihrer Meinung nach bedeutet das, dass sie schwach sind und selbst Schuld an allem haben. Doch zu wahrer Ehrlichkeit gehört Mitgefühl und zum Mitgefühl wiederum, dass Sie zusammen mit Ihren Unzulänglichkeiten auch das Gute an sich selbst anerkennen. **Mit einem starken Ehrlichkeits-Muskel können Sie die Gewohnheitsmuster in Ihrem Denken, Fühlen und Verhalten, die Ihnen nicht dienen, erkennen und annehmen und sich dann selbst dafür ehren und feiern, dass Sie bereit sind, diese Muster zu verändern.** In diesem Kapitel beschäftigen wir uns in erster Linie damit, unsere Muster zu erkennen und anzunehmen. In Kapitel neun geht es dann um den Muskel, der dazu da ist, neue und uns zuträglichere Gewohnheiten zu entwickeln.

Wenn Ihr Ehrlichkeits-Muskel vollständig entwickelt ist, dann können Sie auch anderen Menschen gegenüber ehrlich sein, wenn Sie über sich selbst sprechen – auch wenn es um Bereiche geht, an denen Sie noch arbeiten. Sie brauchen dann nicht mehr zu verstecken, wer Sie sind und was Sie durchgemacht haben. Sie können anderen dann ganz ohne Angst sagen, was Sie denken, weil Sie wissen, dass die Meinung anderer nicht darüber entscheidet, wer Sie sind; ja, dass deren Meinung Sie sogar überhaupt nichts angeht. Dann machen Sie sich jene mächtige und doch bescheidene Qualität der Selbstakzeptanz zu eigen und können der Welt endlich zeigen, wer Sie sind: unverfälscht, ungehemmt und absolut frei.

Der Bereich, in dem es mir am schwersten fiel, die Wahrheit zu sagen, war meine Beziehung zu Männern. Jahrelang verstrickte ich mich in selbstzerstörerische Muster und suchte die Liebe immer am falschen Ort. Danach legte ich mir jedes Mal eine Geschichte zurecht, die in groben Zügen gerade so viel Wahrheit enthielt, dass ich mir weismachen konnte, ich sei ehrlich. Ich sprach gern mit meinen Freundinnen über ihre Männergeschichten, mied das Thema jedoch tunlichst, wenn die Rede auf mich kam.

Doch wenn wir einer Sache nicht freiwillig ins Gesicht sehen, dann wird sie leider normalerweise immer schlimmer, bis wir eines Tages den Folgen unserer früheren Entscheidungen nicht mehr ausweichen können und uns mit ihnen auseinandersetzen müssen. In meinem Fall waren diese Folgen so offensichtlich und haben mein Leben so sehr verändert, dass ich sie unmöglich weiterhin ignorieren konnte.

Das Zimmer namens Liebe und die Tür namens Sex

Als ich 25 Jahre alt war, feierte ich wachsende berufliche Erfolge, und mein Leben besaß ein starkes religiöses Fundament. Aber so schön diese Erfahrungen auch waren – in der Nacht konnten sie mich nicht wärmen. Der Mangel an Selbstliebe, den ich tief im Inneren immer noch spürte, trieb mich dazu, Bestätigung und Liebe außerhalb zu suchen – insbesondere in den Armen eines Mannes. Ich war aufrichtig davon überzeugt, dass man in das Zimmer namens Liebe nur durch die Tür namens Sex gelangen konnte. Ich wollte den Sex nicht ablehnen, weil ich glaubte, ich würde damit auch die Möglichkeit der Liebe ablehnen.

Das Schlimmste aber war, dass ich nicht zugeben wollte, dass ich diese Anerkennung bei den Männern, mit denen ich zusammenkam, aus purem Mangel an Selbstliebe suchte. Reden konnte ich schon immer gut, deshalb hatte ich für mich selbst und alle anderen auch immer eine gute Geschichte parat, warum ich Sex so oft für Liebe hielt. Am Anfang schob ich die Schuld den Männern zu, mit denen ich ausging, und behauptete, sie taugten alle nichts. Statt als die Traumprinzen, für die sie sich ausgaben, erwiesen sie sich samt und sonders eher als Hunde, die nach einem Knochen lechzten – behauptete ich. Ich konnte der Tatsache nicht ins Auge sehen, dass mein Bedürfnis nach Bestätigung meine Ansprüche deutlich hatte sinken lassen. Wenn ich also immer wieder einen Hund erwischte, dann bloß deshalb, weil ich die Liebe permanent im Hundezwinger suchte.

Ich gab mir den Anschein, als machte mir dieses Bäumchen-wechsel-dich-Spiel Spaß: ständig andere Beziehungen zu haben, auf der Pirsch zu sein und einfach weiterzugehen, wenn »es wieder mal nicht funktioniert« hatte. Ich erweckte den Eindruck, dass es mir nichts ausmachte, wenn eine Beziehung in die Brüche ging oder ein Mann mich danach einfach nicht mehr anrief. Und in gewisser Weise machte es mir wirklich nichts aus. Auf einer bestimmten Ebene hatte ich nicht genug Selbstachtung und erwartete deshalb nicht, dass man gut mit mir umging. Aber weil mein Ehrlichkeits-Muskel nicht entwickelt war, machte ich mir selbst und anderen vor, dass ich tatsächlich »nur spielen« wollte.

Ich war immer auf der Suche nach dem perfekten Mann. Als eines Tages bei meiner Arbeitsstelle die Computersysteme komplett zusammenbrachen, schlug eine Kollegin vor, einen Computerspezialisten anzurufen, den sie kannte. Als dieser dann durch die Tür kam, sah ich zuerst sein umwerfend attraktives Gesicht, dann die Umrisse seiner 1,80-Meter-Statur unter dem blütenweißen Hemd, der gestreiften Krawatte und der perfekt gebügelten Hose. Der Mann, den ich hier Isaac nennen möchte, nahm meine Aufmerksamkeit so in Beschlag, dass ich fast vergessen hätte, dass mein Computer kaputt war. Wir fühlten uns sofort zueinander hingezogen, daher sagte ich sofort zu, als er mich am nächsten Tag anrief und mit mir ausgehen wollte. Ich wollte es zwar nicht zugeben, aber ich hoffte, er würde mir das Gefühl verschaffen, geliebt und begehrt zu sein.

Ich bin nicht allein

In welchem Bereich Ihres Lebens verstecken Sie etwas? Übertünchen Sie Probleme in einer Beziehung oder im Beruf, oder ignorieren Sie eine nachlassende Gesundheit oder knappe Finanzen? Manchmal verschließen wir die Augen und halten uns die Ohren zu, weil wir die Wahrheit um jeden Preis vermeiden wollen.

Kreuzen Sie ein Kästchen an, wenn Sie das schon einmal getan haben. Kreuzen Sie zwei Kästchen an, wenn Sie das früher oft gemacht haben. Kreuzen Sie drei Kästchen an, wenn Sie es im Leugnen auf ein professionelles Niveau gebracht haben.

Und das tat er. Isaac und ich verbrachten 13 Monate miteinander, in denen wir viel lachten, wunderbare Abendessen und denkwürdige Nächte erlebten und uns auf eine besondere Weise verbunden fühlten, die uns beiden guttat. Damals habe ich es nicht ganz verstanden, aber später habe ich herausgefunden, dass Isaac jemanden brauchte, der ihn aus der Gefahr, in die Unterwelt abzugleiten, wieder herauszog. Was mich anging, so brauchte ich jemanden, von dem ich mich begehrt fühlte und der in mich verliebt war. Isaac war vielleicht nicht der Mann fürs Leben, aber er war ein wunderbarer Mann für den Augenblick.

Dann erfuhr ich, dass ich schwanger war. Welch ein Schreck: Damit hatte ich nicht gerechnet, und – was noch schlimmer war – Isaac war nicht der Mann, mit dem ich Kinder haben wollte. Zwar hatte ich keine konkreten Beweise, aber ich hatte genug Gesprächsfetzen aufgeschnappt, um zu vermuten, dass Isaac nicht gerade ein unbescholtener Bürger war. Als Isaac einmal bei mir war, bat er mich, mein Telefon benutzen zu dürfen. Als er anfing, über Dinge zu reden, die so gar nicht nach normalen Geschäften klangen, huschte ich schleunigst ins Badezimmer und sprang unter die Dusche, damit ich mit dem Wasserrauschen die Wahrheit übertönen konnte. Ich wollte die Beziehung aufrechterhalten und redete mir ein, diese Zwielichtigkeit könnte gar nicht so schlimm sein, denn er hatte ja einen guten Job. Ich dachte allen Ernstes, ich könnte ihn dazu bringen, sein Verhalten zu ändern. Aber jetzt konnte ich mir nichts mehr vormachen. Ich war 27 Jahre alt und schwanger – von Isaac.

Ich dachte an Abtreibung, aber das brachte ich nicht fertig. Der Moment, in dem ich Isaac sagte, dass ich beschlossen hatte, das Kind zu behalten, war der Anfang vom Ende unserer Beziehung. Ich sah ihn immer weniger, bis er eines Tages einfach verschwunden war. Jetzt musste ich mir selber überlegen, wie es mit mir weitergehen sollte. Ich steckte in einem völligen Gefühlswirrwarr. Ich war wütend, verletzt, fühlte mich abgelehnt und kam mir so dumm vor, vor allem aber fühlte ich mich verlassen. Zwar wollte ich ihn nicht heiraten, aber mir lag immer noch sehr viel an ihm und ich wollte nicht, dass die Beziehung zu Ende ging. Aber das alles spielte keine Rolle mehr. Ich hatte mir die Suppe eingebrockt, und jetzt musste ich sie auslöffeln.

In jenen ersten Monaten meiner Schwangerschaft machte ich mir tagtäglich schwere Vorwürfe. Ich hielt mir vor, wie anders mein Leben mit einem Kind im Schlepptau jetzt aussehen würde. *Das war's wohl mit meinen großen Träumen, jetzt werde ich hier nie wieder wegkommen*, dachte ich.

> **Ich bin nicht allein**

Waren Sie schon einmal so tief in Ihrem »Elend« versunken, dass Sie selbst dann noch in Niedergeschlagenheit und Trübsinn verharrten, als andere längst das Positive an Ihrer Situation erkennen konnten? Manchmal verstecken wir uns vor der Wahrheit, indem wir das Licht ignorieren. Dann bleiben wir in unserem dunklen Kämmerlein und weisen die Hilfe und Unterstützung anderer ab. Ja, wir distanzieren uns sogar von ihnen, damit wir ihre Liebe und Anteilnahme nicht spüren müssen.

Kreuzen Sie ein Kästchen an, wenn Sie dieses Gefühl nachempfinden können. Kreuzen Sie zwei Kästchen an, wenn Sie hin und wieder in dieser Situation waren. Kreuzen Sie drei Kästchen an, wenn Sie so etwas häufig erleben.

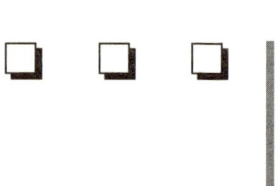

Auch wenn sie durchaus sahen, dass meine Situation alles andere als ideal war, glaubten meine Eltern, mein Bruder und meine weitere Familie doch, dass ich eine gute Mutter würde und freuten sich über meine Schwangerschaft. Zutiefst beschämt und voller Schuldgefühle hoffte ich inständig, dass sich etwas von ihrer Vorfreude auf mich übertragen würde.

Als mein Bauch sichtlich wuchs, gab ich mir große Mühe, heiterer zu werden, allerdings ohne viel Erfolg. Doch dann, ich war im vierten Monat und besuchte einen Kurs in westafrikanischem Tanz, veränderte sich endlich etwas. An jenem Tag stand ich etwas am Rand und wollte gerade mit den Dehnübungen beginnen. Da fiel der Kursleiterin mein wassermelonenförmiger Bauch auf. Sie neigte sich mir zu und fragte mit ihrem schönen nigerianischen Akzent: »Schwester, trägst du ein Kind?«

Mit gesenktem Kopf und einem kaum hörbaren Flüstern antwortete ich: »Ja, ich bin schwanger.« Innerlich machte ich mich bereits auf die Schimpfkanonade gefasst, die ich jetzt erwartete.

»Schwestern, Brüder, kommt mal alle her. Ihr sollt etwas erfahren«, rief sie mit freudiger Stimme. »Schwester Lisa trägt ein Kind! Wir müssen ihre Schritte mit Gebeten begleiten und ihr unsere Schultern zum Anlehnen geben.«

Sie sah mir in die Augen und dann sprach sie die Worte, die der Beginn meiner neuen Reise zu Selbstakzeptanz und sogar Freude an mir selber werden sollten: »Schwester Lisa, du wurdest mit der Aufgabe gesegnet, ein königliches Kind zu gebären. Hüte deine Gedanken und Gefühle, denn dieses Kleine ist in jeder Hinsicht mit dir verbunden. Gott hat dich höchstpersönlich für dieses ganz bestimmte Kind auserwählt, und *Er hat immer Recht.*«

Dann schlugen die Musiker wild die Trommeln, und die Tänzerinnen und Tänzer verneigten sich im Tanz vor mir. Meine Seele tanzte in dem Rhythmus mit und eine unbekannte, aber höchst willkommene Freude ergriff von mir Besitz. Ich spürte, dass mein Gefühl der Würde wiederhergestellt wurde. Zum ersten Mal spürte ich, wie mein Kind sich in mir bewegte. Es war, als reagiere es auf die Trommeln und die Liebe.

In den folgenden fünf Monaten kam ich immer etwas früher ins Tanzstudio, damit die Schwestern meinen Bauch auf eine besondere Weise umhüllen konnten, um mein Baby zu schützen. Danach feierte ich mich und mein Kind und tanzte zum Klang der Trommeln in grenzenloser Liebe und Begeisterung. Diese Vorfreude erfüllte nach und nach jeden Aspekt meines Lebens als werdende Mutter. Schon bald beschaffte ich mir alle Bücher für werdende Eltern, die ich finden konnte, sah jede Babysendung und besuchte mit Freuden Schwangerschaftskurse, begleitet von meiner Mutter und einer guten Freundin. Ich war mir nicht sicher, was Mutterschaft wirklich bedeutete, aber ich hatte beschlossen, mich mit Haut und Haaren hineinzustürzen.

Manchmal ist es einfacher, wenn uns jemand zur Wahrheit führt, als wenn wir den Weg dorthin alleine auskundschaften müssen. Wenn wir andere an unserem Leben teilhaben lassen, dann können wir nicht nur der Realität leichter ins Auge sehen, sondern sogar das Gute erkennen und annehmen, das noch aus den schwierigsten Situationen erwachsen kann. Ich weiß nicht, wie lange ich gebraucht hätte, um meine Schwangerschaft aus ganzem Herzen anzunehmen, wenn meine Freunde aus der Tanzgruppe nicht gewesen wären. Es war auf jeden Fall eine große Hilfe, dass sie mir eine andere, liebevolle Perspektive eröffnet haben. Dadurch konnte ich meine Lage vollkommen ehrlich betrachten – einschließlich der Tatsache, dass meine Schwangerschaft ein Segen war.

Wahrscheinlich gibt es Menschen in unserem Leben, die erkennen können, was wir nicht sehen wollen, und die uns unterstützen und Mut machen, wenn wir die Augen öffnen. Das gibt uns die Möglichkeit, die Wahrheit so anzunehmen, wie sie sich für uns darstellt, und die nötigen Schritte zu unternehmen, mit denen wir unsere Zukunft furchtlos und verantwortungsvoll angehen.

Wenn Sie Ihrem Ehrlichkeits-Muskel einen echten Schub verpassen wollen, dann hören Sie auf die Menschen in Ihrer Umgebung, denen Ihr Wohlergehen und Ihr Bestes am Herzen liegt, statt die Wahrheit zu ignorieren, sich ihr zu widersetzen oder gar »den Boten für die Botschaft zu strafen«. So lernen Sie, auf Ihre eigene innere Weisheit und Wahrheit zu hören.

Ein Weckruf

Als das Baby geboren war, stattete Isaac mir und unserem kleinen Sohn Jelani im Krankenhaus einen Besuch ab. Ich war herzlich zu ihm, aber ich hatte einen Kaiserschnitt gehabt und stand unter starken Medikamenten. Vielleicht sprach also eher das Morphium aus mir als wirklich ich selber. Auf jeden Fall zeigte ich Isaac nicht im Geringsten, wie ich im Hinblick auf unsere Situation wirklich empfand. Damals war mein Ehrlichkeits-Muskel so wenig entwickelt, dass ich mir gar keine weiteren Gedanken darüber machte. In dem Moment war ich auf jeden Fall nicht fähig, ihn zur Rede zu stellen oder ihm seine Rolle in Jelanis Leben zuzuweisen, daher war es einfacher, das Thema komplett zu meiden. Ich ließ Isaac den kleinen Jelani im Arm halten, während ich seine Fragen zur Geburt beantwortete. Wir konnten beide noch gar nicht richtig fassen, dass wir nun ein Kind hatten und auf einmal Eltern waren.

Als ich nach Hause kam, halfen mir meine Mutter und meine übrige Familie. Mit ihrer Unterstützung stellte sich in meinem Alltag bald ein neuer, aber fröhlicher Rhythmus ein. Das Unbehagen, das ich empfand, weil ich allein erziehende Mutter war, wurde durch die überwältigende Liebe zu meinem Kind fast völlig verdrängt. Dennoch wünschte ich mir, meine Situation wäre anders und es gäbe den richtigen Partner in meinem Leben. Ein Mann, der die Freuden und die Verantwortung der Elternschaft mit mir teilte. Als Isaac dann einmal wöchentlich zu mir kam und den Nachmittag mit Jelani verbrachte, gab ich mich allmählich mit seiner Art des väterlichen Engagements zufrieden. Es war zwar nicht viel, aber besser als nichts.

Als Isaac acht Monate alt war, fiel mir eines Nachmittags auf, dass sich Isaac schon seit zwei Wochen nicht mehr hatte blicken lassen. Weitere zwei Wochen vergingen ohne einen Besuch oder Anruf. Als er in der fünften Woche in Folge nicht zu Besuch kam, wusste ich, dass etwas nicht stimmen konnte. Ich hoffte, dass er bloß nachlässig war, aber ich bekam Herzrasen, wenn ich an einige Dinge dachte, die ich zwar nach besten Kräften ignoriert hatte, in die er aber wohl verwickelt war und die böse enden konnten. Im selben Augenblick klingelte das Telefon und unterbrach meine ängstlichen Gedanken. »Guten Tag, Sie haben ein R-Gespräch von Isaac. Nehmen Sie es an?«

Erleichtert und verwirrt zugleich antwortete ich hastig: »Ja, ja!«

Als Nächstes hörte ich Isaacs Stimme. »Lisa, ich weiß nicht, wie ich es dir sagen soll. – Ich bin im Gefängnis. Ich weiß, mit so etwas wolltest du nie auch nur im Geringsten zu tun haben. Ich hoffe, du kannst mir verzeihen.«

Niedergeschmettert ließ ich mich aufs Sofa fallen und brachte kein Wort heraus, während Isaac versuchte, das Ganze zu erklären. »Ich wurde wegen schweren Raubs angeklagt...« Seine Worte gingen im Ansturm meiner Gedanken unter. Immer lauter plapperte es in meinem Kopf: *Neeeeiiiiin! Das darf doch wohl nicht wahr sein! Der Vater meines Sohnes sitzt im Gefängnis, und der Strafvollzug gehört nun zu meiner Welt. Kann man sich abgrundtiefer schämen?*

Ich war hin und her gerissen. Ich wusste nicht, ob ich ihn bedauern sollte, weil er nicht mehr in Freiheit war, oder ob ich ihm die ganzen Obszönitäten an den Kopf werfen sollte, die mir in den Sinn kamen. Immer wieder sagte ich mir: *Das ist genau das, was ich unter allen Umständen vermeiden wollte. Ich wollte immer genau aufpassen, mit wem ich mich einlasse, damit mir so etwas nie passiert. Wie konnte ich bloß die Warnsignale übersehen?*

Genau gegenüber von dem Haus, in dem ich aufgewachsen bin, war ein Polizeiposten gewesen. Wenn ich auf unserer Terrasse saß, konnte ich oft beobachten, wie die Beamten Verbrecher aus einem Polizeiwagen ins Gebäude führten. Wieder und wieder hatte ich mir geschworen, dass ich nie die Freundin eines Knackis werden oder ein Kind von einem Schläger bekommen wollte. Ich wollte im Leben mehr erreichen.

Und da saß ich nun: eine allein erziehende Mutter, deren Kindsvater im Gefängnis war. Ich gab mir alle Mühe, die Augen vor dieser neuen Realität zu verschließen, aber sie sickerte immer wieder zu mir durch und zog mein Selbstwertgefühl in den Keller. Ich empfand so große Schande, dass ich keinem sagte, wo Isaac war, nicht einmal meiner Familie; es war mein schmutziges kleines Geheimnis.

Damals war mir nicht klar, wie kräftezehrend Geheimnisse sind. Bestimmt haben Sie schon einmal erlebt, wie viel Mühe es kostet, ein Geheimnis zu wahren, ganz gleich, ob Sie deshalb lügen oder einfach nicht die ganze Wahrheit sagen. Denn im Grunde unserer Seele ist es tatsächlich schwerer, unehrlich als integer zu leben. Wir bürsten uns damit sozusagen selbst gegen den Strich.

Außerhalb der Integrität gibt es keine Möglichkeit zu wachsen. Die Energie, die wir darauf verwenden, unser Geheimnis unter Verschluss zu halten, könnten wir sonst dazu nutzen, um vorwärtszukommen. Man kann seine Energie nicht für zwei Dinge zugleich verwenden. Mit jedem Augenblick, in dem Sie die Wahrheit unterdrücken oder eine Lüge fabrizieren und aufrechterhalten, rauben Sie sich Zeit, Energie und Möglichkeiten, mit denen Sie sonst Ihre Kraft aufgebaut und sich selbst weiterentwickelt hätten. Diese Zeit können Sie nicht zurückholen – wenn Sie sie erst einmal vergeudet haben, ist sie weg.

Schlimmer noch: Wenn Sie die Wahrheit über sich selbst zu lange verstecken, dann wird sie Ihnen selber fremd. Sie verlieren sich selbst aus den Augen. Wie können Sie Ihr Licht strahlen lassen, wenn Sie sich in der Dunkelheit Ihrer falschen Vorspiegelungen verstecken?

> **Ich bin nicht allein**
>
> Glauben Sie die Geschichten, die Sie hin und wieder erzählen, um sich besser darzustellen, allmählich selber? Wenn wir die Geschichte neu schreiben, dann verlieren wir die Möglichkeit, aus der Vergangenheit zu lernen.

Kreuzen Sie ein Kästchen an, wenn Sie wissen, wovon ich rede. Kreuzen Sie zwei Kästchen an, wenn Sie das öfter tun, als Sie zugeben möchten. Kreuzen Sie drei Kästchen an, wenn Ihnen das wirklich zu schaffen macht.

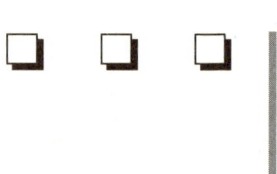

In meinem Fall brauchte es eine weitere Dosis knallharter Realität, um mich endlich aus meinem Leugnen und meiner Passivität zu reißen.

Im Bauch des Ungeheuers – das zweite Mal

Es war kurz vor Jelanis erstem Geburtstag, als Isaac wieder anrief. »Lisa, ich möchte meinen Sohn sehen. Ich weiß, ich habe kein Recht, dich darum zu bitten, aber würdest du mich bitte mit ihm im Gefängnis besuchen?«

Mir war, als hätte ich verdorbene Milch geschluckt. Bei der Vorstellung, mein Baby ins Gefängnis mitzunehmen, drehte sich mir der Magen um. Das war eine ungeheuerliche Bitte, und Isaac wusste das. Tagelang überlegte ich hin und her, dann beschloss ich widerwillig, ihn zu besuchen.

Eine Woche später kamen Jelani und ich im Bezirksgefängnis von Los Angeles an. Wir saßen im Wartebereich, um uns die anderen Besucher. Die meisten fluchten, rauchten und stritten sich. Ich drückte Jelani fest an mich.

»Lisa Nichols für den Gefangenen Isaac Randolph.« Bei der donnernden Stimme des Polizeibeamten setzte mein Herz einen Schlag lang aus.

»Handtasche öffnen«, knurrte er. Befriedigt, dass ich keine Waffe bei mir trug, schob er Jelani und mich weiter in den nächsten Raum.

Dann tastete mich eine weibliche Beamtin grob ab. Zu meinem Entsetzen nahm sie mir dann das Kind aus dem Arm, wickelte den Kleinen aus seiner Decke und tastete ihn ab. Sie gab ihn mir zurück und bat mich, ihm die Windel in ihrer Gegenwart auszuziehen, damit sie sich davon überzeugen könne, dass ich nichts ins Gefängnis schmuggelte. Ich tat, worum sie gebeten hatte, halb von Sinnen. Ich konnte mich nicht erinnern, je so viel Erniedrigung, Wut und Scham zugleich empfunden zu haben.

Isaac in seiner Anstaltskleidung zu sehen, war ein Schock. Zwar mochte ich ihn immer noch, zugleich aber verspürte ich Abscheu, vor ihm und vor mir selber. Unser Gespräch war nur oberflächlich und drehte sich hauptsächlich um Jelani, aber innerlich fragte ich mich während des ganzen Besuches: *Wie konnte ich nur so tief sinken? Wie konnte es bloß so weit kommen?*

Auf der Fahrt nach Hause ging ich das ganze schreckliche Erlebnis in Gedanken noch einmal durch: das Warten mit den anderen Besuchern, das Abtasten durch die Wärterin, das Öffnen von Jelanis Windel und vielleicht das Schlimmste von allem: mit ansehen zu müssen, wie mein Kind durch das acht

Zentimeter dicke schusssichere Glas mit ernsten Augen seinen Vater anschaute. Ich betrachtete mich im Rückspiegel und stellte fest, dass meine Augen ein wenig von der Lebendigkeit verloren hatten, die vor meiner Fahrt zum Gefängnis noch darin gewesen war.

Ich sah an meinem Spiegelbild vorbei auf den Rücksitz, wo mein hübscher Sohn in seinem Kindersitz lag und unsere Rückfahrt zu einem Nickerchen nutzte. Ich lächelte über seine Pausbäckchen und sein rundes Mündchen, das ich einfach immer und immer wieder hätte küssen wollen. Ich sah mir wieder selbst in die Augen und sagte mir: *Es muss sich was ändern, und zwar schnell.* Ich beschloss, dass es an der Zeit war, mich selbst ins Gebet zu nehmen.

Zum ersten Mal seit vielen Jahren unterzog ich mein Leben und das, was ich daraus gemacht hatte, einer sehr kritischen Überprüfung. Ich führte ein lautes Selbstgespräch. »Die Realität ist, dass du einen hübschen Jungen hast, dessen Vater im Gefängnis sitzt. Zwar machst du dir gern vor, dass *du* das Opfer bist und erzählst das auch gern anderen so, aber die Wahrheit, *die volle Wahrheit* ist doch, dass du in dieser Situation bist, weil du es so gewollt hast. Du bist ganz allein dafür verantwortlich.«

Die unverblümte Offenheit meiner eigenen Worte versetzte mir einen Schock. Doch obwohl es wehtat, fühlte es sich doch seltsamerweise besser an als die Halbwahrheiten und blanken Lügen, die ich mir bisher hatte weismachen wollen. Die Tränen liefen mir über die Wangen, aber ich blieb bei meiner Wahrheit. »Lisa, du kannst es besser. Im Moment triffst du deine Entscheidungen aus Verletzung, Schmerz und Angst statt aus deinem wahren Wesen heraus. Du hast in der Vergangenheit einen Fehler gemacht, aber es ist noch nicht zu spät. Du kannst noch ändern, was als Nächstes geschieht. Komm wieder auf die Beine und geh deinen Weg weiter.« Mir war, als bäte ich mich selbst inständig darum, mir das Leben zu retten.

Dieses Eingeständnis öffnete in mir eine Tür, und meine Seele konnte Heilung finden. So sehr hatte ich an meinen zurechtgelegten Wahrheiten und Ausreden festgehalten, dass es sogar in meinem Körper spürbar wurde. Als ich sie endlich losließ, schien sich sogar mein Griff ums Lenkrad zu lockern. Ich war nun bereit, meine Realität und alles, was sie mit sich brachte, so anzunehmen, wie sie war. Mit dieser Ehrlichkeit wuchs mir neue Kraft zu.

Ich bin nicht allein

Waren Sie schon einmal ganz oder zumindest ziemlich weit unten und wussten, dass Sie nur dann wieder auf die Beine kommen und das Blatt noch einmal wenden könnten, wenn Sie der ungeschminkten Wahrheit über sich selbst schonungslos ins Gesicht sähen?

Kreuzen Sie ein Kästchen an, wenn es Ihnen schon einmal so ergangen ist. Kreuzen Sie zwei Kästchen an, wenn Sie dort unten eine Zeit lang nicht weiter wussten. Kreuzen Sie drei Kästchen an, wenn Sie jetzt gerade in dieser Situation sind.

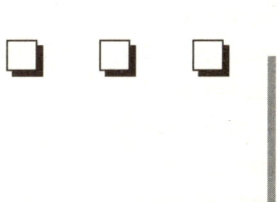

Finden Sie den roten Punkt – »Ihr Standort«

Stellen Sie sich vor, Sie sind in einem riesigen Einkaufszentrum. Sie stehen vor einer Anzeigentafel; den immensen Lageplan vor Augen suchen Sie ein bestimmtes Geschäft. Wenn Sie es gefunden haben, was tun Sie dann? Natürlich suchen Sie dann den roten Punkt mit der Aufschrift »Ihr Standort«! Denn nur so können Sie eine Verbindung zwischen den beiden Punkten herstellen und den Weg finden.

Ich verwende dieses Bild gern, wenn ich über den Ehrlichkeits-Muskel spreche, denn es leuchtet jedem sofort ein. Vielleicht macht das Geschäft gerade eine unglaubliche Rabatt-Aktion – 85 Prozent auf alles Vorrätige zum Beispiel –, aber von diesen tollen Schnäppchen können Sie nur dann profitieren, wenn Sie wissen, wo Sie gerade stehen. Diesen Punkt müssen Sie genauso auch in Ihrem Leben finden, wenn Sie vorwärts und tatsächlich da hinkommen wollen, wohin Sie wollen. Und das bedeutet, dass Sie sich und Ihre persönliche Situation ehrlich und aufrichtig beurteilen müssen.

Dieses Aufspüren Ihres Standortes kann sehr ernüchternd und unbequem sein. An dieser Stelle setzen die Teilnehmerinnen und Teilnehmer meiner Workshops zuweilen eine recht unglückliche Miene auf und reklamieren: »Ich bin wegen der Motivation hergekommen. Kommen Sie endlich zum motivierenden Teil.«

Darauf erwidere ich dann: »Alle Motivation der Welt wird Ihnen nicht helfen, wenn Sie keinen detaillierten Handlungsplan haben – und zu dem wiederum gehören ein konkreter Ausgangs- und Endpunkt.«

Allzu oft aber wollen wir gar nicht darüber reden, wo wir stehen. Wir halten das für zu intim, zu persönlich oder zu schmerzhaft. Und doch stärkt uns genau das auf unserer Reise zu unserem Ziel.

Wie also funktioniert so eine Standortbestimmung? Genau wie bei mir: Nehmen Sie sich einen Augenblick Zeit, und schauen Sie in den Spiegel, vielleicht sogar nur in Ihrer Vorstellung. Stellen Sie fest, was gerade in Ihrem Leben los ist – *ohne es zu beurteilen*! Danach können Sie allmählich Ihre Muster erkennen, die guten und die weniger guten, und sie annehmen, besonders diejenigen, die Konsequenzen haben können.

Die Rolle, die Sie im Leben spielen, wirklich anzunehmen – egal, ob sie richtig oder falsch, Sie glücklich oder unglücklich macht –, ist von allem, was Sie tun können, das, was Sie am meisten stärkt. So unbequem und ernüchternd oder sogar, je nach dem Grad Ihrer Ehrlichkeit und den Folgen, die Sie ausgelöst haben, schmerzhaft dies auch sein kann, nur so können Sie vom Beifahrersitz Ihres Lebens wieder hinüberrutschen auf den Fahrersitz.

Nachdem ich also den Tatsachen ins Auge gesehen hatte, galt es nun, in einem ersten Schritt herauszufinden, was ich mit Isaac weiter tun wollte. Ich wusste, dass es an der Zeit war, meine Rolle in unserer Beziehung realistischer zu sehen. Für den Anfang beschloss ich, dass ich ihm nun nicht mehr vorwerfen wollte, er habe mich getäuscht. Stattdessen wollte ich die Verantwortung dafür übernehmen, dass ich diejenige gewesen war, die sich selbst Scheuklappen angelegt hatte. Ich hatte peinlich vermieden zu sehen, wie er wirklich war, damit ich auch nicht sehen musste, was mit mir nicht stimmte. Jetzt erkannte ich, dass ich ihn dadurch, dass ich ihn nicht darauf angesprochen hatte, in gewisser Weise in seiner kriminellen Lebensweise noch gefördert und unterstützt hatte.

Und ich gab zu, dass wir damals zwar verhütet hatten, als ich mit Jelani schwanger geworden war, dass es aber von vorneherein nicht besonders schlau gewesen war, mich mit einem Mann auf eine intime Beziehung einzulassen, mit dem ich kein Kind haben wollte. Ich musste erkennen, dass ich, wenn ich ehrlich zu dem gestanden hätte, was ich meiner Meinung nach verdient hatte, was ich mir wert war und welche Ansprüche ich hatte, niemals mit ihm zusammengekommen wäre.

Nach meinem Besuch im Gefängnis war ich sogar bereit, meiner Familie von Isaacs »neuer Adresse« zu erzählen. Und natürlich machte mir niemand deswegen Vorwürfe, wie ich zuvor befürchtet hatte. Durch diese völlige Offenheit meinerseits konnte mich meine Familie sogar noch rückhaltloser unterstützen als je zuvor.

Dass ich im Hinblick auf meine Beziehung zu Isaac den Tatsachen ins Auge sah, befreite mich auch von vielen erdrückenden Schuldgefühlen. Jetzt konnte ich wohltuend klar unterscheiden, welche Entscheidungen ich und welche Jelanis Vater getroffen hatte. Ohne all den Abscheu vor mir selber und die Reue konnte ich unbelasteter darüber nachdenken, was für Jelani und mich das Beste wäre. Ich beschloss also, dass ich ihn nicht mehr im Gefängnis besuchen, es aber unterstützen würde, wenn Isaac eine Beziehung zu unserem Sohn pflegen wollte. Außerdem bat ich meinen Vater und meinen Bruder, regelmäßig mit Jelani etwas zu unternehmen, damit er Männer als Vorbilder um sich hätte. Und ich beschloss, mir in Sachen Beziehungen eine Zeit lang eine Pause zu gönnen und diese Zeit lieber in mich und meine Aufgaben als Mutter zu investieren.

Als ich das ganze Thema noch unter den Teppich gekehrt hatte, hatte mich stets ein unbestimmtes Gefühl der Scham und des Versagens belastet. Jetzt konnte ich erkennen, dass Isaac im Gefängnis war, nicht ich. Ich war frei – frei für ein neues Leben mit meinem Kind und meinen eigenen Träumen.

Freiheit und Ehrlichkeit gehen Hand in Hand, und wenn Aufrichtigkeit auch nicht immer einfach ist, so lohnt es sich doch, danach zu streben. Die Gefühle, die auftauchen, wenn Sie sich solchermaßen vor sich selbst entblößen, können sehr unbehaglich sein. Dennoch können Sie jederzeit beschließen, dass Sie einen Schritt vorwärts machen, sich Ihren Gefühlen offen stellen und akzeptieren wollen, wo Sie gerade stehen. Sobald Sie Ihr selbst errichtetes Hindernis aus Vermeidungstaktik und Leugnen erst einmal überwunden haben, liegt Ihr weiterer Weg klarer vor Ihnen. Ein starker Ehrlichkeits-Muskel aktiviert auch Ihren Ich-pack's-an-Muskel. Sobald Sie unnötige Gefühle aus der Sache herausnehmen, sich nicht mehr ständig selbst beschimpfen und sich wieder mit Ihren Zielen verbinden, wissen Sie, welche Schritte Sie als Nächstes unternehmen sollten.

Ehrlichkeit mir selbst und anderen gegenüber

Mit der Zeit entwickelte sich mein Ehrlichkeits-Muskel immer weiter. Ich gewöhnte mich daran, ehrlich mit mir umzugehen und verspürte immer weniger das Bedürfnis, meine Wahrheit vor anderen zu verbergen. Ich stellte fest, dass ich gegenüber den Menschen in meiner Umgebung authentisch sein konnte, und zwar sowohl zu Hause als auch am Arbeitsplatz. Dennoch war es sehr viel leichter gewesen, meiner Familie zu erzählen, was mit Isaac los war, als es Jelani zu sagen. Aber ich wusste: Wenn ich ehrlich sein wollte, durfte ich keine Ausnahme machen. Als Jelani acht Jahre alt war, erzählte ich ihm deshalb in einfachen und klaren Worten alles über seinen Vater. Weil ich mit meinem eigenen Anteil an der ganzen Geschichte im Reinen war, konnte ich ganz ohne Rechtfertigungsversuche und mit einer Gelöstheit sprechen, die ich selbst nie für möglich gehalten hätte. Wir sprachen über Straftaten, Gefängnis, böse Jungs und gute Jungs, und ich konnte alle seine Fragen wahrheitsgemäß und vollständig beantworten.

Dennoch hatte ich Angst, ein Vater im Gefängnis würde sich für meinen Sohn negativ auswirken. Ich wollte nicht, dass er sich schämte. Er wirkte zwar nicht aufgewühlt, aber ich konnte mir da auch nicht ganz sicher sein. Bis ich dann eines Tages mitbekam, wie er sich mit seinem Freund Jesse über ihre abwesenden Väter unterhielt.

Es war unmittelbar vor Weihnachten. Die beiden Jungen saßen auf dem Rücksitz unseres Autos und ich fuhr. Jesse sagte Jelani, dass er am liebsten alle seine Geschenke hergeben wollte, wenn er nur seinen Vater noch einmal sehen könnte. Tränen stiegen mir in die Augen, als ich hörte, wie Jelani erwiderte, ihm ginge es genauso. Dann fragte Jelani: »Und wo ist *dein* Vater?«

Jesse erzählte, sein Vater sei bei einem Motorradunfall ums Leben gekommen. Dann fragte Jesse Jelani, warum denn sein Vater nicht da sei. Mir stockte der Atem. Würde mein Sohn jetzt lügen?

Ohne das geringste Zögern erklärte Jelani gelassen, dass sein Vater im Gefängnis sei. Er fasste zusammen: »Mein Vater ist ein guter Mensch, der eine schlechte Entscheidung getroffen hat. Deshalb hat er eine lange Auszeit gekriegt.«

Ein Seufzer der Erleichterung entfuhr mir. Jetzt war klar, Jelani hatte alles angenommen, was ich ihm gesagt hatte und war mit der ganzen Sache im Reinen. Ich erkannte, dass meine Ehrlichkeit ihm gegenüber ihm einen sehr guten Start zur Entwicklung seines eigenen Ehrlichkeits-Muskels verschafft hatte.

Meine Fähigkeit, überall und vor allen Menschen jederzeit offen und ehrlich zu sein, kam mir auch in meinem Beruf zugute. Sie hat mir geholfen, Tausenden von Menschen im Leben entscheidend weiterzuhelfen. Die wahre Kraft meines Ehrlichkeits-Muskels sollte vor einigen Jahren in einem Workshop mit Jugendlichen auf die Probe gestellt werden.

Ich hatte die Gruppe gebeten, einmal darüber nachzudenken, ob sie nicht ihre Wut über frühere Verletzungen loslassen könnten. Da forderte mich eine Teilnehmerin heraus: »Miss Lisa, ich wette, Sie würden auch wütend bleiben, wenn jemand Sie überall berührt und missbraucht hätte. Wären Sie da nicht wütend?«

Einen Moment lang war ich still, denn in mir tobte ein Kampf. Ich wusste, es wäre egoistisch, wenn ich die Gelegenheit, diesem Mädchen zu helfen, verstreichen ließe, aber ich wusste nicht, ob ich diesen Teil meines Lebens wirklich offen ansprechen wollte. Dann sah ich ihr geradewegs in die Augen und sagte: »Tatsache ist, ich *war* wütend, als ich missbraucht wurde.«

Schockiertes Schweigen erfüllte den Raum, die Jugendlichen setzten sich in ihren Stühlen kerzengerade auf und starrten mich an. Ich erklärte, wie es mir mit dem Missbrauch ergangen war, wie sehr ich mich geschämt hatte und wie wütend ich gewesen war und wie ich deshalb die Liebe immer auf eine Weise gesucht hatte, die mir ganz und gar nicht guttat. Meine Stimme war tränenerstickt und zitterte, während ich mich zwang, tief durchzuatmen. Es war das erste Mal, dass ich jemandem von meinem Missbrauch erzählte.

Während die Jugendlichen zuhörten, veränderte sich die Energie im Raum noch einmal. Sie, die einander vorher nicht gekannt hatten, verbanden sich miteinander, umarmten und trösteten sich, weinten unverhohlen, holten sich Taschentücher und reichten die Packung dann an andere weiter.

Nach der Sitzung brachten mich die Umarmungen und geflüsterten Dankesworte, die ich erhielt, als die Jugendlichen nacheinander zu mir kamen, zu der Überzeugung, dass ich das Richtige getan hatte. Seither erzähle ich davon, wann immer es mir notwendig erscheint, auch wenn es nicht auf dem Kursprogramm steht. Meine Geschichte hat sich als das Befreiendste erwiesen, was ich für Frauen und auch Männer tun kann.

Wo könnten Sie anderen gegenüber authentischer sein? Und was hält Sie davon ab? Seinen Ehrlichkeits-Muskel zu beanspruchen und anderen seine persönliche Wahrheit zu sagen, kann zuweilen hart sein und wie bei einem körperlichen Muskeltraining sogar etwas wehtun. Es liegt nun einmal in unserer Natur als Menschen, dass es uns etwas ausmacht, wie wir von anderen wahrgenommen werden. Wir möchten akzeptiert, geliebt und bewundert werden – trotz unserer Fehler. Das Eigenartige ist jedoch, dass Sie, wenn Sie sich selbst gegenüber ehrlich sind und Ihren Schwächen mitfühlend begegnen, sich ganz von selbst mehr lieben können. Das wiederum macht es leichter, ehrlich zu sein. Ehrlichkeit mit sich selbst und Liebe zu sich selbst stärken sich gegenseitig. Es liegt an Ihnen, den Anstoß dazu zu geben.

Zu seiner Wahrheit zu stehen, ist eine konkrete Demonstration der Liebe zu sich selbst. Eine noch deutlichere Demonstration ist es, wenn Sie bereit sind, auch die schwierigen Wahrheiten offen auszusprechen. Und wenn Sie wissen, dass Sie ein kompletter, vollständiger Mensch sind, ganz egal, was ein anderer von Ihnen denkt. Denken Sie immer daran: Wie andere Sie wahrnehmen, entscheidet nicht darüber, wer Sie sind. Diese Wahrnehmungen sind einfach nur Meinungen. Wenn Sie sich selbst rückhaltlos annehmen können, dann werden die negativen Wahrnehmungen und Meinungen, die andere von Ihnen haben, bedeutungslos und beeinflussen Ihr Verhalten nicht mehr so stark. Ja, wenn Sie sich den Menschen in Ihrer Umgebung so zeigen, wie Sie sind, dann werden Sie sogar feststellen, dass deren Liebe und Bewunderung für Sie wächst. Ihre Wahrheit wird zur Befreiung für andere. Sie macht sie frei, ihre eigene Wahrheit zu entdecken und mitzuteilen.

Viele Menschen laufen herum, als hätte man ihnen die Augen verbunden und sie geknebelt. Sie haben viel zu große Angst, als dass sie die Wahrheit erkennen oder gar aussprechen wollten. Diese Angst hemmt uns in unserem Wachstum. Ich habe Ihnen in diesem Kapitel gerade diese beiden Geschichten aus meinem Leben erzählt – über viel Sex, wo ich eigentlich Liebe suchte und über den Vater meines Sohnes –, weil sie mir am schwersten fallen. Aber ich habe es dennoch getan, weil ich weiß, dass es mir die Gelegenheit bietet, meinen Ehrlichkeits-Muskel zu stärken, während ich Sie dazu ermutige, den Ihren aufzubauen. Ich möchte Ihnen zeigen, dass Sie, wenn Sie sich selbst die Wahrheit eingestehen und sich so sehr lieben, dass Sie diese Wahrheit auch anderen mitteilen können, inneren Frieden finden – und die Weisheit gewinnen, dass Sie die gleichen Fehler nicht noch einmal machen müssen. Wenn Sie wissen, welchen Teil Ihrer persönlichen Geschichte Sie nicht wiederholen wollen, wenn Sie diesen Teil unerschrocken ansprechen und sich dann selbst erlauben, Schritte nach vorne zu tun, dann können Sie sich auf ein Abenteuer auf einem völlig neuen Weg einlassen, auf dem Sie viel mehr Freiheit und Freude erwarten, als Sie sich vorstellen können.

Ich möchte Ihnen vorschlagen, dass Sie es sich zur täglichen Übung machen, Ihren »Standort« zu finden. Stellen Sie jeden Morgen nach dem Aufstehen fest, von wo aus Sie heute starten: in Ihren Gedanken, Ihren Gefühlen, in Ihrer Spiritualität, Ihren Beziehungen, Ihrer Gesundheit, Ihren Finanzen – einfach in allem. An manchen Tagen sind Sie vielleicht sehr glücklich über Ihren Standort. An anderen hingegen sieht es womöglich weniger erfreulich aus. Lieben Sie sich, ganz egal, wie Ihr Standort aussieht, und setzen Sie auch Ihre anderen Muskeln ein: Ihren Verständnis-Muskel, Ihren Ich-glaub-an-mich-Muskel, Ihren Ich-pack's-an-Muskel und notfalls auch Ihren Ich-weiß-was-ich-weiß-Muskel.

Wenn ich zur Arbeit fahre oder Besorgungen mache, dann höre ich weder Radio noch CD. Von dem Moment an, in dem ich meine Einfahrt verlasse, bis ich mein Ziel erreicht habe, unterhalte ich mich mit Lisa. Ich nutze die Zeit, wirklich Inventur zu machen, zu sehen, wo ich stehe, meine Herausforderungen zu erkennen und meine »Siege« zu feiern.

Denken Sie unbedingt immer daran: Ehrlich mit sich selbst zu sein, bedeutet, die Durchbrüche, die Sie errungen haben, ebenso sehr anzunehmen wie die Zusammenbrüche, die Sie erleiden mussten. Mir selbst im Rückspiegel in die Augen zu sehen, bedeutete einen Wendepunkt in meinem Leben: Jetzt war ich endlich nicht nur bereit, die Wahrheit über meine Situation zu akzeptieren, sondern auch die über meine Größe.

Wenn wir kleine Brötchen backen, dann belügen wir uns

selbst. Wir belügen uns selbst, wenn wir auf Nummer sicher gehen und uns mit weniger zufriedengeben, als wir wissentlich sein und haben können. Und am Ende verstecken wir schließlich unsere Träume und Ziele hinter einer Maske aus Mittelmäßigkeit, Konventionen und Konformität. Im nächsten Kapitel erzähle ich Ihnen, wie mir diese Maske immer unangenehmer wurde und ich mich schließlich fühlte, als sei ich so groß wie Godzilla und müsse in einer Wohnung leben, die man mir im Fernsehstudio aufgebaut hatte. Ich war in meiner eigenen Welt eingepfercht.

Der Aufbau des Ehrlichkeits-Muskels erfordert Mut, aber ganz egal, was Sie früher getan oder nicht getan haben oder welchen Herausforderungen Sie sich jetzt gegenübersehen – nur so können Sie sich eine solide Zukunft aufbauen. Wenn Sie sich vor der Wahrheit verstecken und sich selbst etwas vormachen – Halbwahrheiten oder Lügen verbreiten –, dann kommen Sie nicht weit. Früher oder später rennen Sie gegen eine Mauer.

Ihren Ehrlichkeits-Muskel stärken Sie, indem Sie:

1. bereit sind zu einer unerschrockenen Bestandsaufnahme all dessen, was in Ihrem Leben glattläuft und was nicht;
2. Verantwortung für Ihren eigenen Anteil an Ihrer persönlichen Situation übernehmen;
3. das, was in Ihrem Leben nicht glattläuft, klar und mit einer gesunden inneren Distanz anpacken;
4. sich selbst so sehr annehmen, dass Sie Ihre Wahrheit anderen gegenüber aussprechen können.

Die folgenden *Beflügelnden Ersten Schritte* führen Sie durch diesen Prozess.

Beflügelnde Erste Schritte

Ehrlichkeit beginnt mit Selbsterkenntnis. Wenn wir nicht wissen, welche Gefühle und Überzeugungen unser Leben bestimmen, dann ist unsere Fähigkeit, ehrlich zu sein – und Entscheidungen für unsere Zukunft zu treffen – begrenzt. Mit den folgenden Ersten Schritten können Sie Licht in Ihre momentane Lebenssituation bringen und sie dann aus vielen verschiedenen Blickwinkeln betrachten. So fühlen Sie sich nach und nach wohler in Ihrer Haut und können sich anderen ungehinderter und offener mitteilen.

1. **Erstellen Sie eine »Lebensqualitäts-Tabelle«:** Mit dieser Übung erkennen Sie leichter die Bereiche in Ihrem Leben, in denen Sie stark sind – wo Sie sich ausgeglichen und erfüllt fühlen. Und Sie können einfacher ausmachen, wo Sie sich noch verbessern können, in Bereichen also, die aus dem Gleichgewicht geraten sind, größerer Aufmerksamkeit bedürfen oder in denen Sie noch wachsen sollten. Insgesamt gewinnen Sie mit dieser Übung einen guten Überblick, was in Ihrem Leben optimal läuft und was nicht.

   - Nehmen Sie ein leeres Blatt Papier zur Hand und ziehen Sie auf der linken Seite eine senkrechte Linie. Schreiben Sie ans untere Ende der Linie eine »1« und ans obere eine »5«. 1 heißt, hier kommen Sie nicht weiter und sind unzufrieden. Bei 5 kommen Sie sehr gut zurecht, sind zufrieden, froh und im Einklang mit sich und der Welt. 3 bezeichnet die Mitte – ein durchschnittliches Empfinden. Gehen Sie nun die folgenden Kategorien durch und bewerten Sie sie entsprechend Ihrer Zufriedenheit:

- Gesundheit
- Beziehungen und Familie
- Finanzen und Beruf
- Gefühle
- Spiritualität
- Intellektuelle Entwicklung
- Dienst am Nächsten/ehrenamtliches Engagement
- Spiel und Spaß

• Schreiben Sie nun diese Lebensbereiche an die Stelle neben der senkrechten Linie, an die sie Ihrem Empfinden nach gehören. Dabei kann durchaus mehr als ein Bereich an derselben Stelle stehen. Vielleicht bewerten Sie sowohl Ihre Gesundheit als auch Finanzen und Beruf mit 3. Ziel dieser Übung ist es, ein visuelles Bild davon zu erhalten, wo jeder dieser Lebensbereiche für Sie heute steht. So können Sie festlegen, welchen Bereichen Sie sich sofort zuwenden wollen, um Ihre Lebensqualität insgesamt zu verbessern. Schauen Sie Ihre Tabelle an und stellen Sie sich folgende Fragen: Wo sind Sie stark? Wo sind Sie schwach? Opfern Sie die Qualität mehrerer Lebensbereiche zugunsten eines anderen? Welche dieser Bereiche sind Ihnen wichtig? Welche unwichtig? Warum? Lassen Sie sich Zeit, und entdecken Sie Ihre wahren Prioritäten.

2. **Spielen Sie das Umkehr-Spiel:** Wenn wir auf jemanden, etwas oder bestimmte Umstände wütend sind, dann sagen wir allzu oft: »Ich kann nicht« oder: »Ich habe nicht« oder: »Bei mir klappt einfach nichts« oder: »Ich wünschte«. Solche Formulierungen richten uns eher auf das Unmögliche statt auf das Mögliche aus. Wir versuchen dann, die Schuld an unserer Situation allem anderen zuzuschieben, und sei es der Welt oder dem Universum im Allgemeinen, nur nicht uns selbst. Mit dem Umkehr-Spiel verändern Sie diese Pers-

pektive; damit können Sie erkennen, welchen Anteil Sie daran haben, dass es zu einer bestimmten Situation gekommen ist und dann die Sache selber in die Hand nehmen. Das Spiel geht so:

- Denken Sie an ein Problem, das Sie gerade haben, oder an etwas, das Sie wütend macht. Es kann auch etwas sein, das Sie bereits bei einer vorangegangenen Übung aufgeschrieben haben. Zum Beispiel, dass Sie für Ihre Familie kochen und frustriert sind, weil Sie Ihre überschüssigen Pfunde nicht verlieren, oder dass Ihre täglichen Pflichten Sie so sehr fordern, dass Ihnen gar keine Zeit mehr für Sie selbst bleibt.
- Schreiben Sie diese Ärgernisse so auf, wie sie Ihnen einfallen. Beim ersten Beispiel könnten Sie also schreiben: »Ich kann nicht abnehmen, weil ich nie Zeit für Sport habe, weil ich ja für meine Familie kochen muss.«
- Denken Sie nun an die Umkehrung dieser Aussagen. Entfernen Sie jedes »kann nicht«, »nie« oder »nein« oder andere negative Wörter und drehen Sie den Satz um, sodass er positiv formuliert ist. Dafür gibt es keine Grenzen. Im vorangegangenen Beispiel würden Sie dann zum Beispiel schreiben: »Ich *kann* abnehmen, weil ich mir Zeit für Sport nehmen und trotzdem für meine Familie kochen *kann*.«
- Achten Sie auf die andere Energie, die diese Umkehr-Aussagen in Ihnen erzeugen. Sie geben Ihnen Kraft. Wiederholen Sie diese Aussagen fünfmal und beobachten Sie, wie sich Ihre Energie verändert und Ihr Stress ganz von selbst weniger wird. Vielleicht stellen Sie sogar fest, dass sich Ihnen plötzlich ungeahnte Wege zu Ihrem Ziel eröffnen.

Diese Übung können Sie auch anders machen. Dann kehren Sie ein Problem auf folgende Art und Weise um: Sagen wir mal, Sie fühlen sich von Ihrem Partner oder Ihrer Partnerin nicht wertgeschätzt. Dann schreiben Sie: »Meine Frau oder mein Mann sollte mich mehr wertschätzen.« Schreiben Sie dann das genaue Gegenteil dieses Satzes, nämlich: »Ich sollte meine Frau oder meinen Mann mehr wertschätzen«, oder schreiben Sie: »Ich sollte mich selbst mehr wertschätzen.« Können Sie verstehen, dass auch diese beiden Aussagen wahr sind? Wie fühlt es sich an zu sehen, was Sie auf diesem Gebiet tun können, statt nur den Blick darauf zu richten, wie ein anderer sich Ihnen gegenüber verhält?

3. **Seien Sie Ihr eigener Therapeut:** Schauen Sie sich den Satz oder die Sätze, die Sie im letzten Schritt geschrieben haben, noch einmal an – die Aussagen, mit denen Sie benennen, was für Sie gerade problematisch, aus dem Gleichgewicht geraten oder unangenehm ist. Tun Sie dann so, als sei eine Freundin oder ein Freund zu Ihnen gekommen, der in einem dieser Bereiche genau dasselbe Problem hat wie Sie. Ihre Freundin (bzw. Ihr Freund) hat zwar alles versucht, um das Problem in den Griff zu bekommen oder zu lösen, aber sie (oder er) hat immer noch das Gefühl, es tut sich nichts oder sie (er) ist auf dem Holzweg. Als die Freundin oder der Freund dieses Menschen wissen Sie, dass sie oder er dieser Herausforderung sehr wohl gewachsen ist. Sie wird Ihre Freundin oder Ihren Freund nicht für immer aus der Bahn werfen. Sie oder er muss die Sache nur einmal aus einem anderen Blickwinkel betrachten, und genau dabei können Sie ihm oder ihr helfen. Was würden Sie Ihrer Freundin oder Ihrem Freund sagen? Worauf, würden Sie sagen, sollte Ihre Freundin oder Ihr Freund sein Denken ausrichten, statt immer nur um das Problem zu kreisen?

Oft können wir klar erkennen, was andere tun sollten. Wenden Sie diese Klarheit nun auf Ihre persönliche Situation an. Und wenn Sie herausgefunden haben, was Ihre

Freundin oder Ihr Freund tun sollte, dann versuchen Sie, Ihrem eigenen Rat zu folgen. Wenn Sie so vorgehen, können Sie sich von der emotionalen Belastung lösen, die Ihr eigenes Erleben für Sie mit sich bringt. Außerdem ermöglicht dieses Vorgehen Ihnen einen Perspektivenwechsel, durch den sich wiederum der logische nächste Schritt zeigen kann, der Sie wieder auf den richtigen Weg führt.

4. **Teilen Sie Ihre Wahrheit mit:** Finden Sie eine Raketen-Booster-Freundin oder einen Raketen-Booster-Freund und sprechen Sie mit ihr oder ihm über etwas, das Sie bisher für sich behalten haben, weil Sie fürchteten, deswegen verurteilt oder ausgelacht zu werden oder weil es Ihnen peinlich ist. Der Zoll, den dieses Verschweigen von Ihrer Energie gefordert hat, ist bereits immens. Beschließen Sie deshalb, diese unangenehme Situation zu beenden oder zumindest den Einfluss zu verringern, den sie auf Sie hat. Es ist völlig in Ordnung, wenn Sie auf Ihr persönliches Empfinden Rücksicht nehmen und zunächst mit etwas Kleinem beginnen und erst nach und nach zu Wichtigerem übergehen. Sie werden dabei feststellen, dass Sie nicht allein sind und dass Ihr Gegenüber wirklich froh darüber ist, dass Sie das Thema offen und ehrlich aussprechen. Spüren Sie bewusst die Freiheit, die diese Offenheit mit sich bringt.

Kapitel sechs

Training für Ihren Ich-sag-ja-Muskel:
Seien Sie bereit, mit vollem Einsatz zu spielen

Nehmen Sie sich gleich jetzt eine Minute Zeit, und sprechen Sie das Wort *JA* laut aus. Sagen Sie es mit Emphase, genau wie in einem Augenblick des Triumphs, wenn Sie im Siegestaumel die Arme in die Luft werfen, die Faust über den Kopf recken oder mit einem Freund oder einer Freundin einschlagen. Spüren Sie die Kraft des JA!

Wenn wir Ja sagen zu unseren Träumen und Zielen, dann öffnet sich etwas in uns, was uns mit der ursprünglichen Lebenskraft verbindet. Wenn wir Ja sagen, dann wachsen wir über unsere Angst und Kleinheit hinaus und lassen zu, dass wir hören, annehmen und anpacken, wozu das Leben uns ruft. Dann tun wir Dinge, die unser Herz mit tiefster Freude erfüllen und unserer Zeit auf diesem Planeten einen Sinn geben.

Viele Menschen hängen da fest, wo sie sich sicher und zu Hause fühlen. Sie backen kleine Brötchen, weil sie Angst haben, Ja zu etwas Größerem zu sagen. Wenn wir immer nur auf Nummer sicher gehen, dann verläuft unser Leben stumpfsinnig und in ständigen Wiederholungen – es hat weder Höhepunkte noch Tiefe. Mit einem starken Ich-sag-ja-Muskel können wir unsere Leidenschaften annehmen und unsere Gaben in die Welt einbringen. Dann sind wir kreativer und mit mehr Begeisterung bei der Sache. Das Leben macht mehr Spaß!

Manchmal heißt Ja-Sagen aber auch, Nein zu alledem zu sagen, was uns ablenkt – zu den Menschen, Orten und Ereignissen, die uns nicht dienen und uns weiter von unseren Zielen wegführen. Zeitweise gehören wir sogar selber dazu. Manchmal stehen unser eigenes Verhalten, unsere Gewohnheiten und Entscheidungen unserem Erfolg im Weg. Nein-Sagen ist eine starke positive Kraft, wenn wir eine Grenze setzen oder über eine schlechte Angewohnheit hinauswachsen wollen, die uns hinunterzieht. Wir dürfen nur beim Nein nicht stehen bleiben. Sobald wir es ausgesprochen haben, müssen wir wieder den Weg zurück zum Ja finden.

Ich will damit nicht sagen, Sie sollten wie ein Fußabtreter alles ertragen und zu allem und jedem Ja sagen. Benutzen Sie bei allen Entscheidungen Ihren gesunden Menschenverstand und Ihr Urteilsvermögen. Aber wenn Sie zu den richtigen Dingen Ja sagen – zu den richtigen Menschen, Chancen und Entscheidungen –, dann werden Sie immer für Neues offen sein und wachsen können. Ja ist der Motor, der das Gesetz des *Egal was passiert* antreibt und Sie Ihrem Schicksal, Ihrem höchsten Ziel näher bringt.

Bis zu einem gewissen Grad hatte ich bereits gelernt, Ja zu dem zu sagen, was das Leben mir bietet. Als ich aber gebeten wurde, die nächsthöhere Leistungsstufe zu erklimmen und dabei an die Grenzen dessen stieß, was ich zu können glaubte und meine wohlgeordnete Welt ordentlich durcheinandergerüttelt wurde, da widersetzte ich mich doch. Die Entwicklung meines Ich-sag-ja-Muskels verlief in zwei Stufen: Zuerst musste ich annehmen, *wozu* ich berufen war und dann musste ich Ja dazu sagen, es tatsächlich auch zu *tun*.

Gott hat mich in seiner Wahlwiederholung

Mir ging es prima. Mit den Muskeln, die ich bis dahin entwickelt hatte – also mit meinem Verständnis-Muskel, meinem Ich-glaub-an-mich-Muskel, meinem Ich-pack's-an-Muskel, meinem Ich-weiß-was-ich-weiß-Muskel und meinem Ehrlichkeits-Muskel –, hatte ich mir ein schönes Leben schaffen können. Der zweijährige Jelani und ich genossen unsere Mutter-Sohn-Beziehung in vollen Zügen, und meine Karriere hatte Fahrt aufgenommen. Inzwischen war ich von der Trainerin in dem Software-Unternehmen zur Beraterin bei zwei großen Organisationen aufgestiegen, die die wirtschaftliche und soziale Entwicklung in Central Los Angeles fördern sollten. Ich war mitverantwortlich für die Koordination und strategische Planung von Programmen zur Unterstützung von Eltern, damit deren Kinder weiter zur Schule gehen konnten.

Die Unterstützung, die wir boten, war umfassend. Sie erstreckte sich auch auf die Bereiche Gesundheit, Bildung, Verkehr und Wohnungswesen. Ob es nun um eine Mutter ging, die eine Tüte kostenloser Lebensmittel aus unserer Speisekammer brauchte, oder um einen Schüler, der keine Berechtigungsscheine für die Fahrt zur Schule hatte, oder um ein Kind, das eine Impfung oder medizinische Versorgung brauchte – wir halfen.

Eines Tages kam Stacy[4], eine geschiedene Mutter von vier Kindern, weinend zu uns und erklärte, ihr 14-jähriger Sohn Thomas habe sich einer Gang angeschlossen. Thomas hatte ihr anvertraut, dass er eigentlich gar nicht in einer Gang sein wollte, aber nicht wusste, wie er sonst dafür sorgen sollte, dass ihm und seinen drei jüngeren Geschwistern nichts passierte. Stacy hatte Angst um ihn und bat mich um Hilfe.

---

[4] Zum Schutz der Privatsphäre sind viele Namen in diesem Kapitel geändert.

Mein Herz flog ihr zu. Noch nie war eine Mutter zu mir gekommen, deren Kind einer Gang nur mit gemischten Gefühlen beigetreten war. Bisher hatte ich nur Erfahrungen mit Kindern, die bereits völlig in diesem Milieu aufgegangen waren. Aber so wie sie ihren Sohn beschrieb, gewann ich den Eindruck, dass es für ihren Sohn noch nicht zu spät war.

In den nächsten paar Monaten suchte ich fieberhaft nach einer Gruppe für Jugendliche, die drei Bedingungen erfüllen musste: Thomas musste darin frei und offen sprechen können und es musste gewährleistet sein, dass man ihm zuhörte; auch mussten ihm darin Mittel und Möglichkeiten an die Hand gegeben werden, die er in seiner momentanen Situation sofort umsetzen konnte, und die Gruppe musste so attraktiv sein, dass er immer wieder kommen würde und sie deshalb zu einem Zufluchtsort für ihn werden konnte. Entsetzt erfuhr ich, dass es eine solche Gruppe nicht gab. Die Gruppen, die ich fand, waren zu 90 Prozent für Kinder zwischen fünf und zwölf Jahren und die wenigen Einrichtungen für Jugendliche, die ich ausfindig machen konnte, hatten sehr lockere Strukturen. Sie boten den Jugendlichen zwar einen Ort, an dem sie sich aufhalten konnten, vermittelten ihnen aber nicht die emotionalen Fähigkeiten, auf die ich gehofft hatte.

Während meiner Suche traf ich mich einmal wöchentlich mit Thomas. Wir wurden gute Freunde und konnten uns stundenlang unterhalten, während er im Büro ehrenamtliche Arbeit verrichtete. Von Woche zu Woche erzählte er mir mehr über sich. Ich erfuhr, dass er in der Schule eigentlich besser war, als er es sich anmerken ließ, weil er nicht wollte, dass ihm die Schläger, die die guten Schüler verprügelten, etwas antäten; dass er seinen Vater ablehnte, weil der seine Mutter verlassen hatte, und dass er gerne Ingenieur werden wollte. Ich erzählte ihm aus meiner Kindheit und dem Leben zwischen zwei Gangs. Ich sagte ihm, dass Gang-Mitglieder in meinen Augen traurige Menschen wären, die sich nach Verbundenheit sehnten, und dass ich glaubte, dass es für ihn einen anderen Weg gäbe. Ich erklärte ihm, dass ihm die Stärke und die Intelligenz, die ich bei ihm wahrnahm, eine bessere Zukunft ermöglichen würden.

Oft spielten wir ein Spiel, bei dem wir abwechselnd die Möglichkeiten beschrieben, die wir füreinander in der Zukunft sahen. Dann sagte ich zum Beispiel: »Thomas, ich sehe für dich eine große Karriere als Ingenieur voraus«, und er erwiderte: »Ms. Nichols, ich sehe voraus, dass Sie eines Tages eine sehr erfolgreiche Vortragsrednerin sein werden«, und so weiter. Wir malten einander die Zukunft aus, und das versetzte ihn in die Lage, sich etwas Größeres und Besseres für sich selber vorzustellen. Auch für mich waren seine Worte heilsam und inspirierend.

Als ich entdeckte, wie gut er Dinge reparieren könnte, bat ich die Hausmeister, die Sachen, die im Büro repariert werden mussten, für Thomas liegen zu lassen. Auf das, was er repariert hatte, klebten wir kleine Schildchen: repariert von Thomas. Er mochte diese sichtbare Anerkennung seiner Erfolge sehr und sah sich schon bald von sich aus nach Reparaturbedürftigem um. Man konnte richtig sehen, wie sein Stolz und Selbstwertgefühl wuchsen, als er sich nach und nach all seiner Talente bewusst wurde. Mit der Zeit wurde mir klar, dass, zumindest bis ich etwas anderes gefunden hatte, mein Büro als Zufluchtsort für Thomas dienen musste. Auch wenn ich in der begrenzten Zeit, die wir miteinander verbrachten, nicht alles würde tun können, was ihm helfen könnte. Ich sah, dass er dem Milieu entkommen wollte, in das er hineingeraten war, aber zwischen den Terminen bei mir war er immer noch mit seiner neuen Gang unterwegs.

Dann, sechs Monate nach Stacys erstem Besuch, kam der Anruf, der mir den Sinn meines Daseins felsenfest klarmachen und mein Leben vollkommen verändern sollte.

»Ms. Nichols, hier ist Stacy, Thomas' Mutter.« Ich merkte

gleich, dass sie geweint hatte und spürte, wie sich mir der Magen vor Angst zusammenkrampfte. »Gestern Abend wurde Thomas von einer anderen Gang erschossen.«

Weckerklingeln

Manchmal sind Weckrufe wie ein sanftes Antippen an der Schulter, andere Male wieder hauen sie einen beinahe um und ganz selten sind sie wie eine Bombe, die direkt über dem eigenen Kopf explodiert. Bestimmt kennen Sie solche Momente auch. Ganz egal, mit welcher Intensität er kommt, ein solcher Vorfall lässt uns innehalten und bietet Gelegenheit, unser Leben und die Konsequenzen unseres Tuns gründlich zu überprüfen.

Die Nachricht, dass Thomas erschossen worden war, schlug ein wie eine Bombe. Ich erinnere mich, dass ich nach Luft schnappte, vornüberfiel und mir die Hand vor den Mund hielt. Ich konnte es einfach nicht glauben. Als ich wieder reagieren konnte, brachte ich es gerade einmal fertig, der Mutter mein Beileid auszusprechen und ihr anzubieten, für sie zu beten. Dann fragte ich sie, was ich tun könnte, um ihr zu helfen. Sie bat mich, bei der Beerdigung zu sprechen und ich versprach es ihr.

Ich wollte mich schon verabschieden, da sagte Stacy: »Ms. Nichols, ich möchte Ihnen noch etwas erzählen. Erst gestern Morgen hat Thomas zu mir gesagt: ›Mom, ich glaube, Ms. Nichols ist die einzige Erwachsene, die mich wirklich versteht. Sie gibt sich große Mühe, eine Gruppe für mich zu finden, in die ich gehen könnte, aber ich glaube, sie sollte selber eine aufmachen. Sie macht ja schon was mit mir, und ich glaube, das würde mit anderen auch klappen.‹ Ich dachte, vielleicht interessiert Sie das.«

Diese Worte erschütterten mich wiederum zutiefst. Ich hatte

für Thomas getan, was ich konnte, aber es war zu wenig gewesen und zu spät. Ich saß an meinem Schreibtisch und weinte – um Stacy, um Thomas und um mich.

Die Beerdigung war schwierig. Ich sprach meine Abschiedsworte und versuchte, seine Familie und seine Freunde zu trösten, aber dabei fühlte ich mich die ganze Zeit so hilflos und schuldig. Danach gingen mir Thomas' Worte noch wochenlang durch den Kopf und setzten mir zu. Ich musste der Wahrheit ins Gesicht sehen, die er ausgesprochen hatte, und fragte mich immer wieder, was mein Anteil an seinem Schicksal gewesen war.

Mein innerer Aufruhr schwoll noch mehr an, als meine Höhere Macht mir im Herzen leise zuflüsterte, ich solle selbst aktiv Hilfsprojekte für Jugendliche wie Thomas entwickeln. Ich gab mir große Mühe, die inneren Signale, die ich pausenlos erhielt, zu überhören. Aber Gott hatte mich in seiner Wahlwiederholung – und bat mich daher immer wieder, den Kontakt zu Jugendlichen zu suchen, sie zu inspirieren und ihnen zu einem anderen Leben zu verhelfen.

Immer wenn ich diesen Ruf verspürte, brachte ich dieselben Ausreden vor: Ich war nicht dafür qualifiziert. Ich hatte weder einen entsprechenden Abschluss noch eine Zusatzausbildung, noch überhaupt die Fähigkeiten dazu. Ich musste bei null anfangen und ein Programm für eine Gruppe entwerfen, die es gar nicht gab. Und das Wichtigste natürlich: Als allein erziehende Mutter brauchte ich einen sicheren Arbeitsplatz, den ich jetzt hatte. Aber diese Ausreden halfen alle nichts.

Wieder und wieder spürte ich, wie Gott mich anstupste und mir vermittelte, ich solle endlich nicht mehr auf Nummer sicher gehen. Er hatte mich nicht umsonst durch diese schwierigen Jahre gebracht: Er wollte, dass ich zurückschaute, die Hand ausstreckte und mir ein paar Jugendliche schnappte – oder auch eine Million oder zehn Millionen Jugendliche – und ihnen beibrachte, wie man schwere Zeiten übersteht, genau wie ich das auch hatte lernen müssen.

Ihrem Ruf folgen

Verspüren Sie vielleicht einen sanften Anstoß in Ihrem Innern, mit Ihrem Leben etwas anderes anzufangen? Winkt Ihnen eine bessere Zukunft? Wenn ja, wie reagieren Sie? Wenn Ihr Ich-sag-ja-Muskel schwach ist, geben Sie sich wahrscheinlich größte Mühe, diese Impulse zu ignorieren. Vielleicht lassen Sie sich von Versagensängsten oder aus einem Sicherheitsbedürfnis heraus oder auch durch die verqueren Meinungen anderer davon abhalten. Genau wie ich, bevor ich endlich bereit war, mein Schicksal anzunehmen.

Viele Menschen erfreuen sich in finanzieller Hinsicht einer gewissen Sicherheit und Stabilität, empfinden aber kaum inneren Frieden und tiefe Zufriedenheit. Wenn Sie in einem Beruf arbeiten, der Ihre Ausgaben deckt, Sie aber nicht begeistert, dann wissen Sie, was ich meine. Mechanisch erfüllen Sie Tag für Tag Ihre Pflicht, aber mit dem Herzen sind Sie nicht dabei. Tief im Inneren wissen Sie, was Sie tun sollten, aber aus irgendeinem Grund glauben Sie, Sie könnten es nicht. Und manchmal ist Ihre wahre Bestimmung so tief in Ihnen vergraben, dass Sie nicht einmal wissen, dass es sie überhaupt gibt.

Eines Tages aber wird sich diese innere Stimme nicht mehr ignorieren lassen. Was Sie auch tun, Sie können ihr dann nicht mehr entkommen. Sie meldet sich in Augenblicken der Ruhe und hält Sie womöglich sogar nachts wach. Der erste Schritt zur Stärkung Ihres Ich-sag-ja-Muskels besteht darin, dass Sie sich dem Zuhören öffnen – dass Sie zumindest dazu Ja sagen, zuzuhören, was Ihr Herz und Ihre Seele zu sagen haben.

Tun Sie einfach so, als müssten Sie sich überhaupt nicht ändern, und fragen Sie sich nur: *Wozu bin ich berufen?* Stellen Sie Ihre Ängste im Augenblick einmal hintan, und sehen Sie gut hin. Vielleicht haben Sie noch keine Ahnung, worin Ihre Berufung besteht. Dann bedeutet Ja-Sagen für Sie einfach nur, folgende Fragen zu beantworten: »Was sind meine Gaben? Worin bin ich gut und wie kann ich anderen dienen?« Schalten Sie den Lärm ab, der aus Ihrem äußeren Leben zu Ihnen hereindringt, und hören Sie zu. Lassen Sie zu, dass sich von innen heraus Klarheit über Sinn und Zweck Ihres Lebens einstellt.

Wenn Sie sich schließlich über Ihre Berufung im Klaren sind, dann ist es sehr gut möglich, dass die Menschen in Ihrer Umgebung das nicht verstehen. Warum? **Weil Ihre Berufung keinem anderen gegeben wurde. Sie wurde *nur Ihnen* erteilt.** Es ist, als hätten Sie eine ganz bestimmte Aufgabe erhalten, die einzig und allein Sie selbst erfüllen können. Und es ist Ihre Aufgabe, diese Berufung zu pflegen, sie wachsen zu lassen, sie zu schützen und sie in Ihre Lebensplanung einzubeziehen, damit Sie in dieser Welt den Beitrag leisten können, der Ihnen bestimmt ist.

Als ich dann tatsächlich daran dachte, mit Jugendlichen zu arbeiten, teilte zunächst niemand diese Vision mit mir. Wenn ich erzählte: »Ich möchte Jugendlichen beibringen, wie sie sich selbst lieben und integre Entscheidungen treffen können«, dann sagte jeder nur: »Oh Schreck!« Alle dachten, ich müsse verrückt sein, mit Jugendlichen arbeiten zu wollen, und die meisten hielten bereits den Versuch für reine Zeitverschwendung.

Womöglich verspüren auch Sie eine Berufung, die anderen ebenfalls »verrückt« vorkommt. Vielleicht sollen Sie sich selbstständig machen, mit Obdachlosen arbeiten oder in eine andere Stadt ziehen, weil sich Ihnen dort eine Chance bietet, die Ihr ganzes Leben verändert. Was immer es ist, heißen Sie die Leidenschaft und die Begeisterung, die Sie verspüren, willkommen und lassen Sie sich von den ablehnenden Bemerkungen anderer nicht entmutigen. Wenn Sie bereit sind, Ihre Berufung anzunehmen, *egal, was* es ist, dann können Sie anfangen, Ihren Ich-sag-ja-Muskel zu entwickeln und aufzubauen.

Wie kalt ist das Wasser?

Zwar war ich nicht bereit, Ja zu einer Vollzeit-Tätigkeit mit Jugendlichen zu sagen, aber ich wollte immerhin sozusagen meinen großen Zeh ins Wasser strecken, um vorzufühlen, wie kalt es ist. Also sprach ich ehrenamtlich bei Ortsverbänden des Christlichen Vereins Junger Frauen und in Mädchenclubs. Außerdem hielt ich Workshops für Jugendliche bei den Income Builders International (IBI), einem Netzwerk mit Coaching-Angeboten für Existenzgründer, von dem ich auch selbst privat wie beruflich wichtige Unterstützung bekommen hatte.

Genau wie ich es schon bei meinen ersten Kundentrainings bei dem Software-Hersteller empfunden hatte, war es für mich einfach wunderbar, andere positiv beeinflussen zu können. Ich war gern mit den Jugendlichen zusammen, und an ihren Reaktionen konnte ich ablesen, dass ich eine effektive Methode gefunden hatte, wie ich sie erreichen konnte.

Immer wieder erlebte ich, dass ich dem Leben eines jungen Menschen eine neue Richtung geben konnte.

Als ich Heather kennenlernte, ein rebellisches junges Mädchen im Alter von 15 Jahren, saß sie bereits eine Jugendstrafe wegen Mittäterschaft bei einem Mordversuch ab. Heathers Mutter, der ich bei einer Veranstaltung des IBI begegnet war, bat mich inständig einzugreifen und ihrer Tochter zu helfen. Von da an arbeitete ich ein Jahr lang mit Heather. Ich half ihr, sich ihren Dämonen zu stellen, Verantwortung zu übernehmen und schließlich ihre Freiheit, eine klare Richtung und die Fähigkeit zu gewinnen, die richtigen Entscheidungen zu treffen.

Dann gab es da Tamara, die mich in vielerlei Hinsicht an mich selber erinnerte, als ich in ihrem Alter war. Sie war Schülervertreterin, Vertrauensschülerin, die ihre Mitschülerinnen und Mitschüler beriet. Sie hatte einen beeindruckenden Notendurchschnitt von 3,8 (die beste Note ist 4, Anm. d. Übers.). Eines Abends Ende Mai rief sie mich zu Hause an. »Ms. Nichols, Sie erinnern sich bestimmt nicht an mich, aber ich habe Sie vor zwei Jahren beim CVJM gehört«, begann sie. »Ich wurde an sechs Universitäten angenommen, aber ich will an keine von ihnen gehen.«

Überrascht sowohl von ihrem Anruf als auch von dem, was sie sagte, fragte ich, warum sie das nicht wollte.

»Weil ich hier sitze und meinen Abschiedsbrief schreibe, bevor ich mich umbringe. Ich rufe Sie an, weil ich dachte, vielleicht könnten Sie mir ja helfen. Sie sind meine letzte Hoffnung.«

Ich dachte an Thomas und wusste, dass ich unbedingt versuchen musste, diesem Mädchen das Leben zu retten. Ich fragte sie, ob wir uns am folgenden Tag sehen könnten. Als ich am nächsten Nachmittag aus meinem Bürofenster schaute, sah ich eine hübsche junge Frau vor dem Gebäude. Sie sah sich unsicher um. Ich rannte aus dem Büro. Sie wandte sich gerade zum Gehen, deshalb rief ich hinter ihr her: »Tamara!« Das verblüffte Mädchen ließ sich von mir nach drinnen begleiten. Sie erzählte mir, dass sie im Alter von zehn Jahren missbraucht worden und wiederholt von ihrer Mutter geschlagen worden war. Sie hatte versucht, ihren Schmerz mit Alkohol und Sex zu betäuben, aber nichts hatte ihren inneren Aufruhr wirklich lindern können.

Gemeinsam machten wir uns auf den Weg der Heilung: Tamara besuchte meine Workshops für Jugendliche, leistete Vergebungs- und Selbstliebe-Arbeit vor meinem Badezimmerspiegel und erlaubte mir, dass ich sie bei der Anmeldung am College begleitete. Der äußeren Schale aus Schmerz und Leid entstieg eine schöne, selbstbewusste junge Frau. Sie verließ das College mit einem Abschluss in Psychologie und dem Wunsch, beratend mit gefährdeten Jugendlichen zu arbeiten.

Zu jener Zeit suchte ich auch Kontakt zu Frauen, die sich

nach einem Drogenentzug in der Rekonvaleszenzphase befanden. Meinen ersten bezahlten Vortrag hielt ich vor einer Gruppe kokainabhängiger lesbischer Frauen. Ich erzählte ihnen von meinen eigenen harten Lektionen und entdeckte dabei zwei wichtige Dinge: Auch wenn ich selber verletzt worden war, konnte ich doch eine Heilerin sein, und bestimmte Wahrheiten galten für alle Menschen. So zum Beispiel, dass die Zukunft nie so sein muss, wie die Vergangenheit war; dass glücklich zu sein unser Geburtsrecht ist und dass wir nicht ewig für unsere Fehler bezahlen müssen. Auch wenn ich in einer anderen Lebenssituation war als diese Frauen, sah ich mich selbst in jeder von ihnen, und sie sahen sich in mir. Gemeinsam arbeiteten wir alle daran, unseren persönlichen Weg zu akzeptieren und eine bessere Zukunft zu gestalten.

Diese Erlebnisse und viele weitere dieser Art erfüllten mich mit Begeisterung und Selbstvertrauen und ließen die Zweifel an meinen Fähigkeiten versiegen. Außerdem wurde es für mich durch diese Erfahrungen immer schwerer, Nein zu dem zu sagen, was ich in meinem Herzen bereits als meine Lebensaufgabe erkannt hatte.

Beginnen Sie mit kleinen Jas

Die Entwicklung Ihres Ich-sag-ja-Muskels beginnt mit einem einzigen kleinen Ja. Als Erstes akzeptieren Sie den Ruf und dann tun Sie etwas dafür. Das erste Ja führt zum zweiten, das zweite zum dritten und immer so weiter. Beim Ja-sagen geht es nie um alles oder nichts. Sie müssen nicht alles aufgeben, was Sie bisher getan haben; Sie brauchen weder zu kündigen noch sich in völlig neue Unternehmungen zu stürzen. Das Geheimnis liegt darin, mit Ihren Träumen zu experimentieren, ohne Ihren Lebensunterhalt zu gefährden.

Spannen Sie Ihren Ich-sag-ja-Muskel an, indem Sie zunächst

Möglichkeiten finden, sich Grundlagen zu erarbeiten. Sie können auf dem Gebiet Ihrer Berufung ehrenamtlich arbeiten wie ich oder Kurse besuchen, die sich direkt darauf beziehen. Wenn Sie das Gefühl haben, zum Schriftsteller oder zur Schriftstellerin berufen zu sein, aber noch nie einen entsprechenden Kurs besucht und grundlegende Schreibtechniken erlernt haben, dann nehmen Sie sich jeden Tag ein wenig Zeit zum Schreiben. Und dann sehen Sie zu, dass Sie sich bei einer Volkshochschule oder in einer anderen Erwachsenenbildungs-Einrichtung zu einem Kurs anmelden können. Wenn Sie sich dafür begeistern, Grundschulkinder zu unterrichten, dann nehmen Sie sich jeden Tag 20 Minuten Zeit, um herauszufinden, welche Qualifikationen Sie dafür brauchen. Überlegen Sie, ob Sie in der Zwischenzeit nicht ehrenamtlich an einer Schule in Ihrer Nähe arbeiten könnten, einfach in einer Funktion, die Ihnen möglich ist. Kleine Jas geben Ihnen die Möglichkeit, die notwendigen Informationen einzuholen und sich sorgfältig auf eine vielleicht größere Aufgabe vorzubereiten.

Das Entscheidende ist, dass Sie etwas tun – egal, was –, bei dem Sie mit Ihrer Berufung in Kontakt sind, selbst wenn es nur ein klitzekleines Schrittchen ist. Schon ein winziger Anstoß in die richtige Richtung kann viel bewirken. Ihr Selbstvertrauen wächst. Sie überwinden Ihre Ängste – zumindest diejenigen, die Ihnen am Anfang im Wege standen. Mit jeder Erfahrung gewinnen Sie etwas mehr Klarheit und die Bestätigung, die Sie brauchen, um sich weiter auf Ihr endgültiges Ziel zuzubewegen. Und dann werden Sie, genau wie ich, plötzlich Ergebnisse sehen, die Ihnen wie ein Wunder vorkommen. Das ist dann das Universum, das Ihnen sagt: »Ja, ja, ja... mach weiter so!« Und tief im Inneren wissen Sie, dass Sie etwas tun, was so wichtig ist, dass Sie niemand davon abhalten kann.

Die Entwicklung Ihres Ich-sag-ja-Muskels hat aber auch noch eine zweite Ebene. Ihre Berufung bedeutet nicht nur, dass Sie Ihre Lebensaufgabe finden sollen. Es geht dabei auch darum, Ihre Leidenschaft zu entdecken, also diejenigen Tätigkeiten, die Sie mit größter Freude erfüllen und die für Sie zu einem erfüllten Leben dazugehören. Für mich ist das der afrikanische Tanz; er erfüllt mich mit Glückseligkeit. Aus verschiedenen Gründen habe ich mit dem Tanzen aufgehört, als mein Sohn geboren wurde – ich hatte keine Zeit mehr, hatte zugenommen und so weiter. Als mir neulich aber klarwurde, dass sich mein Herz 13 Jahre lang zutiefst danach gesehnt hatte, wieder zu tanzen, nahm ich diese Gelegenheit zum Training für meinen Ich-sag-ja-Muskel wahr und meldete mich zu einem Kurs an, der einmal in der Woche stattfindet.

Wonach sehnt sich Ihr Herz? Vielleicht möchten Sie montags Yoga machen, dienstags wandern und freitags mit Ihren besten Freunden ein leckeres Essen kochen. Ihre Leidenschaft könnte auch sagen: »Nimm dir zehn Minuten Zeit zum Malen« oder: »Geh raus in den Garten und sing« oder: »Dreh heute Abend die Musik auf und tanze«. Achten Sie darauf, dass Sie nie die Dinge aus den Augen verlieren, bei denen Sie sich wunderbar und durch und durch lebendig fühlen. Das Ziel ist, dass Sie Ihre Tage mit Tätigkeiten ausfüllen, die Sie aus vollem Herzen und mit tiefer Befriedigung tun; Tätigkeiten, in denen Sie gut sind und in denen Sie sich voll und ganz entfalten können.

Alle meine kleinen Jas im Zusammenhang mit den Jugendlichen und den drogenabhängigen Frauen haben mich auf das große Ja vorbereitet. Schließlich wurde es so unerträglich, meine Träume zu unterdrücken und immer nur kleine Brötchen zu backen, dass ich es keine Minute länger aushalten konnte. Mein wahres Ich und meine wahre Bestimmung brachen im wahrsten Sinne des Wortes aus mir heraus – in aller Öffentlichkeit.

Mein Ja zu meinem Traum

Als Kursleiterin am IBI konnte ich an vielen inspirierenden Kursen teilnehmen, die die Organisation anbot. Eines Tages bat uns die Leiterin eines Workshops, an dem ich teilnahm, mit geschlossenen Augen Dr. Martin Luther Kings Rede »I Have a Dream« anzuhören. So sollten wir mit unserem eigenen Traum in Verbindung kommen. Diese Übung wühlte mich so sehr auf, dass ich in Tränen ausbrach und aus dem Raum lief.

> **Ich bin nicht allein**

Wenn Sie Ihre momentane Situation in die Zukunft projizieren – wie fühlt sich das an? Haben Sie sich Ihr Leben so vorgestellt? Wir gehen gern auf Nummer sicher, auch auf Kosten unserer Lebensfreude. Schlussendlich aber ist die Vorstellung, immer klein zu bleiben, schlimmer als die Scheu vor dem Risiko zu wachsen.

Kreuzen Sie ein Kästchen an, wenn Sie sich schon einmal so gefühlt haben. Kreuzen Sie zwei Kästchen an, wenn Sie schon ein paarmal in Ihrem Leben mit diesem Dilemma gerungen haben. Kreuzen Sie drei Kästchen an, wenn Ihnen diese Erfahrung nur allzu vertraut ist.

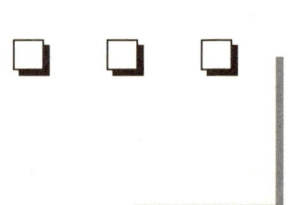

Im Flur setzte ich mich und versuchte zu verstehen, warum Dr. Kings Rede mich so aufwühlte. Schnell wurde mir klar, dass sie alle Ängste schürte, die für mich mit meinem Traum verbunden waren. Ich schaute noch tiefer in mich hinein und erkannte dann, dass ich, wenn ich meiner Berufung nicht nachging und lieber in meiner sicheren kleinen Welt blieb, immer nur ein mittelmäßiges Leben führen würde. Aber das wollte ich auf gar keinen Fall – und diese Erkenntnis wühlte mich sogar noch mehr auf.

Da ich nun den Schmerz nicht mehr ertragen konnte, den mein Nein zu meinen Träumen mit sich brachte, atmete ich tief durch und sagte Ja. Die Erleichterung war überwältigend. Ich hatte am ganzen Körper Gänsehaut und die Tränen – dieses Mal solche der Freude und der gespannten Erwartung – liefen mir über die Wangen. Eine riesige Last wich mir von den Schultern und mir war, als wüchsen mir Flügel. Ich hatte eine Tür geöffnet und eine Welt betreten, die mich mit ihrer Freude und ihren vielversprechenden Aussichten förmlich blendete. Jetzt wollte ich nicht mehr zurück! Nun musste ich nur noch – um mit Thoreau zu sprechen – meinen »Luftschlössern« ein solides Fundament geben.

Verbindlich Ja sagen und mit beiden Beinen losspringen

Ein starker Ich-sag-ja-Muskel lässt Sie Ihre vermeintlichen Grenzen überwinden. Wenn Sie voll und ganz Ja sagen – wirklich voll und ganz –, dann lassen Sie alle Ausreden und Zweifel hinter sich und nehmen Ihre Berufung an; Sie stellen sich für alles zur Verfügung, was möglich ist.

Man stolpert nicht einfach in ein Ja und man fällt auch nicht hintüber hinein. Ja zu sagen ist ein bewusster Akt. Ein Ja braucht eine klare Intention. Jeder große Musiker, Sportler, Künstler, Arzt, alle guten Eltern und jeder gute Unternehmer musste mit voller Absicht Ja sagen. Wenn Sie Ja zu Ihrer Vision sagen, dann muss dies genauso absichtsvoll geschehen.

Ein Ja auf diesem Niveau bedeutet: »Ich will mit vollem Einsatz spielen!« Das Leben hat Sie zu dem Spiel aufgerufen, für das Sie geboren wurden. Wahrscheinlich kennen Sie noch nicht alle Regeln und die richtigen Strategien, die zum Sieg führen, aber das kommt mit der Zeit und mit wachsender Erfahrung. Am Anfang brauchen Sie nichts weiter als ein aufrichtiges Engagement und die Zuversicht, dass Sie den Rest nach und nach schon herausfinden werden. Das bedeutet, dass auch Ihr Ich-weiß-was-ich-weiß-Muskel zum Einsatz kommt, denn Sie lassen sich auf ein Abenteuer ein, bei dem Sie noch nicht unbedingt wissen, wie es ausgeht.

Wenn Sie Ja sagen, heißt das nicht, dass alle Ängste verschwinden. Wenn Sie Ja sagen, bedeutet das, dass Sie sich selbst die Erlaubnis geben, in größeren Dimensionen zu denken und zu handeln als je zuvor – *selbst wenn Ihnen dabei die Knie schlottern und Sie mit den Zähnen klappern*. Wahres Engagement bedeutet, der Angst ins Gesicht zu sehen und trotzdem Ja zu sagen. Dann verkörpern Sie die Egal-was-passiert-Energie: *Egal, was passiert*, ich mach es!

Planen Sie die Verwirklichung Ihres Traums

Mit meiner neu gewonnenen Klarheit und Hingabe machte ich mich an die Planungen zur Gründung meines eigenen Unternehmens. Ich nannte es *Motivating the Teen Spirit*. Als Erstes arbeitete ich am Entwurf eines Geschäftsmodells. Ich war Anfängerin auf dem Gebiet und wusste zwar, wie man ein Kassenbuch führt, aber nicht, wie man den voraussichtlichen Cashflow ermittelt. Also fing ich klein an. Ich wusste, ich brauchte Material, das ich an potentielle Klienten und Investoren versenden konnte. Also wandte ich mich an einen befreundeten Grafikdesigner, der mein Vorhaben, Jugendliche zu fördern und zu inspirieren, unterstützte. Als Gegenleistung für neue Visitenkarten und Flyer bot ich ihm an, ein paarmal ganz groß für ihn zu kochen.

Dann eröffnete ich ein zweites Bankkonto, nannte es »Für

meinen Traum« und überwies Monat für Monat jeden Cent, den ich entbehren konnte, auf dieses Konto. In die Zeile »Verwendungszweck« schrieb ich »Finanzierung meines Traums«. Manchmal waren es immerhin bis zu 40 Prozent meines Gehalts. Ich knapste ab, was ich nur konnte, um es auf dieses Konto einzuzahlen. Haare und Nägel machte ich mir fortan selbst. Ich kaufte Nahrungsmittel auf Vorrat und kochte selbst, statt essen zu gehen. Ja, ich fuhr sogar auf einer anderen Strecke von der Arbeit nach Hause, damit ich nicht am »großen gelben M« vorbeikam, in das Jelani so gern ging. Und ich gab meinen schicken Wagen in Zahlung und legte mir vom Erlös ein sparsameres Modell zu.

Diese Strategie erwies sich gleich in mehrfacher Hinsicht als nützlich. So konnte ich nicht nur Geld für die Gründung meines eigenen Unternehmens sparen, sondern ich sah auch meine momentane Arbeitsstelle aus einer neuen Perspektive. Bisher hatte ich sie eher als Hindernis betrachtet, das zwischen mir und dem stand, was ich wirklich tun wollte, weil sie mir Sicherheit bot. Jetzt war mein Job für mich der erste Gründungsinvestor für mein eigenes Unternehmen und stellte mir die Mittel für meine Zukunftssicherung zur Verfügung. Das bewirkte eine enorme Veränderung meiner Energie: Fortan arbeitete ich jeden Tag nicht nur, um meine Rechnungen bezahlen zu können, sondern auch, um meinen Traum zu finanzieren. Ich entdeckte eine langfristige und eine kurzfristige Rendite für meine Arbeit. Meine Arbeitshaltung war ohnehin bereits gut gewesen, aber mit dieser neuen Perspektive wurde sie noch besser.

Im Laufe von zweieinhalb Jahren konnte ich 62.000 Dollar auf die Seite legen. Bereit, die nächsten zwei Jahre von 31.000 Dollar jährlich zu leben, während ich mein Unternehmen zum Laufen brachte, wagte ich den Sprung und ließ meinen Job mitsamt meinem sechsstelligen Jahreseinkommen, Krankenversicherung und bezahltem Urlaub hinter mir.

Während des nächsten halben Jahres arbeitete ich von lange

vor Sonnenaufgang bis lange nachdem ich Jelani ins Bett gebracht hatte an der Gestaltung meines neuen Unternehmens. Ich verwendete sehr viel Zeit darauf, von erfahrenen Fachleuten etwas über Finanzen, Unternehmensfinanzierung, Investorenanwerbung und Marketing zu lernen. Wie ein Schwamm saugte ich alles auf, was ich nur konnte, um meine sehr rudimentären Kenntnisse auf diesen Gebieten zu verbessern. Am Anfang kam mir das alles spanisch vor, und ich musste meinem negativen Geplapper oft mit der Stopp-Taste den Mund stopfen. Ständig wollte es mir einreden, ich würde diese Bankersprache, in der dauernd von »Private Placement Memorandums« (Verkaufsunterlagen für den außerbörslichen Verkauf von Vermögensgegenständen, Anm. d. Übers.), »Term Agreements« (befristete Vereinbarungen über Investitionen, Lieferungen etc., Anm. d. Übers.) und »Return on Investmemt« die Rede war, nie kapieren.

> **Ich bin nicht allein**

Haben Sie schon einmal etwas Neues begonnen und erst hinterher gemerkt, wie viel Sie noch nicht wissen? Wenn wir unsere negativen Selbstgespräche nicht in den Griff bekommen, dann trauen wir uns vielleicht nicht, um Hilfe zu bitten oder noch schlimmer: schieben unseren Traum auf – vielleicht sogar für immer.

Kreuzen Sie ein Kästchen an, wenn Sie dieses Gefühl ansatzweise kennen. Kreuzen Sie zwei Kästchen an, wenn Sie diese Angst oft verspüren. Kreuzen Sie drei Kästchen an, wenn Ihr negatives Geplapper über ein neues Vorhaben Sie überwältigt.

❏ ❏ ❏

Ich wusste, dass mein nächster Schritt »Fundraising« hieß. Also fragte ich meinen Anwalt, ob ich bei Sitzungen mit dabei sein dürfte, in denen er anderen Existenzgründern und Existenzgründerinnen erklärte, wie man Gründungsinvestoren gewinnt. Es dauerte sage und schreibe 33 Sitzungen, bis ich so viel verstanden hatte, dass ich die Fachbegriffe zu ganzen Sätzen verbinden konnte, die dann auch tatsächlich einen Sinn ergaben.

Meine neu erlernten Fähigkeiten nutzte ich für Präsentationen vor potentiellen Investoren. Darin bot ich ihnen die Möglichkeit, in ein Unternehmen zu investieren, das Jugendlichen beibrachte, wie sie sich selbst rückhaltlos lieben und integre Entscheidungen treffen konnten.

Nach Ablauf der zwei Jahre hatte ich über 530.000 Dollar für *Motivating the Teen Spirit* gesammelt. Jetzt war ich bereit, mein Engagement, das Leben von Jugendlichen in die richtigen Bahnen zu lenken, auf die nächste Stufe zu heben. Es war an der Zeit, Ja zu sagen zur Arbeit mit Jugendlichen nicht nur auf lokaler, sondern auf nationaler Ebene.

Planen Sie Ihre Leidenschaften und wachsen Sie in Ihre Berufung hinein

Wenn Sie Ja sagen zu Ihrer Berufung, so sagen Sie damit nicht automatisch Ja zu einem Leben in Knappheit, Mangel und Angst. Achten Sie Ihre Leidenschaften und Ziele, aber schätzen Sie dabei Ihre Grundbedürfnisse nicht gering. Denken Sie mal darüber nach: Sie können nicht kreativ und offen sein für Ihr höchstes Ziel, wenn Sie dabei hungern oder der Strom abgeschaltet wird und die Miete nicht bezahlt ist. Wenn für diese Notwendigkeiten nicht gesorgt ist, wird Ihnen nicht gelingen, wofür Sie auf der Welt sind.

Im Englischen gibt es die Redensart »When you fail to plan

you plan to fail« (Wer beim Planen versagt, der plant sein Versagen). Wenn Sie zu Ihrem Traum erst einmal Ja gesagt haben, dann gönnen Sie sich auch alle Instrumente und Mittel, die Sie dazu brauchen – und das Erste ist ein Plan.

Ein Plan hat drei Ebenen: Ziele, Meilensteine und Schritte. Beginnen Sie mit der umfassendsten Ebene und definieren Sie Ihr Ziel – den großen Traum, den Sie verwirklichen möchten. Danach markieren Sie die Meilensteine auf Ihrem Weg zum Ziel. Stellen Sie fest, wie viel und welche Arbeit nötig ist, damit Ihr Traum wahr wird, und unterteilen Sie die Meilensteine in konkrete Leistungen, die Sie in einem festgelegten Zeitrahmen schaffen können. Legen Sie danach die einzelnen Schritte fest, die erforderlich sind, damit Sie Ihre Meilensteine erreichen können: kleinere Aufgaben für jeden Tag oder jede Woche, die abgehakt werden können, wenn sie erledigt sind. Alle drei Ebenen Ihres Plans müssen klar und konkret sein – vernebelte Ziele regen nicht zum Handeln an.

Wenn Sie konsequent die notwendigen Schritte unternehmen, dann summieren sich die Erfolge und mit der Zeit erreichen Sie unausweichlich Ihre Meilensteine. Wenn Sie einen Meilenstein erreicht haben, dann nutzen Sie diese Gelegenheit und feiern Sie Ihren Fortschritt auf dem Weg zum Ziel.

Veranschlagen Sie einen machbaren Zeitraum, in dem Sie den jeweiligen Meilenstein erreichen wollen. Wenn Sie glauben, dass Sie es in zwölf Monaten schaffen können, dann genehmigen Sie sich 16 Monate. Lassen Sie sich etwas Luft. Denn Ihr übriges Leben steht ja nicht still, während Sie Ihre Berufung verfolgen. Wählen Sie Ihre Terminplanung so, dass Sie sich auch noch anderen Lebensbereichen zuwenden können, während Sie Ihren Plan umsetzen. Und dann machen Sie die ersten Schritte.

Solche Planungen brauchen Sie nicht alleine zu bewältigen. Es kann eine große Hilfe sein, wenn Sie sich an jemanden wenden, der oder die Ihnen mit Hinweisen, Unterstützung und

Wissen zur Seite stehen kann. Bitten Sie Menschen um Rat, die bereits getan haben, woran Sie gerade arbeiten und auf dem gleichen Weg schon etwas weiter sind. Allzu oft umgeben wir uns nur mit Gleichgesinnten, die uns auf diesem Weg am nächsten sind, die also ihrem Ziel schon genauso nah sind wie wir. Wenden Sie sich aber auch an Menschen, die bereits dort angekommen sind. Suchen Sie sich Mentorinnen und Mentoren, Coaches und Menschen, die Ihnen als Vorbilder dienen. Einige solche Menschen kennen Sie vielleicht schon, andere müssen Sie erst suchen. Wenn Sie von deren Entscheidungen lernen, von den guten ebenso wie von den schlechten, können Sie sich viele Ausgaben, zahllose Arbeitsstunden sowie jede Menge Stress und Sorgen ersparen.

Um schnellstmöglich voranzukommen, sollten Sie sich Organisationen und Netzwerken anschließen, in denen man sich gegenseitig unterstützt. Sie finden darin nicht nur Ermutigung und wertvolle Kontakte, sondern Sie können dadurch Ihre Zielvorgaben auch zuverlässiger einhalten. Wenn Sie Ihre geplanten Projektfortschritte – bis zu diesem Zeitpunkt werde ich das und das tun – vor der Gruppe offen aussprechen, bleiben Sie eher bei der Stange.

Ja zu sagen, bedeutet zugleich, Nein zu sagen zu allem, was Sie von Ihrem Ziel abbringt. Sieben oder acht Jahre lang erhielt ich immer noch Einladungen zu neuen Projekten. Aber wenn sie nichts mit der Stärkung von Jugendlichen zu tun hatten, lehnte ich höflich ab. Ja zu sagen, das bedeutete, meinen Traum zu gebären und auf Dauer für ihn da zu sein. Ich behütete, schmuste, pflegte und nährte ihn, bis er wahr geworden war. Ich ließ nicht zu, dass ich durch irgendetwas abgelenkt würde, was mich von diesem Prozess wieder abgebracht hätte.

Außerdem habe ich festgestellt, dass es enorm hilfreich sein kann und einen gut auf Kurs hält, wenn man seine Ziele aufschreibt und Tagebuch darüber führt, was man bereits erreicht hat. Nutzen Sie Ihr Egal-was-passiert-Tagebuch zugleich als ein Ja-Tagebuch. Halten Sie darin fest, wozu Sie Ja sagen wollen und wozu Sie auf dem Weg dahin bereits Ja gesagt haben.

Sie werden überrascht sein, wie sehr das Leben Ihnen und Ihren Plänen zu Hilfe kommt, wenn Sie erst einmal die Initiative ergriffen haben. Immer wenn Sie zu Ihrem eigenen Besten und zu dem Ihrer Mitmenschen aktiv werden, handelt das Universum mit demselben Engagement wie Sie. Die Menschen, Ereignisse, Informationen und Ressourcen, die Sie brauchen, kommen Ihnen entgegen, sobald Sie sich auf sie zubewegen. Es wirkt wie Zauberei, aber das ist es keineswegs. Die Menschen und Dinge werden vielmehr von Ihrer konzentrierten Aufmerksamkeit und Ihrem Handeln angezogen. Sie sind der Katalysator, der den Ball ins Rollen bringt. Wenn Sie Ja sagen und kraftvoll, klar und mit Begeisterung voranschreiten, reicht Ihnen das Universum die Hand und wird bereitwillig Ihr Partner.

Auf dem Weg zum Ziel muss Ihr Plan vielleicht verbessert und verändert werden. Deshalb bedeutet Ja zu sagen immer auch, Ja zu sagen zu Flexibilität und Beweglichkeit. An manchen Tagen können Sie felsenfest überzeugt auf Ihre Vision zusteuern und an anderen wieder scheint nichts an Ihrer Strategie so zu funktionieren, wie Sie es geplant haben. Sie brauchen womöglich mehr Geld oder mehr Zeit als zunächst erwartet; vielleicht müssen Sie die Richtung wechseln und womöglich sogar den Partner. Das alles ist vollkommen in Ordnung. Mit einem starken Ich-sag-ja-Muskel können Sie mit Ebbe und Flut des Lebens mitgehen, sich ausdehnen und zusammenziehen, geben und nehmen, ganz so, wie es gerade erforderlich ist.

Ihr Ehrlichkeits-Muskel hilft Ihnen, Ihre Vergangenheit und Gegenwart so anzunehmen, wie sie ist. Ihr Ich-sag-ja-Muskel hilft Ihnen, Ihre schönste und beste Vorstellung von der Zukunft zu realisieren. Immer wenn Sie zu den Inspirationen, die aus Ihrer Seele kommen, Ja sagen, tun Sie einen weiteren Schritt auf Ihre Bestimmung und damit auf den Grund zu, warum Sie auf diesem Planeten geboren wurden. Mit jedem Ja füllen Sie ein wenig mehr Entschlossenheit in Ihren Tank. Sie füllen damit auch ein wenig mehr Selbstsicherheit, ein wenig mehr Klarheit, ein wenig mehr Leidenschaft und Begeisterung hinein, bis Sie eines Tages feststellen, dass Ihre Jas Sie in einen Zustand der Überfülle versetzt haben. Dann hat Ihr Leben auch Einfluss auf das Leben anderer, und Sie können Spuren in der Welt hinterlassen, die Sie überdauern werden. Mit einem starken Ich-sag-ja-Muskel erfahren Sie ein Leben voller Glanz und Freude und nicht nur einzelne freudvolle Momente. Deshalb glaube ich, dass Ja zu sagen der Schlüssel zu wahrer Lebendigkeit ist.

Stärken Sie also Ihren Ich-sag-ja-Muskel, indem Sie

1. hören und annehmen, wozu das Leben Sie beruft;
2. vorsichtig erste Schritte unternehmen, indem Sie in kleinen Dingen Ja sagen;
3. bereit sind, mit vollem Einsatz zu spielen und
4. praktische Strategien formulieren, wie Sie Ihre Träume in der Realität leben können.

Mit den folgenden *Beflügelnden Ersten Schritten* können Sie diesen Prozess kraftvoll in Gang bringen.

Beflügelnde Erste Schritte

Jeder Mensch hat eine höhere Lebensaufgabe, die er tief im Inneren auch kennt, aber im Alltagsgetriebe kann sie ab und zu untergehen. Die folgenden Ersten Schritte rücken Ihre höhere Lebensaufgabe wieder in den Vordergrund und helfen Ihnen, einen Plan zu entwickeln, wie Sie diese Aufgabe in Ihrem Tempo erreichen können.

1. **Stellen Sie sich vor, dass...:** Denken Sie einmal an alles und jedes, was Sie je tun wollten. Lassen Sie Ihrer Fantasie freien Lauf und zensieren Sie nichts. Beschränken Sie sich auch nicht auf »seriöse« Tätigkeiten. Im Folgenden ein paar Kategorien für Ihre Gedankenspiele:

   - Reisen
   - Gemeinnützige Tätigkeiten
   - Kunst
   - Bildung und Erziehung
   - Sport
   - Beruf und Karriere
   - Spiel und Freizeit
   - Liebe
   - Persönlichkeitsentwicklung
   - Gesundheit
   - ... und was Ihnen sonst noch einfällt

Schreiben Sie einfach fortlaufend alles auf, was Ihnen einfällt, und machen Sie sich keine Gedanken, ja überlegen Sie noch nicht einmal ansatzweise, wie Sie diese Dinge tatsächlich umsetzen könnten. Leugnen Sie also zum Beispiel nicht Ihre Sehnsucht zu reisen und die Welt zu sehen oder den Wunsch, Ihre Talente vor einer größeren Öffentlichkeit auf die Probe zu stellen, nur weil Sie sich nicht vorstellen können, wie Sie diese Träume wahr werden lassen sollten. Finden Sie darunter fünf Dinge, bei denen Ihr Herz schon schneller schlägt, wenn Sie nur daran denken. Achten Sie darauf, wie lebendig Sie sich dabei fühlen. Der Zweck dieser Übung ist, dass Sie die positive Kraft und den Energieschub spüren können, die sich einstellen, wenn Sie anerkennen, wozu Sie sich berufen fühlen und was Sie im tiefsten Herzen anspricht.

2. **Beginnen Sie mit einem klitzekleinen Ja:** Schauen Sie sich die Träume und Herzenswünsche, die Sie soeben aufgeschrieben haben, in Ruhe an. Ganz gleich, ob Sie sie je erreichen werden oder nicht, Sie haben jetzt ein klares Porträt Ihrer Seele. Schon diese Anerkennung Ihres wahren Selbst ist bereits ein kraftvoller Schritt. Um allmählich das Leben Ihrer Träume führen zu können, suchen Sie nun Möglichkeiten, dem einen oder anderen Traum oder Herzenswunsch näher zu kommen. Wenn Sie »Singen« aufgeschrieben haben, dann singen Sie nicht nur in der Badewanne, sondern überlegen Sie, ob Sie nicht einmal wöchentlich an einer offenen Singgruppe teilnehmen wollen (oder singen Sie wenigstens bei Karaoke-Abenden). Wenn Sie geschrieben haben, dass Sie anderen helfen möchten, dann spenden Sie Ihr Geld nicht einfach irgendeiner Organisation, sondern überlegen Sie, ob Sie nicht in einem Krankenhaus ehrenamtlich todkranken Kindern beistehen oder regelmäßig jemanden in einem Altersheim besuchen könnten. Geben Sie sich die Erlaubnis herauszufinden und auszuprobieren, welche Möglichkeiten für eine erfüllende Tätigkeit in Ihrer Umgebung vorhanden sind.

3. **Verwirklichen Sie Ihren Traum:** Sobald Ihnen Ihre fünf wichtigsten Ziele klar sind und Sie beschlossen haben, zumindest einmal vorzufühlen, was so alles möglich ist, ist es

an der Zeit, sich jedem einzelnen mit vollem Einsatz zu widmen. Eine Möglichkeit dazu ist ein so genanntes Visionboard oder ein Visionsbuch, auf bzw. in dem alle Ihre Ziele stehen. Ein Visionboard ist eine bunte Collage aus Bildern, Fotos, Zitaten und Texten – im Grunde einfach alles, was für Sie das widerspiegelt, was Sie tun oder erreichen wollen. Als Material können Sie Zeitschriften, Fotos, Reiseprospekte, Andenken, Gegenstände, Glücksbringer, Affirmationen und sogar (selbstklebende) Notizzettel verwenden, auf die Sie mit Stift oder Marker passende Worte schreiben oder Kritzeleien oder Zeichnungen malen. Auch hier gilt wieder: Lassen Sie Ihrer Fantasie freien Lauf. Allein das Anfertigen eines Visionboards oder Buches macht schon Spaß und versetzt Sie in Hochstimmung. Außerdem bringt es Sie mit einem Teil von Ihnen in Kontakt, der zu Ihrem inneren Antrieb wird. Jetzt werden Ihnen sogar noch mehr Ideen kommen. Das Visionboard ist Ihre greifbare, reale Absichtserklärung. Außerdem hilft es Ihnen, das große Ziel immer im Auge zu behalten, während Sie an den Einzelheiten arbeiten.

4. **Planen Sie:** Natürlich könnten Sie jetzt anfangen, alle fünf Dinge detailliert zu planen, aber Sie können sich für den Anfang auch auf nur ein oder zwei beschränken. Bestimmen Sie als Erstes Ihr Ziel und dann die Meilensteine auf dem Weg dahin. Meilensteine sind Unterziele, über die Sie Ihrem großen Ziel näher kommen, und sie bestehen aus einer Reihe kleinerer Schritte. Wenn Sie diese Schritte gehen, gelangen Sie zu Ihren Meilensteinen; und wenn Sie zu Ihren Meilensteinen gelangen, dann erreichen Sie Ihr Ziel. Deshalb müssen Sie natürlich auch festlegen, wie diese Schritte aussehen.

Ein Beispiel:

Ziel: Reise nach Brasilien

Meilenstein 1: Für entsprechende Gelder sorgen, damit die Reise stattfinden kann.

Schritte:

- Feststellen, was die Reise kostet.
- Ein Budget erstellen und eine Summe einplanen, die für die Reise gespart wird.
- Feststellen, wie lange es dauert, bis das Geld zusammen ist.
- Reisedaten entsprechend Ihrem Sparplan festlegen.

Meilenstein 2: Urlaub für die Reise nehmen

Schritte

- Den geplanten Urlaub am Arbeitsplatz absprechen bzw. mit Kunden oder Klienten koordinieren, wenn Sie selbstständig sind.

Meilenstein 3: Übernachtungen buchen und Reiseverlauf planen

Schritte

- Übernachtungsmöglichkeiten finden und auswählen.
- Feststellen, was man dort unternehmen kann.
- Die Reise buchen.

Wenn Sie so vorgehen, wird alles und jedes machbar. Wenn Sie sich ein großes, fernes Ziel setzen, das fast unerreichbar scheint und es in mehrere realistische Schritte unterteilen, dann rückt es plötzlich in greifbare Nähe.

Kapitel sieben

Training für Ihren Entschlossenheits-Muskel:
Tun Sie alles, was nötig ist, damit Sie Ihren Gipfel erreichen

Haben Sie sich schon einmal eine so große Herausforderung vorgenommen, dass Sie versucht waren aufzugeben? Oder mussten Sie eine Krise durchstehen – sei es emotional, körperlich oder spirituell –, an der Sie fast zerbrochen wären? Bestimmt haben Sie schon einmal die Redensart gehört: »Was uns nicht umbringt, macht uns stärker.« Aber wie kriegt man das hin? Wie sollen wir stärker werden, wenn jede Zelle unseres Körpers schreit: »Ich kann nicht mehr«? Wenn wir das Gefühl haben, dass die Beschwerden, die Erschöpfung oder die Angst, die sich uns in den Weg stellen, unüberwindlich sind? Die Lösung liegt in der Entwicklung des Steh-auf-Muskels, den ich Entschlossenheits-Muskel nenne.

Ein starker Entschlossenheits-Muskel verleiht Ihnen die Fähigkeit, an Ihrem großen Ziel festzuhalten, und den Mut, einen Fuß vor den anderen zu setzen, bis Sie es erreicht haben.

Aber Ihr Entschlossenheits-Muskel ist nicht nur dazu da, dass Sie Katastrophen überstehen. Natürlich ist er besonders wichtig, um die Talsohlen des Lebens zu durchschreiten, aber mit ihm erklimmen Sie auch Ihre Gipfel. Der Ich-pack's-an-Muskel, den wir in Kapitel drei besprochen haben, sorgt dafür, dass Sie Ihre Reise überhaupt beginnen, aber Ihr Entschlossenheits-Muskel sorgt dafür, dass Sie bis zum Ende durchhalten. Er gibt Ihnen die Kraft, die Sie brauchen, um Ihre Ziele zu erreichen.

Ein schwacher Entschlossenheits-Muskel trägt Ihnen ein Leben voller unvollendeter und gescheiterter Pläne ein. Wenn wir unsere selbst gesteckten Ziele immer wieder verfehlen, dann verlieren wir alle Hoffnung und empfinden uns als Opfer. Allmählich meiden wir alle Herausforderungen, wählen den bequemen Weg und suchen die Schuld gern bei anderen, statt das Notwendige zu tun, um unser Durchhaltevermögen zu stärken.

Viele Menschen denken, Entschlossenheit bedeute, sich aggressiv zu verhalten und alle niederzumähen, die sich einem in den Weg stellen. Das stimmt nicht. Entschlossenheit muss nicht immer bedeuten, dass Fortschritte schnell und rücksichtslos zu erfolgen haben. Wer entschlossen ist, die oder der interessiert sich vielmehr nur für das, was funktioniert. Ihr Entschlossenheits-Muskel versetzt Sie in die Lage, sich ausschließlich auf den effektivsten Weg zu Ihrem Ziel zu konzentrieren. Und der erfordert manchmal durchaus Geduld, Umsicht oder sogar zeitweiliges Nichtstun. Dieser Muskel hilft Ihnen auch zu erkennen, dass Sie mit einem langsameren Tempo vielleicht am besten vorwärtskommen.

Entschlossenheit bedeutet nicht lediglich, die Zähne zusammenzubeißen und durch den Matsch vorwärtszustapfen. Die Konzentration auf das gewünschte Ergebnis, die bereits für die Aktivierung Ihres Ich-pack's-an-Muskels wichtig ist, wird doppelt wichtig, wenn es um die Entwicklung Ihres Entschlossenheits-Muskels geht. Wieder gilt das Gesetz der Anziehung: Ähnliches zieht Ähnliches an. Richten Sie Ihre Aufmerksamkeit auf die Schwierigkeiten, denen Sie begegnen, oder auf Ihren Schmerz und Ihre Erschöpfung, dann ziehen Sie immer mehr solcher Gefühle oder Erfahrungen an. Halten Sie den Blick jedoch fest auf ein Ergebnis gerichtet, das Sie beflügelt und begeistert, dann zieht dieses Ziel Sie tatsächlich in seine Richtung, und Ihre Füße schreiten wie von selber voran, während Ihr Herz vor Freude singt. Entschlossenheit verbindet Sie dauerhaft mit Ihrer höchsten Lebensaufgabe und lässt Sie Ihre Ziele erreichen.

Zwar wurde ich schon mit einem recht ausgeprägten Entschlossenheits-Muskel geboren, doch als ich unerwartet in eine gefährliche Situation geriet, musste ich ihn bis aufs Äußerste anspannen, um sie zu überstehen. Es gab keine einfachen Antworten, und um der Sicherheit aller Beteiligten willen musste ich meine normalen Instinkte ignorieren. Jetzt hieß es schwimmen oder untergehen. Jeden einzelnen Augenblick musste ich tief aus meinem Inneren Kraft und Mut schöpfen, um an der Oberfläche zu bleiben.

Der Mann meiner Träume

Seit Jelanis Geburt war ich Männern aus dem Weg gegangen und hatte jede Beziehung vermieden. Aus Monaten wurden Jahre und meine Einsamkeit wuchs und wuchs. Jeden Abend betete ich zu Gott: »Bitte schick mir einen Mann, der mich mehr liebt als alles auf der Welt. Einen Mann, der mein innerstes Wesen verehrt, der meiner Seele guttut und der verrückt ist nach meinem Körper, so wie er ist, ohne dass ich daran etwas ändern müsste.«

Dann trat Andrew[5] in mein Leben. Wir begegneten uns bei einer Konferenz und verliebten uns auf den ersten Blick bis über beide Ohren ineinander. Andrew sah gut aus, war charmant, hatte perfekte Manieren und war unglaublich romantisch – mein Held und mein Seelengefährte, noch dazu zum Anbeißen schön verpackt.

---

[5] Namen und Orte wurden geändert.

Leider wohnte er in New York.

In unseren ersten atemberaubenden Wochen verbrachten wir ganze Nächte am Telefon. Wir erzählten einander unser ganzes Leben und flüsterten uns liebe Worte ins Ohr, bis die Sonne aufging. Mehrmals fand ich zwei Dutzend rote Rosen auf meinem Schreibtisch, wenn ich zur Arbeit kam, und einmal schickte er mir ein funkelnagelneues, topmodernes Telefon, weil mein altes ständig Störungen hatte. Auf der Karte, die in dem Päckchen lag, stand: »Deine Worte sind zu wichtig, als dass ich auch nur ein einziges verpassen wollte. Bitte schließ das Gerät gleich an und ruf mich dann an.« Es gelang ihm tatsächlich immer wieder, mich sprachlos zu machen – was normalerweise nicht so leicht passierte. Und als für den dreijährigen Jelani ein riesiger Plüsch-Barney (der lila Dinosaurier aus dem Kinder-Fernsehen) ankam und dem Paket eine Karte beilag mit den Worten: »Wenn man mit einer Frau zusammen ist, dann ist man mit ihrer ganzen Familie zusammen. Ich hoffe, Deinem Sohn gefällt das Geschenk«, da wusste ich, dass mit ihm meine Gebete erhört worden waren.

Dennoch gab es Momente, in denen ich tief in der Magengrube das Gefühl hatte, ich sollte nicht mit Andrew zusammen sein. Aber ich konnte nicht genau sagen, warum. Weil mir aber diese Beziehung so guttat, beschloss ich, das Unbehagen zu ignorieren, welches das Glück, das ich endlich gefunden hatte, immer wieder trübte.

Fast ein Jahr nach dem Beginn unserer Fernbeziehung, nach vielen zauberhaften Telefonaten und gegenseitigen einwöchigen Besuchen jeden zweiten Monat, sah mir Andrew eines Tages – er war wieder einmal in Kalifornien – tief in die Augen und sagte: »Lisa, ich kann nicht mehr so weit weg von dir leben. Ich kündige meine Arbeit und ziehe fort von meiner Mutter und Großmutter und sogar von meiner Tochter und komme nach Kalifornien, um bei dir zu sein, wenn du willst.«

Begeistert stimmte ich zu.

Zwei Monate später erlebte ich bei meinem letzten Besuch in New York vor Andrews Umzug den schönsten Abend, den eine Frau sich nur wünschen kann. Nach einem wunderbaren Abendessen stiegen Andrew und ich in eine Kutsche mit weißen Pferden und fuhren durch den Central Park. Plötzlich hielt der Kutscher an, fasste in eine Tasche, holte daraus eine langstielige rote Rose hervor und gab sie Andrew.

Andrew überreichte mir die Rose und sagte: »Lisa, diese Rose ist für die Freude, die du mir geschenkt hast.« Mein Herz schlug so laut, dass man es bestimmt durch den Mantel hören konnte, aber ich wahrte die Fassung.

Wir hielten noch elf weitere Male an, und elf weitere Male überreichte mir Andrew eine Rose mit Worten, die seiner Liebe und Wertschätzung für mich Ausdruck gaben. Am Ende hatte ich ein Dutzend hinreißend schöne, langstielige rote Rosen, ein Gesicht voller Tränen und ein Herz, das zu allem bereit war, was mit diesem Mann möglich sein sollte. Er ließ sich auf ein Knie nieder, und ich lächelte erwartungsfroh. Doch als dann die Worte: »Lisa, willst du mich heiraten?«, über seine Lippen kamen, war ich völlig überwältigt. Wie eine Idiotin stammelte ich: »D-d-d-u willst, dass ich deine Frau werde?«

»Nein, ich möchte, dass du meine Sonne bist und mein Mond und die Luft, die ich atme.«

Selbst inmitten meiner übergroßen Freude tauchte plötzlich eine winzige rote Fahne auf. Ich dachte: *Jui, die Luft, die er atmet – das sind ja große Worte.*

Aber ich ließ mich von der romantischen Stimmung mitreißen. »Ja, ja, Andrew«, schmetterte ich geradezu hysterisch (so viel zum Thema »ich wahrte die Fassung«).

Drei Monate später wohnte Andrew bei mir. Auf Anraten meines Vaters hatte ich ihn schon vor der Hochzeit bei Jelani und mir einziehen lassen. Ich war überrascht, denn Daddy war bisher immer sehr stolz auf mich gewesen, weil nie ein Freund bei mir gewohnt hatte. Doch jetzt wies er mich sanft darauf hin, dass sich meine ganze Beziehung zu Andrew bis dahin ja am Telefon und während einwöchiger Besuche abgespielt und ich Andrew deshalb im Alltag noch gar nicht erlebt hatte. Obwohl wir verlobt waren, fand mein Vater, dass ich Andrew erst besser kennenlernen sollte, bevor ich mich endgültig auf eine Ehe mit ihm einließ.

> **Ich bin nicht allein**

Sagt Ihr Mund manchmal voreilig Ja, während zugleich Ihre Intuition Sie drängt, Nein zu sagen? Oft geraten wir in eine schwierige Lage und erkennen dann rückblickend, dass es viele Warnhinweise gab, die wir hätten befolgen sollen. Oder wir tun so, als wären wir taub, überhören die klaren Alarmzeichen, die unser inneres Radargerät aussendet, und rennen sehenden Auges in unser Unglück. Tief im Innern wissen wir, dass wir einen großen Fehler machen.

Kreuzen Sie ein Kästchen an, wenn Sie so etwas schon einmal erlebt haben. Kreuzen Sie zwei Kästchen an, wenn Sie recht häufig zu so etwas neigen. Kreuzen Sie drei Kästchen an, wenn solches Verhalten bei Ihnen geradezu chronisch ist.

Oberflächlich betrachtet war alles wunderbar, dennoch beschlich mich nur wenige Tage nach seiner Ankunft ein unbestimmtes Gefühl, dass etwas nicht stimmte. Es war, als würde mich ständig eine Stimme in mir warnen: *Lisa, Mädchen, bring dich in Sicherheit, mach langsam und sei vorsichtig.* Doch ich machte mir weis, mein Unbehagen rühre nur daher, dass ich noch nie mit einem Mann zusammengelebt hatte. *Es*

dauert nur ein bisschen, bis ich mich dran gewöhnt habe, beruhigte ich mich.

Über eine renommierte Personalvermittlung fand Andrew schnell eine Stelle, und im Laufe der Wochen entdeckte ich viel Bewundernswertes an seiner Arbeitsmoral und seinem Streben, immer der Beste zu sein – sowohl im Büro als auch zu Hause. Trotz seiner anstrengenden Arbeit bestand er darauf, alleine zu kochen, zu putzen und die Wäsche zu waschen.

Am Anfang beobachtete ich sehr genau, wie er mit Jelani umging. Als ich dann aber im Laufe der nächsten Monate sah, wie Andrew Jelani beibrachte, sich die Schuhe zu binden, wie er mit ihm das ABC lernte und sein großer Spielkamerad wurde, lockerte ich meine strenge Bewachung und ließ zu, dass Andrew für Jelani einen Platz einnahm, der bisher nur seinem Großvater und seinem Onkel zugestanden hatte.

In regelmäßigen Abständen meldeten sich weiterhin negative Gedanken: *Das kann nicht echt sein. Der ist zu lieb, um wahr zu sein.* Ich hasste meine ständig wiederkehrenden Zweifel. *Was ist bloß mit mir los?*, fragte ich mich. *Warum sollte daran etwas nicht in Ordnung sein?* Ich war mir nicht sicher, ob meine Gedanken nicht doch nur negative Selbstgespräche waren. Ich wusste nur, dass alles perfekt war – fast zu perfekt.

Dennoch redete ich mir ein, dass Gott das alles wirklich so gewollt und dass er mir sogar Zeichen geschickt hatte – wo doch das einzige Zeichen, das ich erhalten hatte, ein großes rotes Stopp-Schild war, das ich grün angemalt hatte.

Ihr inneres Navigationssystem

Oft hören wir einfach nicht auf die kleine, leise Stimme in unserem Inneren, weil sie uns etwas sagt, was wir partout nicht hören wollen. Leider aber verwerfen wir damit eines der stärksten und besten Werkzeuge, die uns im Leben zur Verfügung stehen. Bei allen kleinen und großen Entscheidungen – sei es, dass Sie einen Liebes- oder einen Geschäftspartner suchen, ein Haus oder ein Auto kaufen wollen oder auch nur, dass Sie sich überlegen, wie Sie gerade mit jemandem umgehen wollen – ist es sehr wichtig, dass Sie auf Ihre Intuition achten, denn dieses innere Navigationssystem handelt immer zu Ihrem Besten.

Nach dem Bauchgefühl gehen, aus einer Ahnung heraus handeln, sich auf den sechsten Sinn verlassen – wie Sie es auch nennen, jeder Mensch verfügt über eine innere Weisheit, die weiß, was richtig ist und was zu tun ist. Wenn Ihre Intuition Ihnen etwas sagt, dann ignorieren Sie es nicht, reden Sie sich nicht heraus und verharmlosen Sie es nicht. Wenn Sie das tun, dann gehen Sie nämlich höchstwahrscheinlich in die Irre.

Wenn Sie ständig Zugang zu Ihrer Intuition haben möchten, dann müssen Sie zunächst lernen, wie Sie sie vom negativen Geplapper in Ihrem Kopf unterscheiden können. Ihre Intuition spricht sanft mit Ihnen und kommt aus der Stille tief in Ihrem Innern. Sie zeigt sich als ein Gefühl oder eine Gewissheit. Sie zeigt Ihnen, was besser für Sie ist, oder rät Ihnen von etwas ab, was Ihnen schaden oder gefährlich werden könnte. Sie sorgt dafür, dass Sie gut geerdet und in Ihrer Mitte bleiben.

Ihr negatives Geplapper hingegen ist ängstlich und aufgeregt. Es entsteht aus unseren Ängsten und Unsicherheiten und kann uns, wie wir in Kapitel zwei erfahren haben, von großartigen Dingen abhalten. Das Geplapper schreit meistens, manchmal sogar so laut, dass wir unsere Intuition nicht mehr hören können.

Wenn Sie spüren, dass Ihr Geplapper überhandnimmt, dann halten Sie inne. Atmen Sie ein paarmal tief durch und fragen Sie sich: *Was sollte ich jetzt am besten tun?* Dann hören Sie zu. Ihr inneres Navigationssystem ist immer für Sie da und wird Sie unfehlbar zur klügeren Entscheidung führen.

Obwohl ich das Flüstern hörte: *Diese Beziehung ist nicht*

gut. Sie dient dir nicht, ignorierte ich es, weil nämlich mein Geplapper sagte: *Dann bist du wieder allein. Du musst bei ihm bleiben.* Mein Unbehagen rührte daher, dass ich die tiefere Weisheit in mir nicht beachten und stattdessen lieber auf die Stimme meiner Ängste und meiner Einsamkeit hören wollte.

Lassen Sie nicht zu, dass Sorgen um einen Mangel die Oberhand über Ihr instinktives Wissen gewinnen. Die ständige Angst, dass Ihnen etwas fehlen könnte, trägt stets unerwünschte Ergebnisse ein und kann Sie in verheerende Situationen bringen. Wenn Sie aus Angst handeln, sinken Ihre Ansprüche an Integrität, und Sie lassen Dinge zu, die Ihren Wertvorstellungen widersprechen.

Ein Alptraum wird Realität

Was meine Intuition mir über Andrew zu sagen hatte und was ich offenen Auges nicht sehen wollte, zeigte sich nun im Schlaf durch mein Unterbewusstsein. Genau zu dieser Zeit hatte ich zum ersten Mal »den Traum«. Darin brachte mich Andrew zwischen zwei und vier Uhr morgens in unserem Bett mit bloßen Händen um. Mich schauderte angesichts des Detailreichtums in diesem Traum. Zwar hatte ich nie daran geglaubt, dass meine Träume mir die Zukunft vorhersagten, doch nachdem ich in drei verschiedenen Nächten denselben Alptraum gehabt hatte, war ich zutiefst beunruhigt. Als ich zum dritten Mal nach Luft ringend und zu Tode erschrocken daraus aufwachte, konnte ich ihn nicht mehr als bloßes Hirngespinst abtun.

War das eine Warnung?, fragte ich mich. Doch das Ganze erschien so maßlos übertrieben und lächerlich – immerhin ging es darin um *Andrew* –, dass ich den Traum einfach nicht ernst nehmen konnte.

Etwa einen Monat später entwickelte Andrew aus heiterem Himmel scheinbar grundlos Wutanfälle. Dann schrie er, machte mir Vorwürfe und wollte unbedingt einen Streit mit mir vom Zaun brechen. Sogar Kleinigkeiten konnten ihn aufregen, etwa, wenn ihn jemand nicht zurückrief, wenn er die Fernbedienung nicht finden konnte oder wenn ich abends zu lange arbeitete. Doch so schnell er die Beherrschung verlor, so plötzlich fand er sie auch wieder. Nur Minuten später gewann er seine Fassung zurück und war anschließend besonders liebevoll und freundlich, um alles wiedergutzumachen.

Damals dachte ich mir nichts dabei und hielt es für eine Facette seiner Persönlichkeit, die mir bisher einfach entgangen war. Während seiner Ausbrüche fragte ich mich allerdings, ob ich mir das mit der Hochzeit nicht doch noch einmal überlegen oder sie zumindest noch etwas aufschieben sollte. Sobald Andrew aber wieder der Alte war, ließ ich mich sofort wieder von meinen eigenen Wünschen lenken und vom Elan meiner Mutter und meiner Freundinnen mitreißen, die von meinen Bedenken nichts ahnten und vollauf mit Hochzeitskleid, Menueplanung, Einladungen und Polterabend beschäftigt waren.

Ich hatte gehört, dass man Klarheit entweder durch große Freude oder durch großen Schmerz gewinnen kann. Meine Nacht der Klarheit begann wie jede andere. Andrew und ich brachten Jelani ins Bett und saßen bei ihm, während er seine Nachtgebete sprach.

Danach gingen wir in unser Zimmer, und Andrew fragte mich: »So, Liebling, nun erzähl mal, wie dein Tag so war.« Seine dunklen, intelligenten Augen funkelten vor Interesse.

Wir lachten und redeten und duschten dann romantisch bei Kerzenlicht. Ich stieg nach ihm aus der Dusche, Andrew wartete schon mit einem Plüschhandtuch, trocknete mich ab und geleitete mich ins Bett. Er ölte mich von Kopf bis Fuß ein und machte mir Komplimente für die Körperteile, die er am meisten liebte. Dann verwöhnte er mich mit wunderschönem, himmlischem Sex. Vor meinem inneren Auge stieg ein Feuerwerk auf. Danach tat er, was vor ihm noch nie jemand getan hatte, er kuschelte mit mir, hielt mich eng umfangen und küsste sanft meinen Nacken, bis wir einschliefen. Ich war glückselig. In dem Moment war ich mir sicher, dass wir sämtliche Schwierigkeiten überwinden könnten, die mir mein Bauchgefühl ankündigte.

Etliche Stunden später wachte ich auf, weil sich Hände um meinen Hals spannten und mich würgten. Es war Andrew, die Augen offen, aber geweitet und leer. Sein Griff war so fest, dass ich nur noch einen winzigen Hauch Luft bekam. Meine Gedanken rasten hysterisch. *Warum machte er das bloß?* Ich drückte meinen Kopf nach rechts und versuchte, die Uhr ins Blickfeld zu bekommen. Sie zeigte 3:20 Uhr. *Zwischen zwei und vier Uhr morgens.*

Ich war außer mir und dachte: *Das darf einfach nicht wahr sein! So will ich nicht sterben.* Ich packte seine Hände, aber immer wenn ich mich bewegte, wurde sein Griff fester. Mehr denn je spürte ich die Kraft seines 1,90 Meter großen und 125 Kilo schweren athletischen Körpers, während ich nach Luft rang. Andrew würgte mich weiter und ich spürte, wie ich ohnmächtig wurde. Meine Gedanken rasten wild durcheinander: *Wer kümmert sich um meinen Kleinen? Wo hab ich meine Lebensversicherungs-Urkunde hingelegt? Lieber Gott, bitte sorg dafür, dass nicht Jelani meine Leiche findet.* Dann schwanden mir die Sinne.

Als ich aufwachte, war ich alleine, und um mich herum war überall Licht. *Ich muss tot sein*, dachte ich. *Was Andrew mit mir gemacht hat, kann ich unmöglich überlebt haben.* Ich nahm an, ich sei im Himmel und schaute mich um. Mein erster Eindruck war, dass es im Himmel wesentlich unordentlicher aussah, als ich erwartet hatte. Dann wurde mir klar, dass ich immer noch am Leben und in meinem Schlafzimmer war. Benommen sah ich zur Uhr. Es war heller Morgen. Nach einem kurzen Moment der Erleichterung, packte mich die helle Angst: *Was, um Himmels willen, ist letzte Nacht passiert? Wo ist Jelani? Wo ist Andrew?*

Ich rannte in Jelanis Zimmer. Sein regloser Körper lag im Bett, so verdreht, dass ich nicht erkennen konnte, ob er bloß schlief oder tot war. Ich schüttelte ihn: »Jelani! Jelani! Biiiiitte wach auf!« Er bewegte sich nicht. Dann rührte sich sein kleiner Körper und mit der verschlafenen Stimme eines Dreijährigen sagte er: »Guten Morgen, Mami, warum weinst du?«

Endlich wagte ich wieder zu atmen. »Mami geht es gut, mein kleiner Liebling«, sagte ich. »Ich bin heute nur ganz besonders dankbar dafür, dass Gott dich mir geschenkt hat. Jetzt schlaf weiter, Liebes.«

Ich verließ Jelanis Zimmer und ging leise die Treppe hinunter. Der übliche Frühstücksduft nach Schinken und Toast, der aus der Küche kam, verwirrte mich. Auf alles gefasst, trat ich ein. Würde Andrew wieder auf mich losgehen oder mich um Verzeihung bitten? »Guten Morgen, Andrew«, sagte ich in scharfem Ton und völlig überzeugt, dass die Tatsache, dass ich immer noch am Leben und wohlauf war, für ihn eine Überraschung wäre.

»Guten Morgen, meine Süße«, erwiderte er gelassen. »Möchtest du Frühstück?«

Er ist so ruhig, dachte ich. Das ist echt unheimlich. Allmählich glaubte ich schon, dass ich vielleicht wieder einmal nur schlecht geträumt hätte. Ich huschte ins Badezimmer und suchte im Spiegel nach Beweisen für den Kampf der vergangenen Nacht. Was ich sah, raubte mir vor Schreck den Atem. Um meinen Halsansatz zogen sich feuerrote Striemen, die Abdrücke von Andrews Fingern. In dem Augenblick wusste ich, dass dieser Alptraum höchst real war – und dass der schwierigste Kampf meines Lebens soeben begonnen hatte.

Intuitiv war mir sofort klar: Wenn ich jetzt normal reagierte – Andrew aus dem Haus warf, unsere Verlobung löste und meinen Freunden und meiner Familie erzählte, was geschehen war –, dann würde Andrew ausrasten und Jelani und mir etwas Schreckliches antun oder uns sogar umbringen. Dasselbe würde er sicher auch mit meinem Vater oder meinem Bruder machen, wenn sie versuchen sollten, mich zu beschützen. Ich dachte daran, dass Frauen neuerdings Verordnungen erwirken konnten, wonach sich ihre prügelnden Partner ihnen nicht mehr nähern dürfen oder dass sie sogar Schutzwohnungen erhalten – um sich dann ihr ganzes Leben lang ängstlich zu verstecken. Ich spürte, dass mein Leben nun im wahrsten Sinne des Wortes davon abhing, dass es mir gelang, mich kreativ aus dieser Situation herauszumanövrieren.

Ich bin nicht allein

In einer Krise ist die einfachste Lösung nicht immer auch die beste, denn sie kann unerwünschte oder sogar schädliche Folgen haben. Wenn wir gezwungen sind, nach einer unkonventionellen Alternative zu suchen, kann das durchaus eine unheimliche Erfahrung sein: Womöglich glauben wir sogar, wir seien verrückt und fühlen uns mutterseelenallein.

Kreuzen Sie ein Kästchen an, wenn Sie dieses Gefühl kennen. Kreuzen Sie zwei Kästchen an, wenn Sie sich mehr als einmal in dieser Lage befunden haben. Kreuzen Sie drei Kästchen an, wenn Ihnen so etwas wiederholt passiert ist.

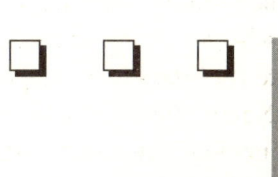

An jenem Tag sprachen Andrew und ich nicht darüber, dass er mich gewürgt hatte. Ich wusste nicht, mit welcher Art psychischer oder körperlicher Erkrankung ich es bei ihm zu tun hatte und befürchtete, dass er wieder wütend würde. Ich zermarterte mir das Hirn, aus welchem Grund ich die Hochzeit verschieben könnte, ohne dass er misstrauisch würde.

Als Andrew dann zur Arbeit gegangen war, beschloss ich, so viel wie nur möglich darüber herauszufinden, womit ich es hier zu tun hatte. Ich griff zum Telefon und rief seinen Cousin Chris an, den ich bei einem meiner Besuche kennengelernt hatte. »Hallo, Chris. Ich muss dich etwas fragen und du musst mir bitte unbedingt ehrlich antworten. Ich liebe Andrew, aber ich glaube, er könnte eine Krankheit haben, die mich und meinen dreijährigen Sohn Jelani in Gefahr bringt.«

Er schwieg. Plötzlich packte mich die Angst, ich hätte einen Riesenfehler gemacht und Chris könnte Andrew sagen, dass ich ihn angerufen hatte. Dann wäre ich ernstlich in Gefahr. In drängendem Ton fuhr ich fort: »Chris, ich weiß, er ist dein Cousin, aber er hat mich bereits so fest gewürgt, dass ich ohnmächtig geworden bin. Bitte – ich habe Angst um mein Leben.« Ich fing an zu weinen.

Als Chris endlich sprach, kamen seine Worte langsam und mit Bedacht. Ganz offensichtlich überlegte er sich sehr genau, was er sagte. »Andrew ist manisch-depressiv, und zwar schon seit vielen Jahren. Er kämpft mit extremer Wut, Trauer und sogar mit Selbstmordgedanken. Wenn er seine Medikamente nicht nimmt, kann er für sich selbst und für seine Umgebung gefährlich werden.«

Medikamente?, dachte ich. Das war das erste Mal, dass ich hörte, dass er Medikamente nehmen musste.

»Lisa, egal, was du machst, du darfst meinem Cousin unmöglich sagen, dass du es von mir erfahren hast.«

Die Angst in seiner Stimme schien noch größer als meine. Ich gab ihm mein Wort, dankte ihm und legte auf.

Danach rief ich Andrews Mutter an. Es gelang mir, herauszufinden, dass er keines seiner Medikamente mit nach Kalifornien genommen hatte. Er bestand darauf, seine Krankheit ohne sie in den Griff zu bekommen.

Ein paar Tage später sprach ich das Thema Andrew gegenüber vorsichtig an. Ich sprach im Konjunktiv und achtete sorgfältig darauf, dass er nicht merkte, dass ich über seinen Zustand Bescheid wusste. Seine Reaktion bestürzte mich. In aller Deutlichkeit gab er mir zu verstehen, dass er nie und nimmer Medikamente nehmen würde, die nicht für eine körperliche Erkrankung gedacht seien.

So sehr ich Andrew auch liebte, wenn er sich weigerte, seine Medikamente zu nehmen, dann konnte ich nicht sehenden Auges das Risiko eingehen, dass Jelani und mir etwas zustieß. Um ehrlich zu sein, ich wusste einfach nicht, wie man mit so etwas umgeht. Allmählich entwickelte ich einen Plan, wie ich Andrew auf ungefährliche Weise loswerden könnte.

Den eigenen Standpunkt finden, zweiter Teil

In einer Notlage ist es mit am wichtigsten, Ruhe zu bewahren, auch wenn die Versuchung groß ist, blindlings wegzurennen und lauthals loszuschreien. Ihre Chancen, mit heiler Haut davonzukommen, sind größer, wenn Sie Ihre Energie darauf verwenden, das Gelände sorgfältig zu sondieren und den besten Ausweg zu suchen.

Dieses Prinzip gilt auch für alle anderen Schwierigkeiten oder Herausforderungen, die Ihnen begegnen: Sie treffen meist bessere Entscheidungen, wie Sie weiter vorgehen wollen, wenn Sie Ihre Lage ehrlich beurteilen und sich Klarheit darüber verschaffen, womit Sie es zu tun haben.

Und genauso wie man mehrere Muskeln braucht, um einen schweren Gegenstand zu heben, arbeitet unser Entschlossenheits-Muskel mit anderen Steh-auf-Muskeln zusammen, um die Hindernisse, die sich uns im Leben entgegenstellen, zu überwinden. Der erste Schritt beim Aufbau Ihres Entschlossenheits-Muskels heißt »Klarheit gewinnen«. Das wiederum gelingt Ihnen durch den Einsatz Ihres Ehrlichkeits-Muskels.

Wenn alles um Sie herum aus den Fugen gerät, dann können Sie Ihr inneres Gleichgewicht und Ihren Seelenfrieden nach und nach wiederherstellen, indem Sie »Ihren Standort« finden. Denken Sie an das Einkaufszentrum und die Rabatt-Aktion in einem bestimmten Geschäft. Erst wenn Sie wissen, von wo aus Sie starten, können Sie da hinkommen, wo Sie hin wollen. Wenn Sie in einer schlimmen Lage sind, dann analysieren Sie, wie schlimm sie tatsächlich ist und was an Ihrem eigenen Handeln nicht stimmt. Dazu müssen Sie absolut ehrlich mit sich sein. Jetzt ist nicht der richtige Zeitpunkt, sich Gedanken darüber zu machen, warum das gerade so passiert und wessen Schuld es ist. Am Ende müssen Sie vielleicht Wahrheiten ins Gesicht sehen, denen Sie lieber aus dem Weg gegangen wären – etwa wenn es darum geht, wie Sie in den Schlamassel geraten sind, in dem Sie gerade stecken. Um aber das Feuer der Entschlossenheit in Ihrem Innern zu entfachen, brauchen Sie Ihren Ehrlichkeits-Muskel, damit Sie genau erkennen, wo Sie stehen, so schmerzhaft das auch sein mag.

In meinem Fall musste ich mir klipp und klar eingestehen: Ich befand mich in einer Beziehung, die mich das Leben kosten konnte. Das war kein schöner Gedanke, aber ich musste ihn akzeptieren. Mir wurde klar, wenn ich explodierte, ihn zur Rede stellte oder ihn anschrie, konnte das tödlich enden. Von diesem Wissen ließ ich mich leiten. Ich begann mit dem Aufbau meines Entschlossenheits-Muskels, indem ich meine spontanen Reaktionen überging und mir stattdessen mehr Informationen verschaffte. Sogar mitten in meiner Not dankte ich Gott für die Klarheit, die ich gewann. Sie half mir, mich nicht von meinen Gefühlen vereinnahmen zu lassen.

Nach einem traumatischen Erlebnis erstarren wir leicht vor Angst oder werden wütend oder igeln uns ein und weinen. Aber wir wissen, dass die Energie dahin fließt, wohin unsere

Aufmerksamkeit geht. Solche Reaktionen kreieren deshalb nur noch mehr negative Gefühle. Betrachten Sie Ihre Lage offen und ehrlich und fragen Sie sich dann: *Wohin möchte ich? Wie sieht mein Leben aus, wenn ich das überstanden habe?* Konzentrieren Sie sich auf das, was Sie *möchten* – und nicht auf das, was Sie *nicht möchten*.

Selbst wenn Sie nicht in einer so fürchterlichen Lage stecken wie ich damals, ist es entscheidend, dass Sie erkennen, wann Sie mit etwas aufhören und eine neue Richtung einschlagen müssen. Eine solche wache Flexibilität hilft Ihnen über die unvermeidlichen alltäglichen Stolpersteine, Enttäuschungen und Hindernisse hinweg; etwa wenn Sie abgelehnt oder bei der ersehnten Beförderung übergangen werden, wenn Sie finanzielle Rückschläge erleiden oder mit gesundheitlichen Problemen, Krankheiten oder Verletzungen zu kämpfen haben.

Und wie wir bereits im letzten Kapitel besprochen haben, kann Ihnen die Zeit, die Sie sich nehmen, um Ihre momentane Situation zu überdenken und Ihre nächsten Schritte auszutüfteln, auch beim Erreichen Ihrer Ziele dienlich sein. Egal, ob Sie nun eine Aus- oder Weiterbildung machen, eine Gewohnheit ändern, Sport treiben, abnehmen oder Geld für einen Urlaub zurücklegen wollen. Ganz gleich, was Sie gerade durchmachen, wärmen Sie zu Beginn Ihrer Reise Ihren Entschlossenheits-Muskel mit einer gehörigen Portion Standortbestimmung auf.

Das große Ganze

Mein Zuhause, bisher mein Zufluchts- und Rückzugsort, war jetzt der Ort, vor dem ich mich am meisten fürchtete. In den nächsten vier Wochen fühlte ich mich dort wie auf einem Pulverfass. Ich war ständig besorgt um Jelani und mich und auf der Hut vor Andrew. Diese Wachsamkeit auf der einen und das Bemühen, so zu tun, als sei alles wie immer, auf der anderen Seite ließen sich immer schlechter miteinander vereinbaren. Um Andrew gegenüber nicht aus der Rolle zu fallen, betäubte ich meine Seele und meinen Geist. Ich wusste, dass wir nur so überleben konnten.

> **Ich bin nicht allein**
>
> Manchmal kann sich unser Zuhause oder unser Arbeitsplatz von einem Ort der Sicherheit und Geborgenheit in eine Angst erregende Umgebung verwandeln. Dann spüren wir vielleicht, dass etwas nicht stimmt, wissen aber nicht, was es ist. Schließlich führen wir womöglich sogar wahre Eiertänze auf, damit wir die Lage nur ja nicht verschlimmern.

Kreuzen Sie ein Kästchen an, wenn Sie so etwas schon einmal erlebt haben. Kreuzen Sie zwei Kästchen an, wenn es Ihnen mehrmals so ergangen ist. Und kreuzen Sie drei Kästchen an, wenn das Ihre ständige Erfahrung ist.

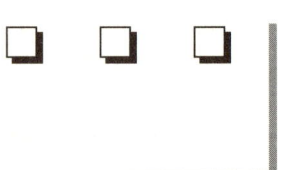

Eines Tages, Andrew war in seiner Firma und Jelani in der Vorschule, saß ich mitten auf meinem Bett und suchte eine Antwort – ich bat um innere Führung. »Bitte, ich muss wissen, was meine Lektion dabei ist. Was soll ich aus dieser Situation lernen?«, fragte ich laut. Ich saß da und betete um eine Antwort, ruhiger und stiller denn je zuvor und zugleich so niedergeschlagen und am Ende meiner Kräfte wie noch nie. Zum ersten Mal, seitdem dieser Alptraum angefangen hatte, erlaubte ich mir, laut zu weinen.

Die Tränen liefen mir in Strömen über die Wangen und auf die Brust, und ich erkannte, wie lange ich schon nicht mehr so ruhig gewesen war, dass ich wirklich hatte zuhören können.

Eine innere Stimme, die Stimme, die ich Gott nenne, sprach sanft und klar zu meinem Herzen: »Lisa, du wirst das überstehen. Denk daran, dies ist nur eine vorübergehende Zeit in deinem Leben, nicht dein ganzes Leben. Wenn diese Zeit vorbei ist, dann weißt du, wie man in einer Krise wachsen kann. Dann hast du einen unerschütterlichen Glauben, Ausdauer und Bescheidenheit. Und mit alledem kannst du anderen Menschen helfen, gesund zu werden – Menschen, die solch dunkle Zeiten durchmachen wie du im Moment.«

So etwas wollte ich aber noch gar nicht hören. Verwirrt und wütend schrie ich: »Warum soll ausgerechnet ich anderen helfen, gesund zu werden? Ich bin keine Superfrau. Ich bin nur eine ganz normale Frau, die versucht, sich und ihren Sohn zu retten. Wie soll ich anderen helfen, wenn ich selber Hilfe brauche?« Ich beruhigte mich wieder und lauschte auf eine Antwort in meinem Herzen, aber ich hörte nichts. Da war klar, dass an der Aufgabe, die ich gerade erhalten hatte, nicht mehr zu rütteln war.

Diese Erkenntnis bewahrte ich in meinem Herzen, während ich nach einem Ausweg aus diesem gefährlichen Labyrinth suchte. Ich brachte es nicht mehr fertig, bei Familienfeiern zu erscheinen, denn die Versuchung, mich bei meiner Familie auszuweinen und von ihnen Rettung zu erflehen, war viel zu groß. Stattdessen saß ich zu Hause und grübelte darüber nach, wie ich Andrew dazu bringen könnte, wegzugehen und so lange fortzubleiben, bis Jelani und ich ein neues Zuhause gefunden hätten. Ich war bereit, alles neu zu suchen: ein Zuhause, eine Arbeitsstelle und sogar eine neue Schule für Jelani, wenn es sein musste.

Ich entwarf einen Plan, wie Andrew aus dem Haus zu kriegen sei. Er enthielt einzelne Schritte für jeden Tag. Montags, mittwochs und freitags sorgte ich dafür, dass ich ihm im Laufe eines Gesprächs liebevoll vorschlagen konnte, doch einmal seine Familie zu besuchen. Ich erinnerte ihn daran, dass wohl nicht alle würden zur Hochzeit kommen können und dass er nach der Hochzeit wahrscheinlich nicht mehr oft reisen könnte, denn wir wollten ja unser ganzes Geld sparen, um uns ein eigenes, größeres Haus zu kaufen.« »Liebling, ich glaube, ein Besuch bei deiner Tochter, deiner Mutter und deiner Großmutter könnte etwas Entspannung von dem Stress bringen, unter dem du in letzter Zeit ständig stehst. Findest du nicht auch, ein Besuch zu Hause wäre jetzt eine gute Idee?«

Dienstags, donnerstags und samstags sorgte ich dafür, dass Andrews Tochter Danielle anrief. Das verstärkte die ohnehin schon große Sehnsucht nach seiner kleinen Tochter noch mehr. Sonntags bat ich Gott, er möge Andrews Wunsch nach einem Besuch bei seiner Familie noch größer werden lassen.

Wenn ich spürte, dass ich den Mut sinken lassen wollte, stärkte ich meinen Entschlossenheits-Muskel, indem ich mir das große Ganze vor Augen führte. Ich hielt an meiner Vision fest, in der Jelani und ich glücklich und geborgen im Schoß meiner Familie lebten, und erinnerte mich daran, dass Gott nach dieser Hölle etwas mit mir vorhatte – und das wollte ich noch erleben.

Setzen Sie sich ein Ziel

Mitten in einer belastenden Situation kann man sein Ziel sehr leicht aus den Augen verlieren. Sobald Sie Ihren Ausgangspunkt kennen, sollten Sie sich in einem nächsten Schritt ein konkretes Ziel setzen, auf das Sie zugehen können. Nichts konzentriert Energie besser als ein Ziel, das man vor Augen hat.

Aber wählen Sie dieses Ziel sorgfältig. Wie das Schwarze auf Ihrer Zielscheibe aussieht, hat großen Einfluss darauf, ob Sie es treffen können. Je mehr Ihr Ziel Sie beflügelt, desto leichter fällt es Ihnen, dabeizubleiben.

Ihre Aufmerksamkeit ist wie ein Pfeil. Worauf Sie sie richten, dort wird sie landen. Deshalb gilt: Egal, was das Problem ist, **zielen Sie immer über das Problem hinaus auf Ihr Ziel.** Wenn es wie bei mir um Leben und Tod geht, dann hängt davon Ihr Überleben ab. Doch auch für unsere alltäglichen Abstürze ist es wichtig, dass wir uns das richtige Ziel setzen. Wenn Sie den Mut verlieren und das Gefühl haben, Sie können einfach nicht abnehmen, eine schlechte Beziehung beenden oder Ihre Schulden abbauen, dann zielen Sie mit Ihrem Bogen hoch hinaus und definieren Sie Ihr Ideal: Wie sieht Ihr ideales Gewicht aus? Oder die ideale Beziehung? Der ideale Kontostand? Halten Sie sich das immer vor Augen.

Denken Sie nicht an das, was Sie aufgeben: den Kuchen, den Sie nicht essen, die Fernbedienung und das Sofa, die Sie zugunsten Ihres Hometrainers links liegenlassen, die Zweisamkeit, die Sie aufgeben, das neue »Spielzeug«, das Sie kaufen könnten, wenn Sie Ihr Konto ein bisschen überzögen. Malen Sie sich stattdessen Ihren gesunden Körper aus, Ihren perfekten Partner, finanzielle Fülle oder den Traum, den Sie mit dem gesparten Geld finanzieren möchten. Entschlossenheit *für* etwas ist wesentlich stärker als Entschlossenheit *gegen* etwas. Wenn Sie mit Ihrem Pfeil hoch hinaus zielen, dann steigern Sie die Kraft Ihres Entschlossenheits-Muskels um ein Hundertfaches.

Außerdem können Sie Ihr Ziel zusätzlich mit Kraft aufladen, wenn Sie sich fragen: *Worin liegt in dieser Situation für mich das Gute?* Bitten Sie Ihre Höhere Macht um Führung, oder suchen Sie die Weisheit in Ihrem Inneren. Nutzen Sie Ihren Verständnis-Muskel, um die »Geschenke mit einer Verpackung aus Schleifpapier« zu entdecken, die in Ihrem Problem oder in Ihrer Herausforderung enthalten sind. Malen Sie sich dann aus, wie diese Geschenke sich auf Ihr Leben und das Ihrer Mitmenschen auswirken.

Es liegt in der menschlichen Natur, dass wir uns mehr anstrengen, wenn es um etwas geht, das größer ist als wir selber. Instinktiv wollen wir zu etwas nütze sein und anderen dienen. Wenn Sie nach dem Besten für alle Beteiligten streben, dann gehen Sie tiefer in sich und holen mehr Kraft aus sich heraus. Jelani dauerhaft in Sicherheit zu bringen und zu wissen, dass meine Lage die Vorbereitung darauf war, um anderen helfen zu können, waren für mich ein stärkerer Antrieb als mein eigenes Überleben. Dies verband mich mit der Quelle jener übermenschlichen Energie, die ich brauchte, um meine Entschlossenheit aufrechtzuerhalten.

Am Leben festhalten

Die Tage vergingen und Andrews emotionale Instabilität nahm stetig zu. Er folgte mir in unseren begehbaren Kleiderschrank, wenn ich mir darin meine Kleidung zusammenstellte – und sogar auf die Toilette. Er wollte mich nicht mehr herauslassen, versperrte mit seinem massigen Körper die Tür und sagte so absurde Sätze wie: »Lisa, Baby, ich möchte nur ein bisschen mit dir allein sein, ungestört. Du arbeitest oder telefonierst die ganze Zeit; nur hier kann ich dich mal ganz alleine für mich haben.« Ich bat ihn inständig, mich rauszulassen und erklärte ihm, dass dies nicht gerade die richtige Art war, mir seine Liebe zu zeigen.

Jedes Mal, wenn das passierte, bekämpfte ich die Wut, die wegen dieser Grobheiten in mir aufstieg. Die Wut, in der ich am liebsten meinen Plan vergessen hätte, in aller Ruhe über einen Ausweg aus dieser Beziehung zu verhandeln. Die Wut, in der ich nur noch ein für alle Mal Schluss machen und ihn für seine Quälereien bezahlen lassen wollte.

Das Erstaunliche war, dass ich sogar mitten in diesen Gefühlsstürmen erkennen konnte, welche Lektionen und welches Gute für mich darinsteckten. Ich konnte spüren, wie der

Umgang mit Andrew mich zwang, Geduld und Bescheidenheit zu entwickeln, zwei wichtige Fasern, aus denen der Entschlossenheits-Muskel besteht. Ich lernte, Ruhe zu bewahren, wenn Andrew ungehalten oder wütend wurde. Ich senkte die Stimme, damit ich nicht aggressiv wirkte, ich nahm Anteil an allem, was ihn aufbrachte, und war auf keinen Fall mit einem schnellen Ratschlag bei der Hand. Ich lernte, den Mund zu halten und mein Bedürfnis, das letzte Wort zu haben, hintanzustellen.

Am wichtigsten aber war, dass ich es mir nicht gestattete, über meine schreckliche Belastung nachzugrübeln und zu jammern. Zu zwei Dingen war ich entschlossen: Ich wollte mich von dieser Beziehung nicht unterkriegen lassen und ich wollte wieder ein wunderbares Leben führen. Dabei war das erste Ziel vielmehr meine Intention, nicht das Zentrum meiner Aufmerksamkeit. Stattdessen konzentrierte ich mich Tag für Tag darauf, mein inneres Gleichgewicht und meine Ruhe zu bewahren, egal, was passierte. Vor meinem inneren Auge malte ich mir das gesunde, sichere Leben, das ich wieder anstrebte, so lebendig aus, dass ich es wirklich sehen und spüren konnte. Dieses Bild wies mir den Weg wie ein Lichtstrahl in der Dunkelheit.

Die Kraft der Konzentration

Konzentration ist der Schlüssel zur Entschlossenheit. Ihre Aufmerksamkeit immer wieder auf Ihr Wunschziel zu lenken, ist das Wichtigste, was Sie tun können, wenn Sie Entschlusskraft aufbauen, Herausforderungen meistern und Erfolg erzielen wollen. Konzentration ist das Geheimnis von Stehaufmännchen ebenso wie von Meistern!

Konzentration hat zwei Aspekte: das, worauf Sie sich konzentrieren – Ihr Ziel – und wie tief Sie sich konzentrieren. Wie

Sie bereits wissen, ist Ihre Lebensaufgabe das beste Ziel. Bei Andrew gab mir der Blick auf das große Ganze Durchhaltevermögen und Kraft. In den Momenten, in denen ich am liebsten explodiert wäre – und die gab es oft –, in denen ich am liebsten schweres Geschütz aufgefahren hätte, weinend zusammengebrochen wäre oder ihm mit irgendeinem Gegenstand eins übergebraten hätte, verband ich mich mit meiner inneren Weisheit und fragte mich: *Warum musst du lebend aus der ganzen Sache herauskommen?* Und jedes Mal erhielt ich die Antwort: Du musst das lebend überstehen, damit dein Sohn eine Mutter hat und damit du anderen beibringen kannst, wie man so etwas lebend übersteht. Dieses größere Ziel war meine Rettungsleine.

Ebenso wichtig ist, wie wir uns konzentrieren. Tiefe und Intensität unserer Konzentration bestimmen unseren Erfolg. Unsere Konzentration sollte wie ein Laserstrahl sein, nicht wie Flutlicht. Flutlicht erhellt weite Bereiche, aber wenn Ihre Konzentration zu viel umfasst, überwältigt Sie vielleicht die Erkenntnis, was Sie alles tun müssen, oder Sie versuchen, zu viel auf einmal zu erledigen. Bei laserartiger Konzentration steht immer nur ein Schritt auf einmal im Mittelpunkt. Den schließen Sie ab, bevor Sie zum nächsten Schritt übergehen. So bewegen Sie sich kontinuierlich auf Ihr übergeordnetes Ziel zu.

Konzentrieren Sie sich so konkret auf Ihr Vorhaben, dass Sie es körperlich spüren können. Sehen Sie es vor sich. Hören Sie es. Malen Sie es sich in allen Einzelheiten aus. Lassen Sie es lebendig werden. In der schrecklichen Zeit mit Andrew habe ich mir oft unter der Dusche, beim Putzen oder Kochen vorgestellt, dass ich auf einer Bühne stehe und meine Geschichte anderen Menschen erzähle. Ich stellte mir vor, dass Männer, Frauen und Kinder zu mir kämen und sagten: »Wir danken Ihnen von Herzen, dass Sie so offen vor uns gesprochen haben. Sie haben uns damit sehr geholfen.« Und das war viele Jahre bevor tatsächlich Ähnliches geschah. Aber ich konnte es bereits damals vor mir sehen und hielt daran fest. Ich wusste, dieser Tag würde kommen.

An dieser Stelle überlappen sich Ihr Entschlossenheits- und Ihr Ich-weiß-was-ich-weiß-Muskel. Denn etwas real vor sich zu sehen, bevor es tatsächlich eintritt, erfordert Mut und *Glauben*.

Verzweiflung ist ein schreckliches Parfum

Es war an einem Morgen, etwa acht Wochen nach der Nacht, in der Andrew mich gewürgt hatte. Ich stand in der Küche und musste in wenigen Minuten zu mehreren sehr wichtigen geschäftlichen Besprechungen. Plötzlich wandte sich Andrew zu mir um und sagte in beherrschtem, doch zutiefst furchterregendem Ton: »Lisa, ich habe einfach das Gefühl, dass zwischen uns etwas nicht stimmt. Es ist, als hätte sich zwischen uns etwas verändert und du möchtest mich verlassen.«

Oh mein Gott, dachte ich, er weiß es. Es waren nur noch drei Monate bis zu unserer geplanten Hochzeit und heimlich hatte ich bereits die Schneiderin angewiesen, nicht weiter am Brautkleid zu arbeiten, die Reservierung für die Yacht storniert, auf der wir eigentlich heiraten wollten, und sämtliche Einladungen, die wir längst hätten verschicken sollen, bei einer Freundin versteckt. Ich war mir sicher, ihm keinerlei Anhaltspunkte gegeben zu haben. Hektisch durchforstete ich mein Gedächtnis nach etwas, was ich übersehen haben könnte und versuchte zugleich, ihn zu beruhigen. »Nein, Liebling, ich will dich nicht verlassen.« Während ich sprach, krampfte sich mir der Magen zusammen, denn ich sah, dass sein Blick sich wieder genau so weitete und leer wurde wie in der Nacht, als er mich fast umgebracht hatte.

»Lisa«, sagte er, »ich kann mir einfach nicht vorstellen, dass ein anderer Mann dich berührt oder mit dir schläft.«

Ich sah ihm geradewegs in die Augen und sagte ihm zum ersten Mal seit vielen Monaten die Wahrheit: »Andrew, auch ich kann mir nicht vorstellen, dass ein anderer Mann mich berührt.« Das sagte ich aus tiefster Überzeugung. Denn wenn ich das lebend überstehen würde, dann hätte ich ein für alle Mal genug von den Männern.

Er fuhr fort: »Du und ich, wir sind füreinander gemacht. Aber anscheinend verstehst du das nicht. Lisa, ich glaube, ich wollte dich lieber tot sehen als an der Seite eines anderen.«

Als ich das hörte, fing mein Herz an zu klopfen wie eine Djembe in einem Trommelkonzert. Während ich noch versuchte, ihn zu beruhigen, sah ich, dass Jelani auf der Suche nach mir die Treppe herunterkam. Ich wusste, dass ich auf keinen Fall zulassen durfte, dass er sieht, was gleich passieren würde.

Deshalb bückte ich mich rasch, sah in Jelanis wunderschöne, strahlende Augen und versuchte so natürlich wie möglich zu klingen, als ich ihn bat, wieder nach oben zu gehen und sich seine Barney-Kassetten anzuhören. Er könne ruhig laut aufdrehen. Es kostete mich meine ganze Kraft, ihn jetzt nicht einfach zu schnappen und mit ihm aus dem Haus zu rennen. Aber meine Angst, dass wir in diesem Fall niemals vor Andrew sicher wären, war stärker. Jelani spürte meine Angst, drehte sich um und ging wortlos nach oben.

Sobald Jelani außer Sichtweite war, richtete ich mich langsam wieder auf und sagte mit der ruhigsten Stimme, derer ich mächtig war: »Andrew, ich liebe dich doch. Bitte sag nicht, dass du mir etwas antun willst.«

Aber als ob er mich nicht gehört hätte, starrte Andrew mich weiter mit diesem unheimlichen, leeren Blick an und sagte: »Wenn ich nicht der Mann deines Lebens bin, dann tut es mir leid, Lisa, dann ist es keiner.«

Zutiefst verängstigt sah ich mich in der Küche nach etwas um, womit ich mich verteidigen könnte. Aber noch bevor ich nach etwas greifen konnte, ging Andrew auf mich los. Mit seinen riesigen Händen packte er mich an der Kehle und hob mich hoch, sodass meine Füße mindestens einen halben Meter in der Luft waren. Dann warf er mich mit ganzer Kraft quer durch die Küche ins angrenzende Wohnzimmer. Als ich über den Küchentisch flog, streifte mein Arm das Tablett mit unserem Frühstück, und es ergoss sich über mich. Mein Körper knallte mit solcher Wucht auf der Stereoanlage auf, dass mir die Luft wegblieb.

Da lag ich nun, die Augen geschlossen, Eigelb über meinem Anzug. In meinem Kopf drehte sich alles und ich konnte diesen neuesten Horror noch gar nicht fassen.

Ich öffnete die Augen und sah, dass Andrew erneut auf mich losging. Jetzt war er vollends wütend. Mein Verstand raste in zwei verschiedene Richtungen gleichzeitig. Der eine Teil sagte: *Schnapp dir etwas Großes, Schweres, Scharfes und bring den Kerl um, bevor er dich umbringt.* Der andere Teil, der wusste, dass ich nie jemanden umbringen könnte, zwang mich zur Zurückhaltung. *Schmier ihm Honig um den Bart, um ihn zu beruhigen. Beende die ganze Sache so, dass er nie wiederkommt. Denk daran, er ist krank und instabil.*

Als er mich vom Boden aufhob, atmete ich tief durch und sah ihm geradewegs in die Augen. Mit der gefasstesten Stimme, derer ich fähig war, sagte ich: »Andrew, schau mich an. Andrew, schau mich an, Baby.« Sein leerer Blick ruhte in meinem. Auch wenn ich alles andere lieber getan hätte, wusste ich doch, dass ich ihn mit liebevollen Worten wieder zu sich bringen konnte. »Andrew, du liebst mich doch. Denk daran. Ich liebe dich auch. Und so etwas macht man nicht mit Menschen, die man liebt. Liebling, sieh mich an. Du hast mich gerade quer durchs Zimmer geworfen.«

Es funktionierte. Ich konnte beobachten, wie sich sein Gesichtsausdruck veränderte. Ich redete weiter: »Baby, ich weiß, du willst mir nicht wehtun. Aber das eben hat mir weh getan.

Du hast mir damit sehr wehgetan.« Andrews Blick wurde allmählich wieder lebendiger und er sah die Tränen, die mir übers Gesicht rannen.

»Lisa«, sagte er mit sorgenvollem Gesicht, »siehst du, wie sehr ich dich liebe? Ich will dir niemals weh tun, Baby, aber manchmal werde ich schier verrückt bei dem Gedanken, dass du mich verlassen könntest.«

Ich bin nicht allein

Mussten Sie schon einmal Ihre Gefühle sorgfältig im Zaum halten, um eine schwierige Situation zu überstehen? Kennen Sie es, einen Streit zu entschärfen, indem Sie Ihren Ton, Ihren Gesichtsausdruck oder Ihre Worte streng kontrollieren? Das kann sowohl am Arbeitsplatz vorkommen als auch zu Hause gegenüber Ihren Kindern, Ihrer Partnerin oder Ihrem Partner oder anderen Familienmitgliedern.

Kreuzen Sie ein Kästchen an, wenn Sie so etwas schon einmal machen mussten. Kreuzen Sie zwei Kästchen an, wenn es Ihnen recht häufig so ergeht. Kreuzen Sie drei Kästchen an, wenn das für Sie der Normalfall ist.

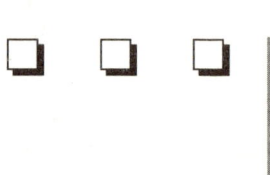

Innerlich schrie ich: *Jetzt schieb ja nicht mir die Schuld zu. Ich bin hier bestimmt nicht das Problem.* Aber aus meinem Mund kam Folgendes: »Ja, ich verstehe dich, Liebling. Aber das zeigt, dass dir ein Besuch bei deiner Familie zu Hause wirklich guttun würde. Dort könntest du etwas Stress abbauen. Bitte fahr nach Hause. Ich kümmere mich um alles, während du weg bist.«

Ich ließ ihn allein über mein Angebot nachdenken, hinkte

nach oben und schlich an Jelanis Zimmer vorbei. Ich konnte kaum die Arme heben, um mich umzuziehen. *Doch ich erhebe mich* – nie waren mir die Worte von Dr. Maya Angelou näher. Und während der Schmerz in meinem Körper anschwoll, bis er so groß war wie der Schmerz in meinem Herzen und in meiner Seele, hielt ich mir vor Augen, dass ich, egal wie oft ich umgehauen würde – sei es seelisch, emotional, finanziell oder sogar körperlich – immer wieder die Chance hatte, wieder auf die Beine zu kommen. *Doch ich erhebe mich. Doch ... ich ... erhebe ... mich.*

Ich betrachtete mich als eine starke, selbstbewusste und unabhängige Karrierefrau – nicht gerade das, was ich mir unter einem Opfer vorstellte. Und wenn ich hörte, wie Frauen erzählten, dass sie geschlagen oder missbraucht wurden, dann fragte ich mich jedes Mal: *Wie konnte sie sich nur in eine solche Lage bringen? Warum hat sie das mit sich machen lassen? Hat sie es nicht vorhergesehen?* Jetzt stellte ich mir diese Fragen selbst.

Eine Freundin hatte einmal gesagt, wer verzweifelt sei, trage ein stinkendes Parfum. Ich stank. Die ganze Sache stank. Und plötzlich wusste ich, dass diese ganze schreckliche Situation genau so angefangen hatte – mit meiner Verzweiflung. Jahrelang hatte ich geglaubt, ich sei erst dann eine richtige Frau – erfolgreich und anziehend –, wenn ich eine dauerhafte Beziehung hätte. Erst durch ihn, wer immer dieser »Er« auch sei, würde ich ein ganzer Mensch, und bis er mir begegnete, würde mir etwas fehlen, gähnte eine schmerzliche Leere in mir, die ich nicht selber füllen konnte.

Es war eine Ironie des Schicksals, dass Andrew genau der war, um den ich gebeten hatte, als ich zu Gott betete, er möge mir »einen Mann schicken, der mich mehr liebte als alles auf der Welt«. Andrew liebte mich wirklich mehr als alles auf der Welt. Für diese »Liebe« war er bereit, sein Leben zu geben, mir das Leben zu nehmen und höchstwahrscheinlich lebenslänglich einzufahren. Es war wieder einmal ein Beispiel dafür, wie meine Gedanken meine Wirklichkeit erschaffen hatten. Von jetzt an wollte ich meine Bitten und Gebete viel klarer formulieren – denn ich erkannte, dass ich damit Bestellungen aussandte, die tatsächlich in Erfüllung gehen konnten.

Der Zwischenfall in der Küche überzeugte Andrew schließlich, dass er wirklich eine Pause von dem Stress der Hochzeitsvorbereitungen brauchte, der, so versicherte ich ihm, der wahre Grund für seinen Gewaltausbruch war. Er erklärte sich einverstanden, einen Monat lang seine Familie an der Ostküste zu besuchen.

Endlich kam der Tag seiner Abreise. Halleluja! Ich fuhr ihn zum Flughafen, und auf dem Weg zum Terminal wandte sich Andrew mir zu und fragte: »Vermisst du mich denn gar nicht, Baby? Du wirkst so zufrieden, als freutest du dich sogar, dass ich weggehe.« Ich konnte förmlich sehen, wie die Rädchen in seinem Gehirn ratterten.

Okay, sagte ich mir, *das ist der letzte Akt. Bring das hinter dich, Lisa, und du bist frei.* Ich lehnte mich an ihn und flüsterte: »Liebling, ich gebe mir die größte Mühe, mich zusammenzureißen und nicht gleich hier loszuheulen.« Ich schaute ihn an, und dabei stiegen mir tatsächlich Tränen in die Augen. Mir wurde klar, dass ich nun wirklich dem Mann Lebewohl sagte, in den ich mich verliebt hatte und dass ich mit ihm meinen Traum vom glücklichen Familienleben verabschiedete. Wir schauten einander in die Augen, und sein Gesichtsausdruck wurde weicher.

Wir küssten uns, und während ich Andrew nachsah, merkte ich, dass ich den Atem anhielt. War es wirklich vorbei? Mit einem hörbaren Seufzer ließ ich die Luft aus meinen Lungen. Jelani und ich waren in Sicherheit – endlich!

Vom Flughafen fuhr ich geradewegs zum Strand und beobachtete den schönsten Sonnenuntergang, den ich je gesehen habe. Ich war frei. Ich hatte überlebt. Ich hatte das Meer der

Angst überwunden. Noch einmal dankte ich Gott dafür, dass er meinen Entschlossenheits-Muskel gestärkt hatte. Er war für mich zum Rettungsboot geworden und hatte mich sicher über raue See ans trockene Land gebracht.

Krafttraining

Sicher sind Sie im Leben schon das eine oder andere Mal gegen eine Wand gelaufen. Dann sahen Sie sich vielleicht vor eine Herausforderung gestellt, die zu groß für Sie erschien. In so einem Fall hilft nur: tief durchatmen und Ihren Entschlossenheits-Muskel so straff anspannen, wie Sie nur können. Sie werden staunen, wie viel Kraft Sie in sich entdecken, wenn Sie sich an die Prozesse halten, über die wir bisher in diesem Kapitel gesprochen haben:

1. Seien Sie ehrlich.
2. Setzen Sie sich ein Ziel.
3. Nutzen Sie die Kraft der Konzentration.

Und damit Sie optimal durchtrainiert sind, nutzen Sie Prozess 4: Unterstützen und nähren Sie Ihren Entschlossenheits-Muskel jederzeit optimal. Bleiben Sie dazu fest mit Ihrer spirituellen Mitte verbunden und bitten Sie die Menschen, die Sie lieben, um Hilfe.

Es mögen Zeiten kommen, in denen Ihre Gefühle Ihren klaren Blick für Ihre Situation trüben. Dann sind Sie vielleicht so verängstigt oder wütend oder verletzt, dass Sie buchstäblich nicht mehr geradeaus schauen können. Wenn Sie das merken, dann nehmen Sie sich einen Augenblick Zeit, um sich wieder zu sammeln. Suchen Sie jenen Ort der Ruhe und des Wissens in Ihrem Inneren auf, über den wir in dem Kapitel über die Entwicklung Ihres Ich-weiß-was-ich-weiß-Muskels gesprochen haben. Auf diese Weise verbinden Sie sich wieder fest mit Ihrem höheren Ziel.

Wenden Sie sich notfalls an einen Ihrer Raketen-Booster-Freunde, der Ihnen helfen kann, Fakten und Gefühle auseinanderzuhalten. Bitten Sie diesen Menschen, Ihnen keinen Rat zu erteilen, sondern Sie einfach nur dabei zu unterstützen, Ihre eigene Lösung zu finden. Indem er Ihnen zuhört oder entsprechende Fragen stellt, können Sie wieder ein klares Bild davon gewinnen, was Sie wirklich wollen.

Wenn Freunde, Familie und Kollegen Ihnen Vorschläge machen, dann hören Sie immer gut zu, aber prüfen Sie diese Vorschläge genau, bevor Sie sich für ein bestimmtes Vorgehen entscheiden. Bleiben Sie mit Ihrer eigenen inneren Weisheit verbunden und halten Sie sich strikt an den Plan, der auf Ihrem persönlichen Bild vom großen Ganzen aufbaut.

Entschlossenheit ist ansteckend. Suchen Sie sich deshalb zum Aufbau Ihres Entschlossenheits-Muskels einen starken, entschlossenen Menschen, mit dem Sie hin und wieder zusammen sein können – einen Lehrer, jemanden aus Ihrer Familie oder ein Kind –, jemanden, dessen Lebensweise Sie zu persönlichem Wachstum anregt. Und suchen Sie sich Vorbilder wie Martin Luther King oder Mahatma Gandhi, die Sie in Sachen Durchhaltevermögen, Stärke und Entschlossenheit zu neuen Höhen führen können. Schon bald werden Sie selbst jemand sein, der andere zu entschlossenem Handeln anregt.

Mehr als jeden anderen Muskel stärken Sie Ihren Entschlossenheits-Muskel durch wiederholten und steten Gebrauch. Ob es nun darum geht, eine Krise zu überstehen, eine Herausforderung zu meistern oder Ihren Traum zu verwirklichen: Immer wenn Sie eine Situation überwinden oder sich durch sie hindurchkämpfen müssen, dann bauen Sie Ihren Entschlossenheits-Muskel auf und trainieren ihn. Wenn Sie die Kraft der Entschlossenheit kontinuierlich nutzen, dann wird alles, was zunächst zu schwer erschien, nach und nach machbar.

Wenn Sie eine traumatische, frustrierende oder zutiefst verletzende Situation überstehen, dann gehen Sie daraus gestärkt hervor. Wenn Sie die Lektionen lernen, die mit dieser Situation verbunden sind, dann sind Sie nicht mehr der- oder dieselbe wie zuvor.

Ein starker Entschlossenheits-Muskel ist das Geheimnis des Erfolgs. Mit ihm können Sie sich immer neuen, größeren und bedeutenderen Herausforderungen stellen, bis Sie erkennen, dass Ihrem Erfolg keine Grenzen gesetzt sind.

Die folgenden *Beflügelnden Ersten Schritte* sollen Ihnen beim Aufbau Ihres Entschlossenheits-Muskels helfen; sie sollen Ihnen helfen, wenn Sie Täler durchschreiten und zu den Gipfeln Ihres Lebens aufsteigen.

Beflügelnde Erste Schritte

Es ist prima, wenn Sie sich schon in Entschlossenheit üben, bevor Sie sie wirklich brauchen. Wenn Sie einen schwachen Entschlossenheits-Muskel stärken und zugleich eine Herausforderung bewältigen müssen, dann erscheint Ihnen diese Herausforderung nur umso größer. Mit diesen Ersten Schritten bleibt Ihr Durchhaltevermögen in Topform und jederzeit einsatzbereit.

1. **Ein tolles Gefühl:** Der erste Schritt zur Entwicklung Ihres Entschlossenheits-Muskels besteht darin, dass Sie festlegen, wie wichtig Ihnen Ihre Ziele sind. Was macht sie für Sie so wichtig? Entschlossenheit ist die Folge einer laserscharfen Konzentration auf etwas Bestimmtes. So können Sie alles und jedes überwinden, um zu Ihrem Ziel zu gelangen. Eine Möglichkeit, ihr Ziel sicher anzuvisieren, sieht folgendermaßen aus:

   - Begeben Sie sich an einen besonderen, stillen Ort, an dem Sie sich geborgen und entspannt fühlen. Das kann Ihr Lieblingslesesessel zu Hause oder der Platz unter einem Baum in der freien Natur sein, es kann in Ihrer Kirche oder an einem anderen religiösen Ort sein, wenn gerade kein Gottesdienst stattfindet. Es kann aber auch in einem Park in Ihrer Nähe oder am Strand sein. Begeben Sie sich einfach dorthin und schütteln Sie allen Stress ab, der sich im Laufe des Tages angesammelt hat. Jetzt dürfen Sie nachdenken, ohne sich ablenken zu lassen.
   - Greifen Sie sich ein Ziel aus der Liste heraus, die Sie in Schritt 4 des letzten Kapitels erstellt haben. Wählen Sie ein Ziel, für das Sie bereits Meilensteine und Schritte entwickelt haben. Visualisieren Sie nun nicht nur das Ziel, sondern auch, dass Sie es erreichen. Malen Sie sich aus,

dass Sie dieses Ziel bereits erreicht haben und stellen Sie sich die nachfolgenden Fragen. Halten Sie nach jeder Frage inne, atmen Sie tief durch und lassen Sie sich so viel Zeit, wie Sie brauchen, um Ihre Antwort zu finden und um alle Gefühle zuzulassen, die damit verbunden sein mögen. Gehen Sie erst danach zur nächsten Frage über.

- Warum ist dieses Ziel so wichtig für mich? Welchen Wert stellt es in meinem Leben dar?
- Was habe ich davon, wenn ich dieses Ziel erreiche? Welche Freude ist damit verbunden? Welche Freiheit gewinne ich, die ich im Moment nicht habe?
- Warum lohnt es sich, für mein Ziel zu kämpfen? Hart dafür zu arbeiten? Bis spät in die Nacht dafür wach zu bleiben? Mich dafür einzuschränken?

Wenn Sie diese Übung machen, werden Sie sich sehr wahrscheinlich enorm gestärkt und befreit fühlen. Wenn Sie dann später auf Ihr Ziel hinarbeiten und dabei schwierige oder herausfordernde Momente erleben, dann können Sie dieses Gefühl wieder in sich wachrufen. Das hilft Ihnen, sich Angst, Frustration, Erschöpfung und Enttäuschungen zu stellen und trotzdem weiterzumachen. Wenn Ihnen das gelingt, dann wissen Sie, dass Sie sich Ihre Entschlossenheit vollkommen zu eigen gemacht haben.

2. **Das Thermometer:** Nehmen Sie sich dasselbe Ziel, auf das Sie sich im ersten Schritt konzentriert haben, noch einmal vor und kreieren Sie ein Bild, das die Stufen seiner Erfüllung darstellt. Zeichnen Sie dazu auf ein leeres Blatt Papier ein Thermometer, so wie es etwa Gruppen beim Fundraising tun, um darzustellen, wie viel Geld schon gesammelt werden konnte. Schreiben Sie Ihr Ziel ans obere Ende und unterteilen Sie dann das Thermometer in zehn gleich große

Abschnitte: 10 Prozent, 20 Prozent, 30 Prozent und so weiter. Malen Sie nun mit einem Farbstift das Thermometer bis zu dem Gradstrich aus, der angibt, wie weit Sie bis heute Ihrem Ziel schon näher gekommen sind. Befestigen Sie dieses Thermometer nun irgendwo, wo Sie es jeden Tag sehen können, also z. B. an Ihrer Kühlschranktür, am Badezimmerspiegel oder an einer Wand in Ihrem Arbeitszimmer und aktualisieren Sie den Stand und damit Ihre Fortschritte gewissenhaft jeden Freitag. Das können Sie bei beliebig vielen Zielen so machen.

3. **Sprechen Sie über Ihren Traum:** Ein Ziel wird realer und konkreter, wenn Sie es über den begrenzten Raum Ihres eigenen Kopfes und Ihrer Selbstgespräche hinausheben und anderen mitteilen. Dann können Sie seine Kraft auch *außerhalb* Ihrer selbst sehen und erleben. Wenn Sie ein Ziel haben, von dem keiner etwas weiß, dann ist das eher ein inspirierendes Geheimnis. Wenn Sie aber eine Gemeinschaft schaffen, die Sie dabei unterstützt, Ihr Ziel zu erreichen – selbst wenn diese Gemeinschaft am Anfang nur aus einer einzigen weiteren Person besteht –, dann können Sie viel zuverlässiger auf Ihr Ziel zusteuern.

- Wählen Sie dazu einen bestimmten Raketen-Booster-Freund, und sprechen Sie mit ihm oder ihr regelmäßig über Ihre Ziele. Nehmen Sie sich jede Woche zehn Minuten Zeit, um ihn oder sie über Ihre Fortschritte auf dem Laufenden zu halten. So bleiben Sie garantiert bei der Sache und kommen kontinuierlich weiter. Zugleich regt das auch Ihre Freundin oder Ihren Freund dazu an, die eigenen Ziele zu erreichen.

Kapitel acht

Training für Ihren Vergebungs-Muskel:
Finden Sie den Weg zurück zur Liebe

»Es tut mir leid. Verzeih mir bitte.«

Wenn Sie diese Worte hören, was empfinden Sie dann? Meist lernen wir doch schon als Kinder, dass »schon verziehen« die richtige Antwort auf »es tut mir leid« ist – eine automatisierte Reaktion, wie man auch »bitte« erwidert, wenn jemand »danke« sagt. Wenn Sie aber in einer Situation sind, in der Sie wirklich vergeben müssen, dann werden Sie bestimmt feststellen, dass das gar nicht so einfach ist. Das liegt daran, dass Vergebung nicht das ist, was wir gemeinhin glauben. Wenn Ihnen dabei Worte wie *Verzeihung*, *Entschuldigung* oder *gerade nochmal davongekommen* in den Sinn kommen, dann haben Sie Vergebung wahrscheinlich ziemlich missverstanden.

Ihren Vergebungs-Muskel können Sie ganz leicht testen, wenn Sie sich fragen: *Gibt es Ereignisse aus meiner Vergangenheit, die mir Kräfte rauben, wenn ich mich daran erinnere? Gibt es etwas in meinem bisherigen Leben, das mich immer noch wütend oder traurig macht oder mir immer noch wehtut, wenn ich daran denke?*

Wenn Sie eine dieser Fragen mit Ja beantworten, dann könnte Ihr Vergebungs-Muskel etwas Training gebrauchen. Mit einem schwachen Vergebungs-Muskel bleiben Sie an alte Umstände und Erfahrungen gebunden und lassen sich weiter davon definieren, obwohl das keinerlei Sinn mehr macht. Sie wirken wie kleine rote Ampeln, die innerlich aufflackern. Wenn Sie zum Beispiel genau dem richtigen Menschen begegnen, mit dem Sie eine wunderbare Beziehung haben könnten, dann können Sie sich vielleicht gar nicht richtig darauf einlassen, weil Sie sich innerlich immer noch nicht aus einer alten Beziehung gelöst haben, in der Sie verletzt worden sind. Immer wieder steigt dann diese schmerzliche Erinnerung in Ihnen auf, und Sie erleben den Schmerz ständig neu, obwohl er längst vorbei ist. Warum tun Sie das? Weil Sie damit noch nicht fertiggeworden sind; Sie haben es noch nicht losgelassen. Oder einfacher ausgedrückt: Sie haben Ihren Vergebungs-Muskel noch nicht eingesetzt, um diesen Heilungsprozess zu beschleunigen.

Sehr viele Menschen halten immerzu an alten Erlebnissen fest, die sie daran hindern, ihr höchstes Ziel zu erreichen. Man kann einfach nicht vorwärtskommen und Neues aufnehmen, wenn man beide Hände voll hat mit alten Themen, mit Reue, Scham, Wut oder Angst. Das Gleiche gilt für eine geschlossene Hand. Wenn wir ständig wutentbrannt die Faust gegen jemanden erheben und schreien: »Das verzeih ich dir nie!«, dann enthalten wir uns selbst alle neuen Möglichkeiten vor. Wir glauben dann, wir bestraften den anderen, tatsächlich aber verletzen wir uns nur selbst und hindern uns daran, unser Potential zu verwirklichen.

Ich dachte damals, ich wüsste, was Vergebung ist. Daher war ich einigermaßen schockiert darüber, was ich durchmachen musste, als Andrew erst einmal weg war. Ich musste nicht nur tief in mich gehen, um mir über meine Gefühle klarzuwerden und sie zu verarbeiten, sondern ich musste meine Vorstellung von Vergebung von Grund auf ändern und erfahren, dass sie in Wirklichkeit mit niemand anderem zu tun hat als mit mir selbst.

Vom Regen in die Traufe

In den ersten Wochen nach Andrews Abreise telefonierten wir regelmäßig. Als der Tag näher rückte, an dem er wiederkommen sollte, überredete ich ihn, noch zwei Wochen zu bleiben. Erst als die vorüber waren, konnte ich ihm endlich sagen, was er wohl selbst schon wusste: Ich war nicht bereit, ihn zu heiraten und wusste auch nicht, ob ich es je wäre. Bei unserem letzten Telefongespräch versicherte ich ihm zwar, dass wir immer noch miteinander reden und uns besuchen würden, aber da hatte ich bei der Telefongesellschaft bereits eine neue Nummer beantragt, die nicht mehr im Telefonbuch stehen sollte.

Meiner Familie habe ich nie erzählt, was wirklich passiert ist. Ich habe ihnen nur erklärt, Andrew habe unter bestimmten gesundheitlichen Problemen gelitten, über die er aber nicht sprechen wollte, und das habe zum Ende unserer Beziehung geführt. Weder wollte ich die schrecklichen Momente noch einmal erleben, während ich das alles erzählte, noch das Entsetzen in den Gesichtern meiner Lieben sehen oder erklären, warum ich in der beschriebenen Weise vorgegangen war. Es war vorbei und das sollte es auch bleiben.

Nur wenige Tage nach Andrews Abreise packte ich unsere Sachen und zog mit Jelani vorübergehend zu meiner Mutter. Ich konnte keine Nacht länger in dem Haus bleiben, in dem wir gemeinsam gewohnt hatten.

Nun da Andrew weg war, würde alles besser, davon war ich überzeugt. Doch stattdessen wurde es schlimmer. Monatelang lebte ich unter einer Glocke aus Angst und Schrecken. Ich wartete nur darauf, dass Andrew mir nachstellte und mich erschoss. Immer wenn ich einen gut gekleideten dunkelhäutigen Mann sah, der seiner Größe nach Andrew hätte sein können, packte mich die nackte Angst. Meine Hände wurden feucht, mein Herz klopfte wild, ich atmete extrem flach und ging nervös auf und ab.

Zu Hause konnte ich nicht allein sein, und oft brach ich scheinbar grundlos in Tränen aus oder zitterte unkontrollierbar. Ich hatte häufig Alpträume; dann wachte ich schweißgebadet auf und schrie: »Runter von mir. Ich hasse dich; bring mich nicht um!« Dabei verabreichte ich meinem vermeintlichen Angreifer mit der Kraft eines wütenden Stiers einen Schwinger.

Zwar hatte mein Gewicht in den Jahren nach Jelanis Geburt immer stark geschwankt, aber jetzt ging ich auf wie eine Dampfnudel, denn ich ließ meinen Sport schleifen. Ich begriff nicht, was mit mir los war und warum. Ich fühlte mich wie ein Zombie, der stumpfsinnig durchs Leben geht, aber überhaupt nicht richtig da ist.

Als meine Mutter erkannte, dass ich nicht alleine aus dem Dunkel herausfinden würde, in dem ich mich befand, bestand sie darauf, dass ich zu ihrer Ärztin ging, damit die herausfinden konnte, was mit mir nicht stimmte. Zwar hatte ich ihr nicht alles offen und ehrlich gesagt, aber sie konnte eins und eins zusammenzählen. Wenn sie mich ansah, dann stand in ihren Augen der Schmerz einer Mutter, die ihr Kind nicht vor der bösen Welt beschützen kann. Ich kannte diesen Blick, denn genau so hatte ich Jelani in den Wochen und Monaten oft angesehen, in denen ich um einen Ausweg aus der gefährlichen Lage kämpfte, in die ich uns gebracht hatte.

Als die Ärztin ins Untersuchungszimmer kam, versuchte ich mich erfolglos an einem Lächeln. Sie las meine Karteikarte, untersuchte mich sorgfältig und sagte dann: »Lisa, Sie leiden an einem posttraumatischen Belastungssyndrom. Das ist eine psychische Störung, die nach einem traumatischen oder lebensbedrohlichen Erlebnis eintreten kann. Auch wenn die Betroffenen wissen, dass sie in Sicherheit und der Gefahr entronnen sind, kann sich diese posttraumatische Belastungsstörung in vielen verschiedenen körperlichen und seelischen Symptomen äußern, zum Beispiel in Weinen, unkontrollierbarem Zittern, Schlafstörungen oder Angst vor dem Alleinsein, alles Symptome, die Sie aufweisen. Außerdem würde ich sagen, Sie leiden an einer behandlungsbedürftigen Depression.«

> **Ich bin nicht allein**

Ist Ihnen ein Ereignis aus Ihrer Vergangenheit, ganz gleich, ob es eben erst geschehen oder bereits lange her ist, schon einmal so sehr nachgegangen, dass es Sie vollkommen in Beschlag nimmt und Sie kaum darüber hinwegkommen können?

Kreuzen Sie ein Kästchen an, wenn Sie so etwas je erlebt haben. Kreuzen Sie zwei Kästchen an, wenn es zu einer beträchtlichen Störung in Ihrem Leben geführt hat. Kreuzen Sie drei Kästchen an, wenn es Ihr ganzes bisheriges Leben vollkommen zum Erliegen gebracht hat, wie es bei mir der Fall war.

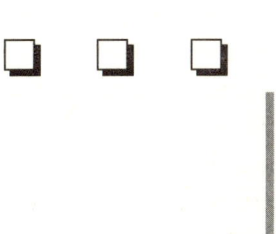

Sie schrieb ein Rezept aus und überreichte es mir. Ich las die Worte darauf, konnte nicht glauben, was da stand und las noch einmal:
    Name des Patienten/der Patientin: Lisa Nichols
    Diagnose: Schwere Depression
    Verschreibung: Prozac
    Lange starrte ich auf diese Worte. Meine Diagnose machte mich sprachlos. Dann sah ich sie an und fragte: »Frau Doktor, Sie meinen, ich bin *traurig*?«
    »Ja, Lisa, Sie sind tieftraurig, und Sie brauchen Hilfe. Ich

würde Ihnen raten, sofort mit der Einnahme dieses Medikaments zu beginnen.«

Plötzlich ergab alles einen Sinn. Sie hatte Recht, ich war tatsächlich traurig. Ich war traurig darüber, dass ich so einsam gewesen war, traurig, dass ich nicht auf meine Intuition gehört hatte. Ich war traurig, dass ich misshandelt worden und dass aufgrund meiner Entscheidungen das Leben meines Sohnes in Gefahr geraten war. Ich war traurig, dass der Traum von Liebe wieder einmal zerbrochen war und in Schutt und Asche lag. Aber jetzt war der Preis dieser Traurigkeit zu hoch geworden.

Emotionales Pulsmessen

Hin und wieder unglücklich zu sein, ist nur menschlich. Eine tiefe Traurigkeit kann sich aber auch so allmählich einschleichen, dass wir nicht einmal mehr feststellen können, wann und wie alles angefangen hat. Sie kann kurz aufflackern und dann still verschwinden oder sie kann unser Leben sogar mit übermächtiger Kraft zum Erliegen bringen. Plötzlich sind wir gezwungen, eine Auszeit zum Nachdenken zu nehmen, weil etwas nicht stimmt. Wenn wir uns ihr dann nicht bewusst zuwenden, kommen wir nicht so leicht über diese große Herausforderung hinweg.

Wenn Sie in einem unentwirrbaren Gefühlsdurcheinander stecken und gar nicht mehr so recht wissen, was Sie eigentlich empfinden, dann ist es Zeit für eine emotionale Inventur, wie ich zu sagen pflege. So etwas machen wir normalerweise nicht gerne. Viel eher sind wir geneigt, andere wegen ihrer Gefühle zur Rede zu stellen, indem wir jemanden zum Beispiel fragen: »Warum bist *du* bloß so wütend?«, als über unsere eigenen Gefühle nachzudenken. Doch zu wissen, was innerlich in uns vorgeht, kann unglaublich stärkend sein – und aufschlussreich. Wir werden uns unserer selbst vollkommen bewusst.

Wenn wir unseren emotionalen Puls messen, können wir unsere Gefühle benennen. Andernfalls bleiben sie oft abstrakt und unbegreiflich. Als ich das Wort *traurig* hörte, traf es bei mir genau ins Schwarze. Es war so real und konkret, als könnte ich es anfassen. Es gab meinem Gefühlszustand eine Stimme und holte ihn aus einer unbewussten Ebene ans Licht. So viele unserer Emotionen verstecken sich in unserem Unterbewusstsein. Wir spüren sie nicht deutlich oder wissen gar nicht, was sie mit uns machen. Dennoch beeinflussen sie unser Denken und Handeln. Sobald wir sie aber identifizieren können, können wir sie auch näher untersuchen.

Wenn Sie das nächste Mal ein starkes Gefühl verspüren, dann nehmen Sie sich etwas Zeit und stellen Sie genau fest, was Sie da fühlen. Werden Sie ruhig, wenden Sie sich nach innen und hören Sie einfach zu. Tun Sie einen Moment lang so, als wären Sie selbst Ihre beste Freundin, und fragen Sie sich liebevoll: »Wie fühlst du dich?« Beantworten Sie sich diese Frage laut und ergänzen Sie dabei mindestens sechs- oder siebenmal das folgende Satzfragment: »Ich fühle mich gerade ...« Haben Sie keine Angst vor dem, was dabei herauskommt. Die Wahrheit ist nicht nur vollkommen in Ordnung, sondern in diesem Moment auch absolut notwendig. Wenn Sie den Satz vervollständigen, dann achten Sie auf die Energie, die Ihre Gefühle auslösen. Wahrscheinlich können Sie sie körperlich spüren – in den Muskeln, im Kopf, im Magen. Vielleicht fällt Ihnen auf, dass Sie anders atmen oder dass sich Ihr Tonfall oder Ihre Stimmlage verändert. Vielleicht fühlen Sie sich wie ein verängstigtes Kätzchen und möchten sich verstecken und weglaufen wie ich. Womöglich möchten Sie aber auch zum Sprung ansetzen wie ein wütender Tiger, um sich zu schützen. Diese Inventur hilft Ihnen, die einzelnen Schichten Ihrer Persönlichkeit freizulegen und zu verstehen, mit welchen Gefühlen Sie es zu tun haben.

An dieser Stelle kommt auch Ihr Ehrlichkeits-Muskel ins

Spiel. Sie werden ihn brauchen, damit Sie so authentisch wie möglich sein können, wenn Sie Ihren emotionalen Puls messen. Er hilft Ihnen zu erkennen, was in Ihnen ist: ob Angst, Wut, Stress, Sorge, Furcht oder, wie ich es erlebt habe, eine lähmende Traurigkeit.

Zu wissen, welche Gefühle Sie empfinden, ist der erste Schritt, um Ihren Vergebungs-Muskel zum Einsatz bringen zu können. Es ist wie das Dehnen zum Aufwärmen vor dem Sport. Es zeigt Ihnen die angespannten Stellen in Ihrem Inneren, die der Aufmerksamkeit bedürfen, und es bereitet Sie zugleich auf die größere Anstrengung vor, die Ihnen noch bevorsteht.

Tausend neue Chancen

Ich dankte der Ärztin für ihr Rezept, ging nach Hause und steckte es in die Schublade. Ich war bereit, das Medikament zu nehmen, aber zuerst wollte ich etwas anderes ausprobieren. *Lisa*, sagte ich mir, *du verdienst deinen Lebensunterhalt damit, dass du anderen zeigst, wie sie aus den Talsohlen ihres Lebens wieder herauskommen und ihre Zusammenbrüche in Durchbrüche verwandeln. Jetzt wird es Zeit, dass du einmal selber deinem Rat folgst.*

Ich wusste und lehrte andere, dass Traurigkeit von einem tatsächlichen oder empfundenen Mangel an Selbstwertgefühl, Liebe, Glaube, Anerkennung oder Hoffnung rührt. Nach allem, was ich durchgemacht hatte, war ich diesbezüglich ziemlich auf dem Nullpunkt angelangt. Wie bei einem Auto war einfach mein Tank leer. Ich hatte das Gefühl, dass ich keinen Meter weiter konnte, nichts ging mehr.

Jetzt, mitten in meinem eigenen Zusammenbruch, wollte ich alles, was ich unterrichtete, einem gründlichen Praxistest unterziehen. In diesem Augenblick musste ich mir selber die

Chance sein, von der ich anderen immer erzählte. Ich musste die Heilung sein, von der ich immer behauptete, dass es sie gäbe. Jetzt musste ich die innere Spannkraft zeigen, die ich andere immer bat, in sich zu erschließen. Ich musste mich selbst daran erinnern, wer ich als Frau war und, wichtiger noch, als welchen Menschen mich Gott erschaffen hatte. Jetzt musste ich meinen eigenen Tank wieder auffüllen.

Ich wandte also mein persönliches Rezept zur Steigerung des Wohlbefindens an und las täglich inspirierende Bücher, angefangen mit der Bibel, dann aber auch andere, etwa von Iyanla Van Zant, Maya Angelou, Marianne Williamson und Wayne Dyer.

Ich schrieb Affirmationen, die speziell auf meine Bedürfnisse zugeschnitten waren, auf selbstklebende Notizzettel und klebte sie überall hin. »Meine Vergangenheit sagt nichts über meine Zukunft« stand am Kühlschrank. »Das nächste Kapitel meiner Lebensreise gestalte ich selbst« prangte auffällig innen an der Haustür. »Ich bin die Schöpferin meines Schicksals« klebte am Kopfende meines Bettes. Der Badezimmerspiegel erinnerte mich: »Ich bin schön von innen und außen und verdiene Liebe, die mir guttut.« Ich wandte das Gesetz der Anziehung an, ohne mir dessen überhaupt bewusst zu sein.

Zu meinem Rezept gehörte auch eine gesunde Dosis Spiegelarbeit. Dabei saß ich zwar regelmäßig vor dem Spiegel und betrachtete mich eingehend. Doch ich prüfte nicht den Zustand meiner Haut, den Sitz meiner Frisur oder die Besonderheiten meiner Figur. Ich sah mir einfach nur in die Augen und war mir selber gegenüber dabei so ehrlich und authentisch, wie ich nur konnte. Das war der Beginn meiner Reise zu tieferer Selbstliebe, zu mehr Anerkennung, Unterstützung und Achtung für mich selber.

Ich sah mir selbst in die Augen und vervollständigte dabei folgende Sätze: »Lisa, ich bin stolz, dass du…«, »Lisa, ich liebe an dir, dass du…« und: »Lisa, ich verspreche dir, dass…«

mit jeweils sieben verschiedenen Punkten. Nach ein paar Tagen fiel mir auf, dass mir der mittlere Satz besondere Schwierigkeiten bereitete. Wenn ich darüber sprach, was ich an mir liebte, merkte ich, dass meine Energie absank. Irgendetwas in mir hatte keine besonders liebevollen Gefühle für Lisa Nichols.

Da wurde mir klar, dass ich mich wegen der Ereignisse in meiner Beziehung mit Andrew schuldig fühlte und schämte. Um diese Schuldgefühle und die Scham musste ich mich kümmern. Also fügte ich den Satz hinzu: »Lisa, ich vergebe dir, dass du …«

Ich bin nicht allein

Haben Sie schon einmal etwas hinter sich lassen wollen und dann feststellen müssen, dass Sie nicht weiterkommen, wenn Sie sich nicht selbst verzeihen? Schuldgefühle und Scham können dafür sorgen, dass wir nicht über eine schmerzliche Erfahrung hinwegkommen.

Kreuzen Sie ein Kästchen an, wenn Sie so etwas schon einmal erlebt haben. Kreuzen Sie zwei Kästchen an, wenn Sie diese Gefühle in der Vergangenheit öfter mal hatten. Kreuzen Sie drei Kästchen an, wenn das ein großes Thema für Sie war oder noch ist.

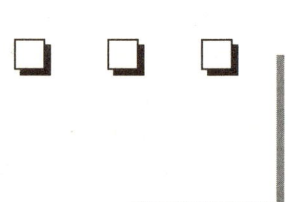

Tag für Tag, Woche um Woche wiederholte ich diese Übung vor dem Spiegel. Jeden Morgen, bevor ich zur Arbeit ging, erinnerte ich mich daran, worauf ich stolz sein konnte, was ich an mir liebte, was ich mir verzieh und was ich mir vorgenommen hatte.

Meine Botschaften an mich selbst waren immer klar und direkt und kamen von Herzen. Ich sagte mir: »Lisa, ich bin stolz, dass du dir immer die Wahrheit sagen willst, auch wenn sie wehtut. Ich liebe an dir, dass du bereit bist, für dein Leben zu kämpfen. Ich vergebe dir, dass du deinem Bauchgefühl, deiner Intuition nicht getraut hast, als sie dir sagte, dass etwas nicht stimmte. Ich verspreche dir, dass ich meinen Tank selber wieder auffüllen und nicht darauf warten werde, dass andere das für mich tun.«

So bestärkte ich mich bewusst in meiner Gegenwart, vergab mir meine Vergangenheit und gestaltete meine Zukunft. Mir wurde klar, dass ich nicht nur eine neue Chance verdient hatte – sondern tausend neue Chancen.

Zeit, wieder ins Leben zu gehen

Die Grundlage wahrer Vergebung ist, dass Sie vollkommen bei sich selber sind und Ihre Gefühle erkennen können. Sobald Sie aber erkannt haben, welche es sind, ist es an der Zeit, sie zu *verarbeiten*. Dann erkennen Sie, dass es wahrscheinlich Dinge gibt, die Sie sich selber verzeihen müssen. Sie merken dann vielleicht, dass Sie unter anderem auch Scham und Schuld mit sich herumtragen; Sie bereuen die Fehler, die Sie früher gemacht haben.

Hinter negativen Gefühlen steckt schlicht und einfach die Notwendigkeit, sich wieder mit der Liebe zu sich selbst zu verbinden. Die Arbeit vor dem Spiegel, wie ich sie gemacht habe, ist eine Möglichkeit dazu. Das kann allerdings eine sehr intensive und herausfordernde Erfahrung sein. Am Anfang fühlen Sie sich vielleicht äußerst unwohl, besonders, wenn Sie so etwas noch nie gemacht haben. Aber sehen Sie es einmal so: Wenn Sie nicht bereit sind, alles zu tun, was nötig ist, damit Sie sich selbst akzeptieren können, dann können Sie diese unbewussten Gefühle nie auflösen und nie vollkommene Vergebung erreichen. Deshalb ist das Mindeste, was Sie tun können, das Versprechen an sich selbst, sich wieder mit der Liebe zu verbinden, die Sie einzig und allein für sich selbst empfinden. Denken Sie nicht einmal an andere Menschen oder Ereignisse, die die emotionale Last, die Sie mit sich herumtragen, noch schwerer machen. Auch wenn ich von Andrew enttäuscht war, so musste ich doch zuerst mit der Enttäuschung über mich selber fertigwerden. Und für den Anfang meines emotionalen Verarbeitungsprozesses war das beileibe genug.

In meinen Workshops stelle ich das Wort *Intimacy* (Intimität) aus einer neuen Perspektive vor. Wenn man es langsam ausspricht, dann gelangt man zur heiligsten und wertvollsten Form von *Intimacy*: *into-me-see* (in-mich-schauen). Damit wird unser Blick nach innen gerichtet. Ich lasse die Teilnehmenden dieses Wort langsam laut aussprechen, ohne dass sie auf die Buchstaben schauen. Sie sollen vielmehr bewusst wahrnehmen: *into me I see* (in mich schaue ich). Dann bedeutet *Intimacy*, unseren Glauben an uns selbst zu bestärken und uns mit dem zu verbinden, was wir glauben und was wir wollen.

Wenn Selbstgespräche vor dem Spiegel nicht Ihr Ding sind, dann können Sie diese Erfahrung auch auf andere Weise machen. Sie können sich dazu zum Beispiel auch an einen Ihrer Raketen-Booster-Freunde wenden und sich mit ihm oder ihr in einem geschützten Rahmen unterhalten oder einen passenden Workshop oder ein Seminar zur Entwicklung Ihrer Persönlichkeit besuchen. Oder Sie suchen sich eine Therapeutin oder einen Therapeuten, die oder der Ihnen hilft, mit Ihren widersprüchlichen Gefühlen klarzukommen.

Das Ziel ist, dass Sie sich wegen all dessen, was geschehen ist, keine Selbstvorwürfe mehr machen und wieder Zugang zu Ihrer Selbstliebe finden, die immer da ist. Und wenn Sie dann allmählich Ihren Tank wieder mit dem bedingungslosen Glauben an sich selbst auffüllen, dann treffen Sie auch Ihre Entscheidungen wieder auf einer solideren Grundlage. Sie handeln mit größerer Klarheit und gehen selbstbewusster vor, als wenn Ihr Ausgangspunkt Mangel oder Knappheit bzw. Ihr Tank absolut leer ist. Alle Menschen sehnen sich danach, mit Liebe, Zuversicht und Chancen überhäuft zu werden, aber die meisten glauben, dass andere ihren Tank für sie auffüllen sollten. Doch das ist einzig und allein unsere Aufgabe. Jeder Mensch muss seinen Tank selber füllen.

Wenn Sie sich wieder mit sich selber verbinden, setzt ein Heilungsprozess von innen nach außen ein. Und selbst wenn Sie das Gefühl haben, dass Sie nur an der Oberfläche der Vergebung kratzen, machen Sie das zu Ihrem Ausgangspunkt. Gerade mit diesem Schritt, der Ihr Leben verändern kann, beginnt dann die eigentliche Arbeit.

Der Prozess der »Ganzen Wahrheit«

Mein selbst verordnetes »Tankauffüllungs-Programm« funktionierte. Nach sechs Monaten hatte ich meine Angst, Traurigkeit und Traumatisierung überwunden und konnte wieder normal leben und arbeiten. Allmählich fühlte ich mich wieder so, wie ich das von mir kannte, und fasste auch beruflich wieder Fuß. Ich arbeitete weiterhin mit Jugendlichen und lehrte sie, sich selbst zu lieben sowie anderen und sich selbst zu vergeben.

Zwar sprach ich vor anderen von Vergebung, war aber selber noch nicht bereit, sie in meinem Fall auch voll und ganz in die Tat umzusetzen. Meine Arbeit vor dem Spiegel hatte mir zwar geholfen, mir meinen eigenen Anteil an meinem Alptraum zu vergeben, aber Andrew zu vergeben, war etwas ganz anderes. Hartnäckig beharrte ich auf meinem Recht, Andrew für immer und ewig zu hassen, wütend auf ihn zu sein und ihm nie und nimmer zu verzeihen. Das würde Gott mir einfach nachsehen müssen. Wie konnte Er auch erwarten, dass ich jemandem vergab, der mich so grob behandelt und mich an Leib und Leben bedroht hatte?

Sobald es mir etwas besser ging, packte ich das ganze Thema Andrew und alles, was geschehen war, ins hinterste Seelenkämmerlein und schlug die Tür zu. Ich wollte nicht mehr darüber reden – ja noch nicht einmal daran denken.

Aber diese Tür flog auf, als meine Freundin Eve und ich im Rahmen eines einwöchigen Trainings einen Workshop für Jugendliche hielten. Bei einer unserer Sitzungen über Vergebung erklärte Eve eine bestimmte Übung. Sie nannte sie den »Prozess der Ganzen Wahrheit«. Wir hatten sie noch nie zusammen gemacht. Entwickelt wurde dieser Prozess von John Gray und Barbara DeAngelis, und Eve hatte ihn bei ihrem Lehrer Jack Canfield erlernt. Sie sagte, er sei ein wirksames Hilfsmittel zur Vergebung, denn er helfe, negative Gefühle wie Wut, Schmerz und Groll loszulassen.

Sie begann ihre Erklärung mit den Worten: »Hinter unserem Erleben von Wut verbergen sich viele Gefühle. Wenn wir erst einmal jedes Gefühl entdeckt haben, dann gelangen wir wieder zu Liebe und Wertschätzung. Wahre Vergebung bedeutet nicht, dem anderen Recht zu geben oder zu entschuldigen, was er oder sie getan hat. **Vergebung bedeutet, uns selber die Erlaubnis zu geben, Wut durch Liebe zu ersetzen.**«

Auch wenn sie meine Freundin und eine fantastische Lehrerin war, dachte ich in dem Moment doch, sie habe wohl keine Ahnung, wovon sie da spricht. Wenn man so wütend war wie ich, dann war es schlicht unmöglich, für Andrew je wieder Liebe oder Wertschätzung zu empfinden. Dazu war ich einfach nicht bereit. In meinen Augen rechtfertigten seine Misshandlungen meine Wut und setzten die Regeln der Vergebung außer Kraft.

Eve fuhr fort und beschrieb die acht Gefühlsebenen, die

angesprochen werden, wenn wir die Ganze Wahrheit sagen: Wut; Schmerz; Angst; Verantwortung; Verständnis; Bedürfnisse; Vergebung, Liebe und Wertschätzung; Vereinbarungen.[6] Das Ziel ist, dass Sie alle Ihre Gefühle – beginnend mit den negativen und hinführend zu den positiven – im Zusammenhang mit einem Menschen oder einer Situation ausdrücken können, der oder die Ihnen wehtut. Sie sagte, an der Oberfläche verspürten wir vielleicht Wut, aber unter der Wut entdecken wir immer Schmerz und unter dem Schmerz sitzt Angst. Unter der Angst ist Verantwortung, die wir in irgendeiner Form für das übernehmen können, was geschehen ist.

Dann fügte sie hinzu: »Es fordert uns zwar einiges ab, aber wenn wir nur genau hinschauen, entdecken wir meist unter dem Gefühl der Verantwortung sogar ein gewisses Verständnis dafür, was damals mit dem anderen los war.«

Eve fuhr fort: »Unter dem Verständnis kommt etwas zum Vorschein, was wir brauchen und – ob Sie's glauben oder nicht – unter unseren Bedürfnissen stoßen wir auf Liebe und Wertschätzung.«

Inzwischen fühlte ich mich total unwohl, und das Geplapper in meinem Kopf sagte: *Wieso machen wir das bloß? Das gefällt mir überhaupt nicht.* Doch aus Respekt vor ihr hielt ich den Mund.

Als sie mit ihrer Erklärung fertig war, fragte sie, wer sich zur Verfügung stelle, um zu demonstrieren, wie dieser Prozess funktionierte. Zwar war ich skeptisch, aber als ihre Kollegin beschloss ich, mich zu melden. Ich stellte mir vor, wenn ich das übernähme, dann könnten wir diese Übung schnell ab-

---

[6] Manchmal werden diese Gefühle auch zu sechs Ebenen zusammengefasst und in eine andere Reihenfolge gefügt. Doch unabhängig davon sind das Vorgehen und das Ergebnis immer dasselbe. Diese Schritte helfen, die eigenen Gefühle zu entdecken und loszulassen und zu wahrer Vergebung zu finden.

schließen und mit dem weitermachen, was als Nächstes vorgesehen und sicherlich viel effektiver war.

Sie wies mich an, mit folgendem Satz anzufangen: »Ich bin wütend, weil ...« und ihn mit meinen eigenen Worten zu vervollständigen. Einer der Jugendlichen stand vor mir als Repräsentant für Andrew. Ich wappnete mich innerlich und dachte: *Das wird bestimmt leicht. Im ersten Teil, wenn es um Wut, Schmerz und Angst geht, lasse ich mich einfach treiben, und im zweiten Teil, wenn es um Verantwortung, Verständnis, Bedürfnisse, Vergebung und Liebe geht, flunkere ich denen halt was vor. Dann sind wir in Null Komma nichts durch!*

»Ich bin wütend, dass du mein Vertrauen missbraucht hast.« Kaum hatte ich diese Worte ausgesprochen, spürte ich, wie die Wut in mir hochkochte und mir Tränen in die Augen stiegen. Ich atmete schwer, während ich darum kämpfte, meine aufbrausende Wut zu kontrollieren. »Ich bin wütend, weil du mich geschlagen hast. Ich bin außer mir, dass ich dir vertraut habe. Ich hasse es, dass ich dich geliebt habe.«

Meine Hände ballten sich neben meinem Körper zu prallen Fäusten. Ich ging zur nächsten Ebene über: Schmerz. »Es tut mir weh, dass du mich körperlich und seelisch missbraucht hast. Es tut mir weh, dass ich wegen dir um mein Leben und das meines Sohnes fürchten musste. Ich bin traurig, dass ich überhaupt solche Gewalt erleben musste.« Ich spürte, wie mir die erste Träne über die Wange kullerte und meine Lippen zu zittern begannen.

Eve führte mich sanft weiter: »Ich habe Angst, dass...«

Die Worte purzelten mir nur so aus dem Mund: »Ich habe Angst, dass ich nie wieder jemanden an mich heranlassen kann, weil du mir so sehr wehgetan hast. Ich habe Angst, dass ich mich davon nie erholen werde, dass ich diesen Schmerz nie verwinden werde.«

Jetzt ließ ich meinen Tränen freien Lauf. In diesem Moment spürte ich die ganze Kraft dieser Übung. Jeder Gedanke und jedes Gefühl waren echt, und ich musste mich ihnen allen stellen und vor diesen Jugendlichen damit umgehen können. Was hatte ich mir bloß dabei gedacht, mich freiwillig zu melden? Ich sah zu Eve hinüber, und sie schenkte mir ihren liebevollsten und mitfühlendsten Blick und nickte leicht, als wolle sie sagen: »Du machst das prima; mach einfach weiter.«

»Ich habe Angst, dass mein Sohn sich an dich erinnert.« Es tat mir sehr weh, das zu sagen. Mit einem Schlag wurde mir wieder bewusst, in welch extremer Gefahr mein Sohn und ich gewesen waren.

Eve leitete mich an, zur nächsten Ebene überzugehen: »Wofür bist du verantwortlich?«

Ich bin nicht allein

Haben Sie schon einmal versucht, sich mit der Ausrede, einfach zur falschen Zeit am falschen Ort gewesen zu sein, aus einer Verantwortung zu stehlen, von der Sie genau wussten, dass es Ihre war?

Kreuzen Sie ein Kästchen an, wenn Sie schon einmal eine Ausrede dieser Art benutzt haben. Kreuzen Sie zwei Kästchen an, wenn Sie wissen, dass Sie sie öfter verwendet haben als Sie zugeben möchten. Kreuzen Sie drei Kästchen an, wenn dieser Satz Ihr Lebensmotto sein könnte.

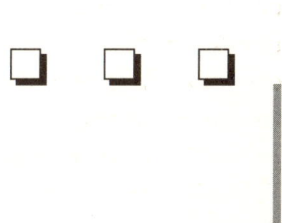

Das war schwer. Ich wollte ihm die ganze Schuld an allem zuschieben, was geschehen war. Bis hierher hatte ich zwar ein paar erste Schritte unternommen, meinen eigenen Anteil an der Sache anzuerkennen, aber tief in meinem Inneren hielt ich immer noch an meiner Opferrolle fest. Bei der ganzen Sache mit Andrew war ich eigentlich bloß zur falschen Zeit am falschen Ort gewesen. Aber jetzt, wo ich mich mit der Ganzen Wahrheit auseinandersetzte, musste ich zugeben, dass diese schlechte Ausrede nicht nur reichlich überstrapaziert war, sondern dass sie in meinem Fall auch einfach nicht zutraf.

Ich atmete tief durch und sagte kaum hörbar: »Ich übernehme die Verantwortung dafür, dass ich meine Bitte an Gott so unklar formuliert habe. Ich übernehme die Verantwortung dafür, dass ich die Warnzeichen nicht gesehen habe, weil ich sie nicht sehen wollte. Ich übernehme die Verantwortung dafür, dass ich mir von meiner Einsamkeit das Urteilsvermögen habe trüben lassen. Ich übernehme die Verantwortung dafür, dass ich mich selbst in Lebensgefahr gebracht habe.«

Ich wollte sofort aufhören, davonlaufen und mich verkriechen, aber ich wusste, das konnte ich jetzt auf keinen Fall tun. Die Übung brachte etwas ans Licht, an das ich eigentlich nie hatte rühren wollen, und jetzt wollten wir alle – die Jugendlichen, Eve und ich selber – sehen, was dahintersteckte.

Die Wut erhält eine Räumungsklage

Die Ebene der Verantwortung, die unter der Wut liegt, wird oft missverstanden. Wir glauben, es ginge darum, jemandem die Schuld an dem Geschehenen zuzuschieben oder sie selbst zu übernehmen. Schuldzuweisungen schwächen uns, denn sie richten den Blick ausschließlich auf die Vergangenheit, also auf eine Zeit, in der nichts mehr verändert werden kann, weil alles ja bereits geschehen ist. Aber was auch immer früher passiert ist, wir können jederzeit die Verantwortung dafür übernehmen, wie wir *heute* damit umgehen. Das gibt uns die Kraft, den gegenwärtigen Augenblick und unsere Zukunft zu verändern.

Um all diese Schuld- und Schamgefühle zu vertreiben und alle Fehler, die wir in der Vergangenheit begangen haben, ein für alle Mal loszulassen, hilft es, diese Gefühle auszusprechen und dann rauszulassen – bis zum innersten Kern. Dabei stellen wir wahrscheinlich fest, dass wir die ganze Zeit gut versteckt ein Bündelchen aus negativen Gefühlen einschließlich Enttäuschungen und Verletzungen mit uns herumgetragen haben, an denen wir in Zeiten, in denen es uns vorübergehend besser ging, einfach nicht mehr gearbeitet haben. Wir können aus vielerlei Gründen beschließen, Gefühle »wegzustecken«: Es tut zu weh oder macht zu viel Angst, sich weiter damit zu befassen, wir wollen nichts aufrühren, was verhindert, dass wir »darüber hinwegkommen« oder wir glauben, dass wir dazu etwas tun müssten, was wir nicht wollen.

Meine erste Vergebungsarbeit – vor Eves Intervention – hatte mich auf diesen wichtigen nächsten Schritt vorbereitet. Sie hatte mir geholfen, die emotionale Verarbeitung in Gang zu setzen und die notwendige Grundlage dafür geschaffen, dass ich jetzt mit diesen tiefer verwurzelten und ursprünglicheren Gefühlen umgehen konnte. Meine Wut hatte ich jedoch nicht angesprochen, denn das hätte bedeutet, die Wunde wieder aufzureißen. Aber eines wusste ich jetzt genau: Dieses aktive Verarbeiten würde ich erst dann wieder beenden, wenn ich es endgültig geschafft hatte.

Man kann sein ganzes Leben damit verbringen, an der Oberfläche der Vergebung zu kratzen, während die Wunden tief im Inneren weiter schwären. Erst wenn wir wirklich heilen konnten, können wir ein wahrhaft glückliches Leben voller unbegrenzter Möglichkeiten führen. Alter Groll, den wir »wegstecken«, wenn wir glauben, dass wir bereits über etwas hinweg sind, raubt sehr viel Energie. Das Ausmaß meiner Wut wurde mir erst klar, als Eve sie buchstäblich aus mir herausholte. Dadurch konnte ich nach und nach vollständiger heilen.

Zum Mitgefühl finden

Alle Augen waren auf mich gerichtet. Es war Zeit für die nächste Stufe des Prozesses der Ganzen Wahrheit: Verständnis. *Mann, was habe ich da für einen riesigen Berg vor mir*, dachte ich. Ich atmete tief durch und fing an: »Andrew, ich verstehe, dass es dir nicht gutgeht und dass du ärztliche Hilfe brauchst. Ich verstehe, dass dir auf deine Weise wirklich viel an mir lag.«

Es war seltsam. Ich konnte spüren, wie die ganze Wut und Traurigkeit förmlich aus mir herausflossen und ich zum Mitgefühl fand. Davor hatte ich noch kein einziges Mal versucht, Andrew zu verstehen. Ich dachte, er sei nicht bei Verstand und war wütend, dass er seine Medizin nicht nehmen wollte. Ich hatte nicht einmal versucht zu verstehen, welche inneren Kämpfe er durchgemacht haben musste. Jetzt konnte ich zum ersten Mal seine Qualen ansatzweise erfassen.

»Ich verstehe, dass du nie ein Vorbild hattest, das dir gezeigt hätte, was Mannsein bedeutet. Ich verstehe, dass du ärztliche Hilfe brauchst – und verdient hast. Ich verstehe, dass du im Rahmen deiner Möglichkeiten dein Bestes getan hast.«

In mir tat sich etwas. Es war, als wären meine Gefühle auf Autopilot geschaltet. Auf meiner Suche nach der Empathie in mir hatte meine Stimme ihren scharfen Ton verloren und klang nun sanfter und liebevoller. Zu meiner eigenen Überraschung wurde meine Wut durch echtes Verständnis ersetzt. Zwar hätte es mir eindeutig nicht gutgetan, ihn wiederzusehen – und das wollte ich auch gar nicht –, aber das bedeutete nicht, dass ich nicht Mitgefühl für das empfinden konnte, was er durchgemacht hatte.

Eve betonte: »Wenn wir dem Verständnis die Tür öffnen, dann können wir zum Mitgefühl finden. Wenn wir Mitgefühl empfinden können, dann können wir eher vergeben. Und wenn wir vergeben können, dann können wir auch die selbstzerstörerische Energie loslassen, die wir versteckt in unserem Körper mit uns herumtragen.«

»Also, Lisa, was willst du jetzt?«, fragte Eve.

»Ich möchte heilen. Ich möchte Liebe erfahren, gesunde Liebe. Ich möchte das alles loslassen. Ich möchte ihn loslassen. Ich möchte ihm und mir vollständig vergeben können. Wir haben beide ungute Entscheidungen getroffen und das Chaos gemeinsam herbeigeführt.«

Wieder hatte ich das Gefühl, als würde etwas in mir frei; die Spannung und der Schmerz lösten sich auf. Es fühlte sich an, als ob Gott, je öfter ich diese Worte sprach, desto mehr lächelte und von mir nahm, was ich nicht zu tragen brauchte.

Als Nächstes war die Vergebung an der Reihe. Würde ich Andrew wirklich vergeben können? Ich wagte den Sprung ins kalte Wasser. »Ich vergebe dir, dass du zugelassen hast, dass deine emotionale und mentale Störung sich auf mich und meinen Sohn auswirkte. Ich vergebe dir, dass du mich ganz und gar nicht liebevoll angefasst hast. Ich vergebe dir, dass du deine Medizin nicht genommen hast.«

Dadurch dass ich mich öffnete, um Andrew zu vergeben, konnte ich auch erkennen, dass ich mir selber noch vergeben musste. Ich musste mir auf einer tieferen Ebene vergeben als der, die ich im Spiegel hatte erreichen können. »Ich vergebe dir, Lisa, dass du vergessen hast, was du wert bist.«

Jetzt hatte ich's. Es traf mich wie zwei Tonnen Ziegelsteine mitten in mein Herz: Andrew zu vergeben hatte nichts, *wirklich gar nichts*, mit ihm zu tun. Es ging nicht darum, was er getan hatte, wer er war oder ob er im Recht oder im Unrecht war. **Vergebung hatte einzig und allein mit mir zu tun und damit, diesen Teil in meinem Herzen freizulassen, damit ich an dessen Stelle Liebe setzen konnte.**

Wut und Liebe (genau wie Glaube und Zweifel) sind wie Öl und Wasser. Sie können nicht zur selben Zeit am selben Ort sein. In meiner Wut hatte ich gedacht, ich hätte ihm eine Lehre erteilt und ihn dafür bezahlen lassen, stattdessen aber hatte ich den Preis bezahlt. Ich erkannte, dass ich so lange nicht aus vollem Herzen würde lieben können, wie ich an meiner Wut festhielt. Ich wollte sie loslassen.

Dieser Wunsch wurde schon beim nächsten zu vervollständigenden Satz auf die Probe gestellt: »Ich schätze an dir ...«

Ohne allzu viel nachzudenken, legte ich los. »Andrew, ich schätze an dir, dass du mich nach besten Kräften geliebt hast. Ich schätze an dir, dass du mich gelehrt hast, wie wichtig es ist, dass ich mir selber Grenzen setze. Ich schätze an dir, dass du mir gezeigt hast, dass ich – genau wie du – vor allem anderen zuerst Gott und mich selber lieben muss. Ich danke Gott dafür, dass er mir dich gegeben hat – du hast mich etwas gelehrt, was ich nie vergessen werde und was ich nie mehr wiederholen muss.«

Bis zu dieser Stufe gekommen zu sein, war für mich, als stünde ich auf einem Berggipfel nach einem Aufstieg auf Händen und Knien über eine felsige Wand. Meine volle Sehkraft war wiederhergestellt und vor mir lag die ganze Welt. Alles, was sie für mich bereithielt, war offen ausgebreitet, so weit mein Auge reichte. Ich ließ den giftigen Hass los, den ich im Herzen gehegt hatte. Und übrig waren nur noch Liebe und Mitgefühl – für Andrew und für mich.

Als ich sagte, dass ich die Lektion, die ich bei Andrew gelernt hatte, nie würde wiederholen müssen, war ich mir meiner Sache ganz sicher. Damit erklärte ich meinen Neuanfang. Von diesem Tag an würde ich nie mehr das Parfum der Verzweiflung auflegen. Jetzt leistete ich mir ein besseres – eine wohlduftende Mischung aus Zuversicht, innerem Frieden und unerschütterlichem Glauben. Es lag einzig und allein an mir.

Nun war ich bereit für die letzte Stufe des Prozesses der Ganzen Wahrheit: Vereinbarungen. Was wollte ich von jetzt an tun, um meiner wahren Größe treu zu bleiben? Aus ganzem Herzen sagte ich zu Eve und den anderen im Raum: »Von heute an gehe ich mit gutem Beispiel voran und zeige den anderen, wie sie mich lieben und ehren sollen, indem ich mich selbst zuerst liebe und ehre. Von heute an bitte ich meine Höhere Macht, das Universum, ganz konkret und klar darum, dass ich anziehen möge, was ich wirklich will. Von heute an schaue ich unter meiner Wut nach dem, was sie mich lehren kann. Von heute an anerkenne ich die Macht der Vergebung, den Sinn des Mitgefühls und die Vollkommenheit der Liebe – *egal was passiert.*«

Nacheinander kamen die Jugendlichen zu mir und nahmen mich herzlich in den Arm. Viele hatten geweint, ein Zeichen dafür, dass meine Geschichte ihre eigenen Erlebnisse in ihnen angerührt hatte. Und beim Blick in ihre Augen sah ich, dass wir zwar auf verschiedenen Wegen gingen, unsere Durchbrüche aber die gleichen waren. Wir waren nicht mehr Schüler und Lehrerin, auf dem Weg der Heilung waren sie mir zu Brüdern und Schwestern geworden.

Als Andrew weg war, hatte ich gedacht, der Alptraum sei vorbei. Aber weil ich immer noch meine Wut und meinen Hass auf ihn mit mir herumtrug, blieb ich in einem bodenlosen Leidensloch gefangen. Die Ganze Wahrheit auszusprechen, hatte meine Schritte von der Wut zum Mitgefühl und schließlich zur Vergebung gelenkt. Weil ich den Weg zurück zur Liebe gefunden hatte, war ich endlich wieder frei.

Bis auf den Grund der Vergebung gehen

Deshalb brauchen wir eine neue Definition von Vergebung. Schlagen wir z. B. im Duden nach, so verweist dieser unter dem Stichwort *vergeben* zuerst auf das Wort *verzeihen* und geht dann auf die anderen Bedeutungen von vergeben ein (einen Auftrag vergeben, sich oder seinem Ansehen etwas vergeben, eine günstige Gelegenheit vergeben etc.). Unter *verzeihen* lesen wir etwas über die Höflichkeitsformel: »Verzeihen Sie bitte«, vor allem aber die entscheidenden Worte »*erlittenes Unrecht o. ä. den Urheber nicht entgelten lassen, nicht grollend, strafend o. ä. darauf reagieren*«. In unserer Gesellschaft lernen wir, Vergeben bedeute, das Verhalten eines anderen plötzlich in Ordnung oder entschuldbar zu finden oder so zu tun, als sei das, was uns verletzt hat, nicht geschehen wie etwa in der Redensart »vergeben und vergessen«. Eine umfassendere Definition von Vergebung jedoch ist wesentlich befreiender – und lohnender.

Wahre Vergebung hat nichts mit anderen und ihrem Verhalten zu tun. Bei wahrer Vergebung geht es allein um uns selbst. Ja, sie hat überhaupt nichts damit zu tun, inwiefern oder warum wir finden, dass uns Unrecht geschehen ist. Vergebung ist der Prozess, in dem wir Groll oder schmerzliche Gefühle gegenüber uns selbst oder jemand anderem loslassen. Es geht darum, die Auflösung zu finden, die Fähigkeit also, über die Situation hinauszuwachsen, so schlimm oder schrecklich sie auch gewesen sein mag... *egal, was passiert.*

Ich nehme gerne Beziehungen als Beispiel, denn die sind eine so universelle Erfahrung. Wenn ich in meinen Workshops sage: »Ihr Neuer zahlt für Ihren Alten«, dann lachen die Leute laut auf. Sie wissen sofort, wovon ich rede, und zeigen es, indem sie aufstehen und beide Hände heben. Natürlich tut es gut zu sehen, dass es uns allen so geht und wir unsere Zukunft für unsere Vergangenheit bezahlen lassen. Letztendlich ist es aber wesentlich besser für uns, wenn wir uns klarmachen, dass ein solches Denken ungesund ist und niemandem nützt. Wir fühlen uns dabei nur leer und blockiert – unvollständig in allen Lebensbereichen, von Liebesdingen bis zu beruflichen Träumen, gesundheitlichen Zielen und persönlichen Freundschaften. Aber wie können wir es anders machen? Wie können wir hinter altem Schmerz ein für alle Mal die Tür schließen und alte Gedankenmuster ausmerzen?

Rufen Sie zuerst Ihren Verständnis-Muskel auf den Plan, damit Sie die Lektion oder den Segen in dem finden können, was Sie erlebt haben. Wenn Sie das Geschenk in der Verpackung aus Schleifpapier gefunden haben, dann spannen Sie Ihren Vergebungs-Muskel an, um alle negativen Gefühle, die noch damit verbunden sind, zu- und loszulassen. Damit löschen Sie nicht nur die Sie belastenden Gefühle aus, sondern Sie entdecken vielmehr Ihr Mitgefühl, das lohnendste Ergebnis des Vergebungs-Prozesses. Zum Mitgefühl können Sie genauso finden wie ich, wenn Sie nacheinander alle Ihre Gefühle bearbeiten und den Mut haben, bis auf den Grund der Vergebung zu gehen.

Wenn Sie etwas Abstand zu sich selbst gewinnen und sich in jemand anderen hineinversetzen, dann können Sie einen Umstand oder eine Situation auch aus einer anderen Perspektive sehen. Und mit dieser Aufgeschlossenheit werden Sie spüren, dass tief in Ihrem Innersten eine Last von Ihnen genommen wird. Sie werden flexibler und fühlen sich sofort besser. Wenn Strenge und Starrheit sich von Ihnen lösen und stattdessen Mitgefühl Sie umgibt, dann stellt sich die Fähigkeit zu vergeben schon fast von selber ein. Diese Empathie schafft dann den Freiraum zu erkennen und zu akzeptieren, wie weit andere lieben, verstehen und vergeben können.

Stellen Sie sich einmal vor, wie es wäre, wenn Sie alle Wut loslassen könnten, die Sie einer Person oder Situation gegenüber noch hegen, weil Sie sich ungerecht behandelt oder hintergangen gefühlt haben. Was dieses Gefühl ausgelöst hat, kann vor zehn Tagen, letzten Monat oder vor zehn Jahren passiert sein. Ob es mit einer Liebesbeziehung, Ihrer Arbeitsstelle oder Karriereplanung oder mit jemandem aus Ihrer Familie zu tun hat, spielt keine Rolle. Wichtig ist allein das negative Gefühl, das Sie mit diesem Menschen oder Ereignis noch verbinden. Diesen Platz in Ihrem Kopf und in Ihrem Herzen haben Sie noch nicht freigeräumt, auf dass er mit faszinierenden neuen Erfahrungen gefüllt werden könnte. Die Zeit ist vorangeschritten, aber Sie sind es nicht. Emotional sind Sie immer noch eine Geisel Ihrer giftigen Erinnerungen. Jedes Mal, wenn Sie daran denken, holen Sie dasselbe alte Gefühl in die Gegenwart, als wäre es wieder real. Aber das ist es nicht!

Nehmen Sie sich nun diese Erfahrung vor und entziehen Sie ihr die Macht. Im selben Moment, in dem Sie das tun, haben Sie ihr die Autorität über Sie entzogen. Sie können zu Ihrem Mitgefühl finden. Sie können zu Ihrer Empathie finden. Selbst die unentschuldbarste Tat, für die Sie nie eine Entschuldigung erhalten haben, kann sich als Thema auflösen, kann alles Belastende verlieren, wenn *Sie* dafür sorgen.

Auch die Dinge, die Sie bereuen, können ihre Macht über Sie verlieren, wenn Sie Ihren Vergebungs-Muskel für sich selbst einsetzen. Denken Sie an das, was Sie am meisten bereuen, an eine Entscheidung, die Sie getroffen oder eine Tat, die Sie begangen haben – oder eben gerade *nicht* – und beobachten Sie mit Mitgefühl und Empathie für sich selbst, wie sie sich auflöst. Jetzt kann sie Ihren Geist nicht mehr lähmen, Ihre Gefühle nicht mehr aufwühlen und Ihnen keine neuen Chancen mehr verbauen. Alles wird möglich. Ihr Leben wird zum lebendigen Beispiel dafür, dass Sie nicht nur eine, sondern tausend zweite Chancen verdient haben. Und das Spannende daran ist: Wenn Sie bei der 999. angekommen sind, können Sie die Reset-Taste drücken.

Für mein Empfinden hat fast jeder Mensch mindestens eine Erfahrung aus seiner Vergangenheit, die nach dem Vergebungs-Muskel ruft, auch wenn es nur darum geht, sich selbst zu vergeben. Dieser Muskel macht es uns letztendlich möglich, etwas Neues in unser Leben zu lassen – eine neue Liebe, strahlende Gesundheit, finanziellen Erfolg und wunderbare

Beziehungen. Wir können dann Frustrierendes und Enttäuschendes leichter und schneller loslassen. Wir können beschließen, unsere Verbindung zu jenen Teilen unseres Lebens zu trennen, die an alten Situationen kleben. Stellen Sie sich einmal dicke Seile vor, die Sie an Felsbrocken binden. Diese Felsbrocken stehen für Erinnerungen an schmerzliche Erlebnisse in Ihrer Kindheit und Jugend, an eine verflossene Liebe, eine gescheiterte Ehe oder was auch immer. Wohin Sie auch gehen, schleppen Sie diese Felsbrocken aus Schmerz mit sich herum. Mit einem starken Vergebungs-Muskel können Sie Ihre Seile durchtrennen und voll und ganz im Jetzt leben.

Ihren Vergebungs-Muskel gebrauchen Sie folgendermaßen:

1. Benennen Sie Ihre negativen Gefühle im Zusammenhang mit alten Themen.
2. Verbinden Sie sich wieder mit der Liebe zu sich selbst, und fangen Sie an, sich selbst zu verzeihen.
3. Durchlaufen Sie den Prozess der Ganzen Wahrheit: Bearbeiten Sie aufrichtig die Gefühle unter Ihrer Wut und Ihrem Schmerz und nehmen Sie sie an.
4. Finden Sie zum Mitgefühl, und gelangen Sie so zu einer tieferen Ebene der Vergebung.

Es hilft, wenn Sie sich zunächst nur mit den Gefühlen beschäftigen, die Sie sich selbst gegenüber empfinden, wie etwa Enttäuschung, Scham, Schuldgefühle und Reue. Übernehmen Sie dann die Verantwortung für das, was geschehen ist und für die Tatsache, dass *Sie* die Macht haben, Ihre Reaktion darauf zu verändern. Nehmen Sie die Vergebung als einen Prozess an, in dem Sie Enttäuschung und Schmerz loslassen und Mitgefühl und Empathie entdecken. Das führt Sie zu einem neuen Verständnis von Vergebung, die Ihnen eine unendliche Anzahl zweiter Chancen im Leben eröffnet. Sie finden wieder zurück zu dem Ort, an dem es nichts gibt außer Liebe.

Die folgenden *Beflügelnden Ersten Schritte* können Ihnen beim Aufbau dieses Muskels helfen.

Beflügelnde Erste Schritte

Ich würde Ihnen empfehlen, diese Schritte der Reihe nach zu machen, denn sie bauen aufeinander auf. Beginnen Sie den Prozess der Vergebung so wie ich, indem Sie durch Affirmationen zur Stärkung Ihrer positiven Selbstgespräche Ihre Selbstachtung verbessern. Arbeiten Sie dann auf dieser Grundlage vor dem Spiegel, damit Sie sich lieben, schätzen und wenn nötig vergeben können. Wenn Sie auf diesem Gebiet deutliche Fortschritte erzielt haben, dann machen Sie sich an den Prozess der Ganzen Wahrheit, damit Sie alte Verletzungen und alten Groll gegenüber anderen loslassen können. Das setzt Energien für Wachstum und Weiterentwicklung frei.

1. **Persönliche Affirmationen:** Wie ich Ihnen bereits in Kapitel zwei gesagt habe, geht nichts über eine aufbauende Affirmation, wenn man sich niedergeschlagen, uninspiriert, wütend, hintergangen oder schuldig fühlt. Affirmationen geben Ihrer Seele wieder neue Kraft und unterstützen ein Leben nach dem Motto *egal was passiert*. Entwerfen Sie ein paar persönliche Vergebungs-Affirmationen, die für Ihre Bedürfnisse maßgeschneidert sind, und halten Sie sie griffbereit. Schreiben Sie die fünf, die in Ihrer momentanen Lage besonders treffend erscheinen, auf selbstklebende Notizzettel, und kleben Sie sie an unübersehbaren Stellen in Ihrer Wohnung oder Ihrem persönlichen Bereich auf. Solche Affirmationen könnten zum Beispiel sein:

   - »Jede Situation enthält ein Geschenk für mich.«
   - »Ich entscheide mich für ein Leben voller Freude, neuen Möglichkeiten und Verständnis.«
   - »Ich habe die Kraft zu vergeben.«
   - »Meine Vergangenheit sagt nichts über meine Zukunft.«
   - »Ich verdiene ein erfülltes, glückliches Leben ohne Reue.«

2. **Spieglein, Spieglein an der Wand:** Wenn Sie eine hübsche Sammlung effektiver Affirmationen haben, dann ist es Zeit für die Arbeit mit dem Spiegel. Gehen Sie dazu ins Badezimmer oder verwenden Sie Ihren Schlafzimmerspiegel. Am besten benutzen Sie einen Spiegel an einem Ort, an dem Sie sich wohlfühlen und ungestört sind. Beginnen Sie jeden der folgenden Sätze mit Ihrem Namen und vervollständigen Sie sie dann:

   - »[Name], ich bin stolz, dass du …«
   - »[Name], ich liebe an dir, dass du …«
   - »[Name], ich verspreche dir, dass …«

   Machen Sie diese Übung dreimal hintereinander und vervollständigen Sie dabei jeden Satz immer wieder anders. Verändern Sie Ihre Affirmationen oder erfinden Sie neue, die das wiedergeben, was Sie an sich entdecken. Wenn dabei Scham- oder Schuldgefühle auftauchen, dann ergänzen Sie Ihre Übung um einen weiteren Satz: »[Name], ich vergebe dir, dass du …« Mit Hilfe der nächsten Schritte können Sie diesen Themen noch weiter nachgehen.

3. **Ziehen Sie einen Lebenszeitstrahl:** Dass Sie alte, ungelöste Themen erkennen, ist für den Aufbau Ihres Vergebungs-Muskels entscheidend wichtig. Aber Sie brauchen dabei nicht nur die schlechten Erinnerungen zu benennen. Bei der folgenden Übung ziehen Sie einen Lebenszeitstrahl, der den emotionalen Puls jedes Zeitabschnitts in Ihrem Leben misst. So können Sie sowohl die guten als auch die schlechten Erfahrungen benennen, die Sie gemacht haben.

   - Legen Sie ein leeres Blatt Papier im Querformat vor sich hin und ziehen Sie eine horizontale Linie von links nach rechts. Unterteilen Sie diese Linie in Drittel. Nennen Sie

das erste Drittel »Kindheit«, das zweite »Jugend« und das dritte »Erwachsenenalter«.
- Rufen Sie sich die drei denkwürdigsten Erinnerungen aus Ihrer Kindheit ins Gedächtnis. Denken Sie an Momente, in denen Sie unglaublich glücklich und fröhlich waren. Schreiben Sie sie unter das »Kindheitsdrittel« Ihrer Linie. Machen Sie anschließend dasselbe bei den Abschnitten »Jugend« und »Erwachsenenalter«.
- Denken Sie nun an jeweils drei Momente (wenn es sie gab) in Ihrer Kindheit, Jugend und später, in denen Sie verletzt oder enttäuscht waren, im Stich gelassen wurden, tieftraurig waren oder etwas Traumatisches oder Tragisches erlebt haben. Schreiben Sie diese, wenn möglich, unter die jeweiligen Abschnitte auf dem Blatt Papier. Wenn Ihnen nicht zu jedem Abschnitt drei Erlebnisse einfallen, ist das auch in Ordnung. Schreiben Sie einfach auf, was Ihnen in den Sinn kommt. Der Zweck dieser Übung ist, alte Themen zu finden, die Sie immer noch beschäftigen.
- Wählen Sie nun eines dieser Themen aus, das Sie bis jetzt noch nicht gelöst haben, aber loslassen möchten. Malen Sie auf dem Blatt Papier einen Kreis darum herum. Es kann aus Ihrer Kindheit stammen, aus Ihrer Jugend oder es kann etwas sein, was Sie erst in jüngerer Zeit erlebt haben. Sobald Sie sich für ein Thema entschieden haben, sind Sie bereit für den nächsten Schritt.

4. **Der Prozess der Ganzen Wahrheit:** Konzentrieren Sie sich nun auf das Thema, das Sie im letzten Schritt ausgesucht haben, denn jetzt ist es Zeit für den Prozess der Ganzen Wahrheit. Machen Sie ihn lieber im Stehen als im Sitzen. Bitten Sie einen Raketen-Booster-Freund, als Stellvertreter der Person vor Ihnen zu stehen, die Sie im Laufe des folgenden Prozesses ansprechen wollen. Beginnen Sie mit der Wut

und vervollständigen Sie die folgenden Sätze. Innerhalb derselben Kategorie sind sich einige Sätze recht ähnlich. Verwenden Sie trotzdem alle, denn im Vorhinein kann man nie wissen, welcher die stärksten Reaktionen auslöst.

- Wut
  - Ich bin wütend, dass du...
  - Ich hasse es, wenn du...
  - Ich war wirklich außer mir, als du...
  - Ich nehme dir übel, dass du...

- Schmerz
  - Es hat mich verletzt, als du...
  - Ich bin sehr traurig, weil...
  - Ich bin enttäuscht darüber, dass...

- Angst
  - Ich habe Angst, dass...
  - Ich fürchte mich, weil ich glaube, dass...
  - Ich habe Angst vor dir, wenn du...

- Verantwortung
  - Es tut mir leid, dass...
  - Vergib mir, dass...
  - Ich weiß, dass mein Anteil daran... war
  - Ich wollte nicht, dass...

- Verständnis
  - Ich verstehe, dass du...
  - Ich weiß, dass...

- Bedürfnisse
  - In Wirklichkeit will ich...
  - Ich hoffe, dass...

- Vergebung, Liebe und Wertschätzung
  - Ich vergebe dir, dass du…
  - Ich schätze an dir, dass du…
  - Du bist ein guter Freund/eine gute Freundin, weil…
  - Ich liebe an dir, dass du…

- Vereinbarungen
  - Ich bin damit einverstanden, dass…
  - Von heute an werde ich…

Es ist wichtig, dass Ihr Freund oder Ihre Freundin da ist. Er oder sie kann Ihnen helfen, mit Ihren Gefühlen umzugehen und zu Mitgefühl, Liebe und Vergebung zu finden. Nach dieser Übung können Sie sich noch eine Zeit lang miteinander hinsetzen und nachspüren, wie es Ihnen jetzt geht. Sie können aber auch mit Ihrer Freundin oder Ihrem Freund einen Spaziergang an der frischen Luft machen. Geben Sie sich die Erlaubnis, alle Ihre Gefühle zu spüren, ganz egal, welche das sind.

Kapitel neun

Training für Ihren Was-ich-wirklich-will-Muskel:
Erfüllen Sie Ihre Bedürfnisse von innen her, und greifen Sie dann nach den Sternen

Halten Sie einmal einen Augenblick inne und denken Sie über Ihr Leben nach. Wie steht es um Ihre Gesundheit? Wie um Ihre Finanzen? Ihre Beziehungen? Ihre spirituelle Klarheit? Was Sie heute erleben, ist die Folge früherer Entscheidungen, Muster und Gewohnheiten. Sind Sie glücklich mit Ihrer Lebensweise, oder sind Sie in einen eher unbefriedigenden Trott verfallen, aus dem Sie scheinbar nicht mehr herauskommen?

Niemand ist vollkommen – 99,9 Prozent aller Menschen haben mindestens ein Verhaltensmuster, das ihnen nicht dient. Wir essen, trinken oder arbeiten zu viel; wir pflegen Freundschaften, die uns nicht entsprechen, und in schwierigen Momenten reagieren wir nur statt zu agieren. Doch in den meisten Fällen gelingt es uns immerhin, ganz gut zu funktionieren. Manchmal kosten uns unsere negativen Muster nicht viel – wir kommen einfach etwas langsamer voran –, in anderen Fällen aber ist der Preis, den wir für unsere schlechten Entscheidungen bezahlen, verheerend. Dann ruinieren unsere Entscheidungen unsere Gesundheit, unsere Beziehungen, unser berufliches Fortkommen oder unser Familienleben.

Ihr Was-ich-wirklich-will-Muskel ist der Steh-auf-Muskel, der Ihnen hilft, schädliches Verhalten durch ein solches zu ersetzen, das Ihnen emotional und körperlich guttut und Sie so zu Ihrer wahren Größe finden lässt. Wenn Sie zu viel essen, um sich zu trösten, zu viel trinken, um den Stress zu bekämpfen, oder zu viele Stunden im Büro verbringen, um häuslichen Spannungen aus dem Weg zu gehen, dann hilft Ihnen dieser Muskel, gesündere und direktere Möglichkeiten zu finden, wie Sie diese Bedürfnisse befriedigen können.

Dieses Kapitel baut auf Kapitel fünf auf, in dem es darum ging, Ihren Ehrlichkeits-Muskel zu entwickeln. Wenn wir uns schon an die Dramen gewöhnt haben, die wir in unserem Leben regelmäßig inszenieren, dann ist es wohl an der Zeit aufzuwachen und frische Morgenluft zu schnuppern. Die Botschaft, dass ein Richtungswechsel notwendig ist, kann von außen kommen – zum Beispiel durch eine ärztliche Diagnose oder einen Unfall – oder von innen in Gestalt einer Variante des Gedankens: *So möchte ich eigentlich nicht sein.* Wie der Weckruf auch kommt, unser Was-ich-wirklich-will-Muskel springt an, indem er zuerst unseren Ehrlichkeits-Muskel auf den Plan ruft, damit wir der Wahrheit ins Gesicht sehen und die Verantwortung für unseren Anteil daran übernehmen. Wenn wir uns aber des Problems erst einmal vollständig bewusst sind – was machen wir dann?

Der Schlüssel zu dauerhafter, positiver Veränderung ist die Erkenntnis, woher unsere negativen Verhaltensmuster kommen. Es gibt gesunde und ungesunde Möglichkeiten, unsere Bedürfnisse im Leben zu erfüllen. In unserer Verzweiflung kleben wir manchmal nur schnell ein Pflästerchen auf, damit es uns rasch besser geht. So etwas kann das entsprechende Bedürfnis zwar vorübergehend tatsächlich stillen, aber auf lange Sicht schadet es mehr, als es nützt. Wenn wir Entscheidungen treffen, die auf ungesunden Angewohnheiten beruhen oder unsere Bedürfnisse in ungeeigneter Weise erfüllen, dann bringt uns das nur weg von Selbstbestimmung und Glück.

Ein starker Was-ich-wirklich-will-Muskel hilft uns zu erkennen, welches Bedürfnis wir mit einem bestimmten Verhalten erfüllen wollen. Und er unterstützt uns darin, dieses Bedürfnis auf bestmögliche und gesündeste Art und Weise zu befriedigen. Er hilft uns, stets die Entscheidung zu treffen, die uns unserem höchsten Ziel näher bringt.

Wie ich bereits erwähnt habe, hatte ich in meinem Leben immer wieder auch mit meinem Gewicht zu kämpfen. Lange Zeit wechselten sich bei mir Phasen, in denen ich Diät hielt und Sport trieb, mit solchen ab, in denen ich es aufgab und meine Kleidung einfach eine Nummer größer kaufte. Als ich aber zusehends dicker wurde, wurde mir klar, dass ich damit meiner Gesundheit und meiner Selbstachtung schadete. Es brauchte aber eine aufrüttelnde Frage von einem lieben Menschen, bis ich endlich die tiefere Ursache meiner Gewichtszunahme anging.

Warum ziehe ich mir diese Jacke an?

In den ersten beiden Jahren nach der Trennung von Andrew blieb ich in Los Angeles, arbeitete und sparte Geld, um mir meinen Traum von der Arbeit mit Jugendlichen zu erfüllen. Als ich schließlich so weit war, dass ich den Sprung wagen und mein eigenes Unternehmen *Motivating the Teen Spirit* gründen konnte, zog ich nach San Diego. Denn ich hatte den Eindruck, dass ich in dieser Region mehr Unterstützung für die Programme bekäme, die ich anbieten wollte. Eines schönen Sommertages packte ich daher meine Sachen, lud sie samt meinem Sohn in mein Auto und fuhr auf dem Freeway 405 nach Süden – bereit zum Neuanfang.

Es war mir zwar schwergefallen, Familie und Freunde zu verlassen, doch als ich erst einmal in meinem neuen Zuhause angekommen war, tat ich alles, um mir ein neues Leben aufzubauen. In meinem ersten Jahr in San Diego besuchte ich alle

Veranstaltungen des IBI, der Coaching-Organisation für Existenzgründerinnen und Existenzgründer, mit denen ich bereits in Los Angeles zusammengearbeitet hatte, trat Netzwerken bei und schloss viele neue Freundschaften. Darunter war auch Marc. Er wollte sich ebenfalls selbstständig machen und wir hatten uns in der Kirche kennengelernt. Wir hatten keine Liebesbeziehung – nach Andrew gönnte ich mir eine lange Auszeit, damit meine Wunden heilen konnten –, aber wir hatten viele gemeinsame Interessen und waren einfach gerne zusammen. Mehr noch, wir hatten einander versprochen, uns in unserem persönlichen Wachstum gegenseitig zu unterstützen und immer offen und ehrlich zueinander zu sein.

Eines Nachmittags fuhr Andrew mich nach einem gemeinsamen Mittagessen nach Hause. Wir hatten über unsere Familien gesprochen, über die Erfahrungen, die wir bisher im Leben gemacht hatten, über unser Singledasein und über unsere Träume – wichtige Themen, wie so oft in unseren Gesprächen. Als wir in die Einfahrt zu meinem Apartmentkomplex einbogen, wandte sich Marc mir zu und fragte: »Lisa, warum ziehst du dir diese Jacke an?«

Einen Moment schwieg ich verdutzt. *Welche Jacke?* Es war ein warmer Sommertag und ich trug ein leichtes Kleid. Ich ahnte, dass das auf ein tieferes Thema hinauslief und verspürte ein leichtes Unbehagen. Doch mit Blick auf meine bloßen Arme und Schultern erwiderte ich: »Ich hab doch gar keine Jacke an.«

Er antwortete sanft: »Doch, du hast eine Jacke an. Dein Gewicht ist deine Jacke.«

Autsch! Seine Worte trafen mich wie ein Pfeil zwischen die Augen. Ich konnte seine Liebe, sein Mitgefühl und seine aufrichtige Anteilnahme spüren und wusste, dass er mich nicht verletzen wollte. Dennoch tat es weh und war es erniedrigend. Ich wusste nicht, was ich dazu sagen sollte.

Ein paar Sekunden lang saßen wir schweigend da, dann

sagte er: »Du brauchst mir die Frage, warum du dir diese Jacke anziehst, gar nicht zu beantworten, aber sei so ehrlich und beantworte sie dir selbst. Und wenn du die Antwort gefunden hast und immer noch meinst, dass du sie tragen müsstest, dann trag sie. Wenn du dann aber das Gefühl hast, dass du die Jacke nicht mehr brauchst, dann weißt du das zumindest und kannst sie ablegen.«

Nach einem etwas kühlen Abschied stieg ich die Treppen zu meiner Stadtwohnung hoch und dachte dabei darüber nach, was Marc gesagt hatte. Natürlich wusste ich, dass ich übergewichtig war. Seit Jelanis Geburt hatte ich fast 40 Kilo zugenommen – das meiste davon in den letzten drei Jahren –, aber in letzter Zeit hatte ich mir kaum Gedanken darüber gemacht. Es gehörte zu jenen zwar sehr unangenehmen, aber weniger wichtigen Problemen, die ich hintangestellt hatte, solange ich mich um die Erfordernisse und Verantwortlichkeiten kümmern musste, die vordringlich meiner Aufmerksamkeit bedurften.

Im Laufe der Jahre hatte ich viele, viele Diäten und Sportarten begonnen – und wieder fallen lassen. Jetzt wurde mir klar, dass ich mich damit abgefunden hatte, dick zu sein. Zwar wollte ich abnehmen, aber ich fühlte mich bei diesem Thema einfach machtlos. Durch Marcs offene, aber liebevollen Worte fragte ich mich, ob es nicht vielleicht doch an der Zeit war, der Frage nachzugehen, warum ich so viele überflüssige Pfunde mit mir herumschleppte.

Unwissenheit ist auch nicht der wahre Segen

Haben Sie auch so ein sehr unangenehmes, aber weniger dringliches Problem? Oder haben Sie sich schon so sehr an diese nicht gerade ideale Situation gewöhnt, dass Sie sie gar nicht mehr wahrnehmen? Unwissenheit hat viele Gesichter.

Wir merken vielleicht gar nicht, welche Muster wir haben, die uns nicht dienen, oder wir ignorieren sie. Womöglich belasten sie uns durchaus in gewisser Weise – etwa wie eine leichte Erkältung. Aber wir haben uns vielleicht so sehr an einen eingeschränkten, nur aufs Funktionieren ausgerichteten Lebensstil gewöhnt, dass wir das einfach so hinnehmen, »weil es nun einmal so ist im Leben«. Früher oder später jedoch werden wir gezwungen, der Realität ins Gesicht zu sehen.

Dann taucht ein Bote auf – entweder in Gestalt einer Lebenskrise, einer gescheiterten Beziehung, eines inneren Rufes, mehr zu wagen, oder wie in meinem Fall der Worte eines lieben Freundes. Dieser Bote sagt uns, dass jetzt eine Veränderung notwendig ist.

Machen Sie nicht den Fehler, den Boten für die Botschaft zu strafen. Wenn der Weckruf von einem Menschen kommt, dann ärgert uns das vielleicht zunächst und wir reagieren wütend oder aufgebracht, schlagen um uns, um uns zu schützen oder den Überbringer der Botschaft zu verletzen. Womöglich versuchen wir, es an unserem Gegenüber festzumachen und achten nur auf den Schmerz oder die Wut, die wir verspüren, statt auf das, was er oder sie uns sagen will. Öffnet uns ein bestimmtes Ereignis wie etwa eine Insolvenz, eine Scheidung oder ein gesundheitliches Problem die Augen für die notwendige Kurskorrektur, dann fühlen wir uns vielleicht ungerecht behandelt oder verfluchen unser Pech. Es spielt keine Rolle, wie die Botschaft zu uns kommt, wichtig ist nur, *dass wir sie verstehen*! Denn wie wir in den Kapiteln eins und drei gelernt haben: Wenn wir nicht aus unserer Opferrolle herauskommen, dann verpassen wir die Chance, mehr aus unserem Leben zu machen.

Es hat seinen Sinn, wenn Botschaften wiederholt kommen. Wenn wir immer wieder Schwierigkeiten mit Kollegen, Liebespartnern, Familienangehörigen, unseren Finanzen oder unserer Gesundheit haben, dann müssen wir uns fragen, was der gemeinsame Nenner all der Dinge ist, die nicht funktionieren. Ich bin sicher, Sie kennen das Sprichwort: »Wie man sich bettet, so liegt man.« Es ist sehr gut möglich, dass es in uns selbst etwas gibt, wo wir hinschauen müssen. Statt darüber zu jammern, wie rücksichtslos die anderen, wie unfair unser Arbeitspensum oder wie hoch unsere laufenden Ausgaben sind, bringt es gewöhnlich mehr, wenn wir stattdessen prüfen, inwiefern *wir selber* zu diesen Problemen beitragen.

Manchmal merken wir gar nicht, dass wir eine Botschaft erhalten. Die Signale für eine Verhaltensänderung können aus den unterschiedlichsten Richtungen kommen, und nicht immer ist ihre Bedeutung offensichtlich. Für sich genommen können die einzelnen Warnzeichen recht unscheinbar sein, zusammen aber sind sie eine überdeutliche Mahnung zur Veränderung. Mit den Jahren habe ich mir eine Strategie zurechtgelegt: Wenn ich aus drei verschiedenen Quellen die gleiche Botschaft erhalte, dann weiß ich, dass es um ein Thema geht, mit dem ich mich ernstlich befassen muss. Wenn ich also zum Beispiel an einem Tag das Gefühl habe, dass ich mit zu vielen Bällen gleichzeitig jongliere, am nächsten wegen überhöhter Geschwindigkeit geblitzt werde und mir am dritten Tag meine Mutter sagt, dass sie sich von mir am Telefon kurz abgefertigt fühlt, dann weiß ich, dass ich mich darum kümmern muss. In diesem Fall bin ich in jeder Hinsicht zu schnell unterwegs, und es ist höchste Zeit, langsamer zu machen.

Denken Sie einen Augenblick nach. Sagt man Ihnen in ganz verschiedenen Zusammenhängen immer wieder das Gleiche? Wenn dem so ist, dann ist es wahrscheinlich an der Zeit, darauf zu hören, was das Universum Ihnen sagen will. Und wie ich werden Sie dann wohl merken, dass das äußerst hilfreich ist.

Schutzschicht um Schutzschicht ablegen

Marcs Frage ging mir nicht mehr aus dem Kopf. Kaum in der Wohnung angelangt, ging ich schnurstracks ins Schlafzimmer und stellte mich vor den Spiegel. Ich schaute mir selbst in die sorgenvollen Augen und fragte mich: *Warum ziehe ich mir diese Jacke an? So bin ich doch in Wirklichkeit gar nicht. Sie verdeckt mein wahres Ich.*

Sofort waren die üblichen Ausreden da: Nach Jelanis Geburt waren die Kilos aus der Schwangerschaft einfach nicht verschwunden. Die Pfunde, die ich nach Andrew zugelegt hatte, waren die Folge meiner Depression – eine natürliche Reaktion auf das Trauma, das ich erlitten hatte. Ich war in eine fremde Stadt gezogen und hatte viel Stress mit meinem neu gegründeten Unternehmen. Aber sobald ich Punkt um Punkt der üblichen Liste abgehakt hatte, tauchte der Gedanke auf: Das ist nicht die ganze Wahrheit. *Das hat zwar alles zu deinem Gewichtsproblem beigetragen, aber die Ursache ist es nicht.*

Volltreffer!

Die nächsten paar Stunden sorgte ich dafür, dass ich beschäftigt war. Ich setzte meine Nervosität in Putzen um. Ich schrubbte die Küche, das Badezimmer, meinen Toilettentisch und räumte sogar meinen Kleiderschrank auf. Dabei fragte ich mich die ganze Zeit: *Warum ziehe ich mir diese Jacke an?* Aber es zeigte sich nichts – außer einem seltsamen Gefühl: Immer wenn ich in die Nähe meines Bettes kam und diese Frage stellte, ergriff mich eine beinahe überwältigende Traurigkeit, und ich verspürte einen schmerzhaften Druck in der Brust. Das passierte mindestens drei- oder viermal.

Verdutzt blieb ich einen Moment stehen und starrte auf das Bett. Sofort spürte ich, wie der dunkle, stechende Schmerz in meinem Herzen anschwoll. Weil ich unbedingt die Wahrheit erfahren wollte, koste es, was es wolle, kletterte ich in die

Mitte meines zwei mal zwei Meter großen Bettes und fragte mich noch einmal: *Warum ziehe ich mir diese Jacke an?*

Die Antwort kam in Gestalt einer Flut höchst lebendiger Erinnerungen. Zuerst waren es sinnliche Szenen: das Gefühl schöner Wäsche auf meinem jungen, knackigen Körper, brennende Kerzen ums Bett, beeindruckende sexuelle Leistungen, die meine Kraft und Ausdauer so richtig zur Geltung brachten. Darauf folgten sofort Szenen großer Niedergeschlagenheit und tiefen Schmerzes: Erinnerungen an einsame Morgen, an denen ich mich benutzt und billig gefühlt hatte. Wie hatte ich mich geschämt! Ich schluchzte, als ich quälend real noch einmal nacherlebte, wie ich mit jedem kontaktlosen sexuellen Akt mir selber ein Stück abhandengekommen war.

Ich bin nicht allein

Ausreden sind wunderbar, um sich nicht mit den wirklich wichtigen Themen befassen zu müssen. Und sie funktionieren sogar ziemlich lange. Oft glauben wir die Geschichten, mit denen wir anderen und uns selbst weismachen wollen, wir handelten völlig vernünftig, nach und nach sogar selber.

Kreuzen Sie ein Kästchen an, wenn es Ihnen schon einmal so ergangen ist. Kreuzen Sie zwei Kästchen an, wenn Sie dieses Problem häufig haben. Kreuzen Sie drei Kästchen an, wenn Sie das auf den Punkt genau beschreibt.

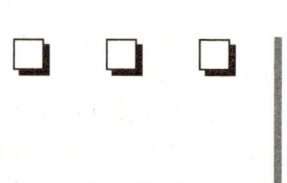

Zum ersten Mal konnte ich erkennen, dass ich zugenommen hatte, um sinnlose sexuelle Beziehungen zu vermeiden. Ich wollte, dass die Männer mich für das liebten, was ich wirklich war. Ich wollte, dass ihnen mein Lächeln gefiel, meine Augen, meine Lebensfreude, mein helles Köpfchen und nicht nur »meine straffen Sportlerinnenschenkel, meine D-Körbchen und mein Knackarsch«. Damals fehlte mir noch die nötige Reife, um Einladungen zum Sex abzulehnen – wie bereits gesagt hatte ich Angst, ich würde damit eine Chance auf Liebe in den Wind schlagen. Stattdessen fasste ich unbewusst den Entschluss, mich durch Zunehmen davor zu schützen.

Aber jetzt wurde mir klar, dass ich damit einfach nur einen Schmerz gegen einen anderen eingetauscht hatte. Dadurch, dass ich mein Herz auf diese Weise hatte schützen wollen, fühlte ich mich am Ende noch schlechter (und sogar einsamer) als zuvor. So viel Übergewicht hatte nicht nur verhindert, dass ich beziehungslose Sexualität erlebte, es hatte praktisch jegliche Intimität verhindert. Jahrelang hatte ich mich viel zu sehr geschämt, um überhaupt jemanden an mich heranzulassen.

Die nackte Wahrheit, wohin mich diese Strategie gebracht hatte, war so schockierend wie ernüchternd. Ich weinte drei Tage am Stück, unterbrochen nur von den Zeiten, in denen ich mich um Jelani kümmerte. Dann wusch ich mir das Gesicht und legte mein Glückliche-Mami-Lächeln auf, denn ich wollte meinen Sohn nicht verstören. Aber sobald er in der Schule war oder bei einem Freund oder wenn er schlief, ging ich wieder ins Bett, arbeitete mit meinen Gefühlen und versuchte herauszufinden, warum ich so lange auf diesem ungesunden Weg geblieben war.

So extrem herausfordernd dieser ganze Prozess auch war, endlich hatte ich die Antwort auf meine Frage gefunden: Meine Gewichtszunahme war der missglückte Versuch gewesen, ein tieferes Bedürfnis zu befriedigen, nämlich das Bedürfnis, begehrt, geliebt und bewundert zu werden, Bestätigung, Wertschätzung und Respekt zu finden sowie das Gefühl vermittelt zu bekommen, dass es schön ist, dass es mich gibt. Endlich,

endlich war ich an das Gefühl der Zerrissenheit in meinem tiefen Innersten gelangt, zu der Leere in mir, die Liebe von außen brauchte, um sich erfüllt zu fühlen.

Das Bedürfnis erkennen

Wie wir wissen, können wir mit einem starken Ehrlichkeits-Muskel unsere Muster erkennen und annehmen, die positiven ebenso wie die negativen. Wenn wir bereit sind, die Muster, die uns nicht dienen, zu verändern, dann benutzen wir dazu unseren Was-ich-wirklich-will-Muskel. Denn sobald wir einmal wissen, *was* wir tun, können wir unseren Was-ich-wirklich-will-Muskel einsetzen, um zu entdecken, *warum* wir etwas tun.

Wenn wir die Ursache finden wollen, die unserem unzuträglichen Verhalten zugrunde liegt, können wir uns fragen: *Wenn ich zu viel trinke, mich überesse, die Bedürfnisse anderer immer wichtiger nehme als meine eigenen, zu viel arbeite (oder was immer Ihr Thema ist), welches Bedürfnis will ich dann damit befriedigen?* Unmäßiges Trinken, zu viel essen, zu viel arbeiten und so weiter sind oft unbewusste Versuche, Anerkennung, Liebe, Einfluss etc. zu erhalten. In meinem Fall war das Zunehmen die unbewusste Taktik, mit der ich mein tiefstes Bedürfnis erfüllen wollte – um meines Herzens willen und nicht nur wegen meines Körpers geliebt zu werden.

Zwischen dem Bedürfnis an der Wurzel unserer negativen Muster und dem schädlichen Verhalten, das wir verändern wollen, können mehrere Schutzschichten liegen. Deshalb müssen wir bis zum Kern vordringen und uns immer wieder fragen: *Warum tue ich das? Was will ich?* Und wir sollten erst dann aufhören, wenn wir das tiefste innerste Bedürfnis erkannt haben, das wir damit befriedigen wollen.

Bei diesem Prozess ist es oft hilfreich, unsere Emotionen zu entwirren. Machen Sie dazu eine emotionale Inventur, wie Sie es bereits beim Vergebungs-Muskel getan haben. Betrachten Sie alle Gefühle, die für Sie mit einer bestimmten Situation verbunden sind. Wenn Sie zum Beispiel ein chronischer Workaholic sind und so viel arbeiten, dass alle anderen Lebensbereiche darunter leiden, dann untersuchen Sie einmal, welche tieferen Gefühle Sie mit beruflichem Erfolg verbinden. Begeistern Ihre Ziele Sie und sind Sie mit Elan dabei oder plagen Sie Versagensängste? Wenn Angst Ihr vorherrschendes Gefühl ist, dann versuchen Sie wahrscheinlich, Ihr Sicherheitsbedürfnis zu befriedigen.

Nach meiner Erfahrung aus der Arbeit mit Hunderttausenden von Menschen auf der ganzen Welt resultieren viele Probleme aus Glaubenssätzen, die unsere Angst uns diktiert hat: Ich bin nicht gut genug; ich kann das nicht; ich muss mich beweisen. Alles, was wir tun, ist jedoch ein Versuch, unser grundlegendstes Bedürfnis zu erfüllen: uns mit uns selbst im Reinen zu fühlen. Manches, was wir dafür tun, ist positiv und konstruktiv, anderes hingegen nicht.

Oft wirken unsere ungesunden Verhaltensmuster wie ein Pflaster – wie eine vorläufige oder teilweise Reparaturmaßnahme. In gewisser Weise fühlen sie sich gut an oder wirken sogar, aber sie können unser innerstes Bedürfnis nicht wahrhaft befriedigen. Auf lange Sicht gesehen machen sie alles nur noch schlimmer oder erzeugen neue Probleme.

Diese Pflästerchen können uns so genannte Pyrrhussiege eintragen, benannt nach dem griechischen General Pyrrhus, der berühmt wurde, weil er eine wichtige Schlacht gewann, die ihn mehr kostete, als sie ihm eintrug. Einen Pyrrhussieg erringt man, wenn man zwar sein Ziel erreicht, der Schaden, den man dabei anrichtet, aber größer ist als der Nutzen. Die Gewichtszunahme war mein Pyrrhussieg – ich hatte keinen beziehungslosen Sex mehr, aber um den Preis meiner Selbstachtung, meines Selbstbewusstseins und meiner Gesundheit.

Dass Sie kurz vor der Erkenntnis Ihres innersten Bedürfnisses sind, merken Sie daran, dass Sie sich allmählich unbehaglich fühlen und am liebsten aufhören würden. Weichen Sie jetzt nicht aus, denn es gibt einen Grund, warum Sie alles Mögliche getan haben, um es nur ja nicht spüren zu müssen. Sich mit seinen tiefsten Themen auseinanderzusetzen, erfordert Mut, aber ich garantiere Ihnen, es ist das Wichtigste, was Sie tun können. Es ist der Schlüssel zu einem Leben voller Freude, Erfolg, Liebe und Sinn.

Auch wenn wir aufrichtig etwas aus unserem Leben machen wollen, können wir unsere negativen Verhaltensmuster wahrscheinlich erst dann verändern, wenn wir herausfinden, was uns dazu treibt. Wir können eine Million Ernährungsbücher lesen, aber wenn wir uns nicht damit beschäftigen, weshalb wir so viel essen, fällt es uns schwerer abzunehmen und das Gewicht zu halten. Wir können über unser unsinniges Arbeitspensum jammern und uns schwören, die Stundenzahl zu verringern, aber wenn wir uns nicht unsere tiefer sitzenden Ängste ansehen, dann können wir uns gar nicht erst auf ein ausgewogeneres Leben einlassen.

Ohne klare Erkenntnis unserer Motive werden wir immer versuchen, unsere schlechten Gewohnheiten von außen her zu verändern und uns immer wieder dafür schelten, wenn wir versagt haben. Am Ende fühlen wir uns jedes Mal noch hoffnungsloser, und ein Teufelskreis beginnt. Am Ende gilt: Wenn Sie eine dauerhafte Veränderung zum Guten erreichen und der Mensch werden wollen, der Sie sein könnten (was Sie auch wissen), nutzen Sie Ihren Was-ich-wirklich-will-Muskel, um zuallererst festzustellen, welches Bedürfnis Sie befriedigen wollen. Behalten Sie dieses Bedürfnis dann wie ein Ziel immer im Auge, und passen Sie Ihre Strategie so an, dass Sie es tatsächlich erfüllen können.

Emotionale Fitness-Therapie

Nachdem ich schließlich mehr Tränen geweint hatte, als ich für menschenmöglich hielt, rief ich BJ an, die Pastorin der Kirche, die ich besuchte. Im Laufe des vergangenen Jahres hatten wir aufgrund ihres geistigen Beistandes eine tiefe Freundschaft entwickelt. Ich sagte ihr, ich bräuchte ihre Hilfe und wir vereinbarten einen Termin für den folgenden Tag.

Wir trafen uns in einem Selbstbedienungs-Café, holten uns ein Getränk und setzten uns an einen Tisch im Freien. Ich war nervös und schämte mich, einer Pastorin von meiner früheren sexuellen Verantwortungslosigkeit zu erzählen. Ich schaute mich um und als ich sicher war, dass uns keiner hören konnte, nahm ich meinen ganzen Mut zusammen und erzählte ihr die ganze Geschichte.

Als ich fertig war, saßen wir einen Augenblick lang still da. BJ hatte meinem Bericht die ganze Zeit offen und aufmerksam zugehört. Jetzt sah ich, dass sie ihre Sitzposition veränderte und zu einer Antwort anhob. *Ist sie schockiert?*, fragte ich mich. *Oder ist sie vielleicht sogar enttäuscht von mir?*

BJ brach das Schweigen mit einem Schmunzeln. »Meine Liebe«, sagte sie mit einem warmherzigen Lächeln. »Ich bin zwar vielleicht Pastorin, aber ich bin auch eine Frau. Liebe und Sex sind manchmal nur schwer voneinander zu trennen. Wir machen alle Fehler. Gott zählt sie nicht, warum solltest du es dann tun?«

Bei ihren Worten entfuhr mir ein tiefer Seufzer der Erleichterung und zum ersten Mal seit Tagen wurde mir leichter ums Herz.

Wir unterhielten uns lange an jenem Morgen und ich kämpfte mit den Gedanken und Gefühlen, die sich in meinem Kopf und in meinem Herzen eingenistet hatten. Danach traf ich mich regelmäßig mit BJ, um mit ihr zu beten, in der Bibel zu lesen und bessere Möglichkeiten zu finden, wie ich mein innerstes Bedürfnis nach Anerkennung und Akzeptanz befriedigen konnte.

Der Staub der emotionalen Explosion, die meine Welt erschüttert hatte, legte sich allmählich und ich spürte wieder festen Boden unter den Füßen. Mit BJs Hilfe konnte ich erkennen, dass ich sowohl die Fähigkeit als auch die Ressourcen hatte, meinen Tank selber aufzufüllen – mir selber die Liebe und die Wertschätzung zu geben, die ich in Beziehungen suchte. Das war kein Aha-Moment, sondern eher eine Aha-Phase. Niemand streute Feenstaub oder schwang einen Zauberstab über meinem Kopf. Viele Monate gezielter und konzentrierter Arbeit waren nötig, bis ich diese Veränderung vollziehen und mit meinen tiefsten Bedürfnissen auf eine positive, lebensbejahende Weise umgehen konnte.

> **Ich bin nicht allein**

Haben Sie sich je einem anderen Menschen anvertraut, insbesondere wegen eines Verhaltens oder Ereignisses, das Ihnen peinlich ist oder dessen Sie sich schämen, und dann gemerkt, dass das eine große Erleichterung für Sie war?

Kreuzen Sie ein Kästchen an, wenn es Ihnen schon einmal so ergangen ist. Kreuzen Sie zwei Kästchen an, wenn Sie dies schon mehrmals erlebt haben. Kreuzen Sie drei Kästchen an, wenn es Ihnen oft so geht.

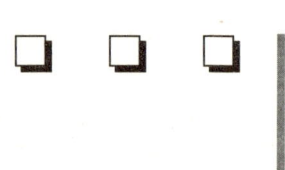

BJ machte mich außerdem mit Dejinira bekannt, einer Frau aus meiner Kirche, die Personaltrainerin war. Als ich sie zum ersten Mal sah, war ich durchaus ein bisschen eingeschüchtert. Die Frau hatte *Muskeln*! Bei unserem ersten Gespräch stellte Dejinira mir viele Fragen und hörte aufmerksam zu. Sie hatte überhaupt nichts von dem Kasernenhofton an sich, den ich erwartet hatte. Stattdessen spürte ich ihr Mitgefühl und ihr aufrichtiges Interesse an meinem Wohlbefinden. Weil mir meine Körperformen peinlich waren, hatte ich befürchtet, sie würde mich wegen meiner ganz offensichtlich mangelhaften Fitness verurteilen. Aber sie ließ sich völlig auf mich ein, versetzte sich in meine Lage und nahm Rücksicht darauf, wie ich mich fühlen musste. Da wusste ich, dass ich ihr alles erzählen konnte und nicht nur über meine sportlichen Ziele zu sprechen brauchte. Ich fühlte mich bei ihr so geborgen, dass ich in ihrer Gegenwart sogar weinen konnte.

Von nun an trieb ich mit ihr zusammen Sport und wir absolvierten ein Programm, das ich Emotionale Fitness-Therapie nannte, denn es ging darin sowohl um meinen Körper als auch um meine Gefühle. Jeden Morgen um sechs Uhr beaufsichtigte mich Dejinira, wenn ich im Fitnessraum unserer Wohnanlage auf dem Laufband davonstapfte, Gewichte hob und endlos viele Kniebeugen im Ausfallschritt machte. Zum Glück hatten wir den Raum für uns, denn ich schwitzte nicht nur literweise, sondern entblößte auch meine Seele.

Es gab Momente, in denen die Kniebeugen und Bauchpressen wesentlich leichter zu bewerkstelligen waren als die emotionale Reinigung, die ich mir verordnet hatte. In meiner Stunde mit Dejinira sprach ich darüber, wie sehr ich mich schämte, dass ich, die ehemalige Spitzensportlerin und Cheerleaderin, erst übergewichtig und dann fettsüchtig geworden war. Zwischen den Sit-ups zählte ich die Ausreden auf, derer ich mich bedient hatte – meine Schwangerschaft, meine Depression und mein Arbeitspensum –, um meine falschen Entscheidungen zu rechtfertigen. Und während ich Vier-Kilo-Hanteln hob und senkte, übernahm ich die Verantwortung für die ungebetenen Wülste, die zwischen meinem Po und meinen Schenkeln sowie zwischen meinen Brüsten und meinem Bauch entstanden waren – und dafür, wie ich mich wegen dieser Wülste fühlte. Jeden Tag kam ich dem Ziel einen Schritt näher, mir meine Fehler zu verzeihen und daran glauben zu können, dass ich Glück, Liebe und Gesundheit wirklich verdient habe.

Meine Arbeit mit Dejinira verhalf mir auch zu der Erkenntnis, dass ich mich im Laufe der Jahre von meinem Körper entfremdet hatte. Er war nur noch dazu da, meinen Kopf zu tragen, ansonsten ignorierte ich ihn, so gut ich konnte. Ich legte immer Wert darauf, mich teuer zu kleiden und mit auffälligem Schmuck zu behängen, um meine Übergröße wettzumachen. Wenn ich dann wegen meiner äußeren Erscheinung Komplimente bekam, sagte ich mir, ich sei völlig in Ordnung, so wie ich war. Aber jetzt, wo ich allmählich spürte, wie mein Muskeltonus und meine Figur wieder Form annahmen, erinnerte ich mich, was es bedeutete, etwas für seine körperliche Gesundheit zu tun. Ich genoss meine wiedergefundene Vitalität und Energie in vollen Zügen.

Im Laufe der nächsten neun Monate nahm ich 18 Kilo ab und entwickelte ein ganz neues Verhältnis zu meinem Körper und meinen Gefühlen. Durch den Aufbau meines Was-ich-wirklich-will-Muskels konnte ich nun mein Bedürfnis nach Liebe und Umsorgtwerden auf eine gesunde Weise erfüllen: Ich nahm wieder Schaumbäder, buchte Massagen und ernährte mich besser. Zugleich half mir dieser Muskel, meine übergeordneten Ziele nicht aus den Augen zu verlieren. Allmählich schuf ich selbst die Erinnerungen, die ich mir immer gewünscht hatte. Ich spielte mehr mit meinem Sohn; zu Hause tanzten und sangen wir miteinander und ich ging mit ihm in Museen und Freizeitparks. Ich ging öfter an die frische Luft und sog mit jedem Atemzug die Schönheit des nahen Strandes ein, und ich fuhr häufig zu meiner Familie in den Norden.

Heute bin ich zwar immer noch auf dem Weg zu optimaler Gesundheit und meinem Idealgewicht, aber der Pfad zeichnet sich klar vor mir ab. Für mich wird es keine Pflaster oder Pyrrhussiege mehr geben. Jetzt interessieren mich nur noch echte Lösungen.

Win-Win-Entscheidungen

Sobald Sie Ihre Bedürfnisse klar erkannt haben, können Sie sich mit Hilfe eines starken Was-ich-wirklich-will-Muskels für die gesündesten und besten Möglichkeiten zu deren Erfüllung entscheiden.

An dieser Stelle müssen Sie sich wahrscheinlich auch die Minderwertigkeitsgefühle anschauen, die Sie womöglich haben. Wenn wir uns wegen alter Fehler oder des aktuellen Chaos in unserem Leben schuldig fühlen oder schämen, kann das dazu führen, dass wir glauben, wir hätten es gar nicht verdient, dass unsere Bedürfnisse erfüllt werden. Selbstvorwürfe aber verhindern von vornherein, dass wir uns überhaupt für das entscheiden können, was wir wirklich wollen. Wenn es Ihnen so geht, dann nehmen Sie sich etwas Zeit für den Einsatz Ihres Vergebungs-Muskels. Machen Sie (vielleicht auch zum wiederholten Mal) die *Beflügelnden Ersten Schritte* aus dem letzten Kapitel und legen Sie dabei den Schwerpunkt auf die Übungen, in denen Sie sich selbst vergeben.

Um sich selbst vollständig vergeben zu können, müssen Sie vielleicht mit anderen Menschen ins Reine kommen. Das kann bedeuten, dass Sie alte Fehler wiedergutmachen, eine gestörte Kommunikation ins Lot bringen oder nicht gehaltene Versprechen einlösen müssen. Das ist selbst dann möglich, wenn die Menschen, um die es dabei geht, inzwischen verstorben oder für Sie unerreichbar sind. Denken Sie daran, Vergebung ist in erster Linie ein innerer Prozess. Sie verschaffen sich damit die Möglichkeit, im Leben voranzukommen, unbelastet von der Bürde der Vergangenheit.

Durch den Einsatz Ihres Was-ich-wirklich-will-Muskels erhalten Sie auch die Chance, das tief liegende Gefühl der Zerrissenheit zu heilen, das oft die Wurzel unserer negativen Muster ist. Wenn Sie festgestellt haben, dass Ihr tiefstes innerstes Bedürfnis Liebe, Anerkennung und Wertschätzung durch andere ist, dann versprechen Sie sich, sich dies selbst zu geben. Bei meiner Arbeit mit BJ habe ich gelernt, dass die Liebe, die ich mir von jemand anderem wünsche, weil ich noch nicht gelernt habe, sie mir selbst zu geben, ohnehin nie die Erfüllung für mich wäre. So viel Liebe ich auch erhielte – es wäre, als gösse man Wasser in einen Eimer mit durchgerostetem Boden, sodass am Ende jeder Tropfen wieder versickert.

Ist Ihr Eimer ganz? Oder hat er Löcher? Die Erkenntnis, dass man manche Bedürfnisse sozusagen von innen her erfüllen muss, ist der erste Schritt zum Abdichten dieser Löcher.

Oft werde ich gefragt: »Woran erkenne ich, dass ich mich für das entscheide, was ich wirklich will?« Darauf antworte ich: Wenn Sie Ihre Bedürfnisse auf gesunde Weise erfüllen, dann handeln Sie immer so, dass ein größeres inneres Gleichgewicht in Ihnen entsteht. Wenn wir versuchen, ein Bedürfnis auf ungesunde Weise zu befriedigen, dann entstehen negative Verhaltensmuster, die meist mit »-süchtig« umschrieben werden: arbeitssüchtig, alkoholsüchtig, harmoniesüchtig und so weiter. In unserem Drang, dafür zu sorgen, dass es uns »gut«- geht, nehmen wir oft in Kauf, dass die anderen Bereiche unseres Lebens zu kurz kommen.

Ein weiterer Indikator für eine richtige Entscheidung ist die Harmonie, die unser Verhalten erzeugt. Ein starker Was-ich-wirklich-will-Muskel schult unsere Fähigkeit, in jeder Situation eine Chance zu sehen. Unser Handeln fußt dann auf Freundlichkeit und Fairness – uns selbst und anderen gegenüber. So schaffen Sie Siege, die von Anfang bis Ende authentisch sind.

Schon am Anfang das Ende im Sinn haben

Sobald Sie mit dem Training für Ihren Was-ich-wirklich-will-Muskel beginnen, verändert sich Ihr Leben. Sie werden sich der langfristigen Folgen Ihres Handelns klarer bewusst. Sie treffen nicht nur Tag für Tag bessere und bewusstere Entscheidungen, was Ihre Gesundheit, Ihre Beziehungen, Ihre Finanzen und so weiter betrifft, Sie sind auch stärker mit Ihrer Lebensaufgabe verbunden. Mit einem starken Was-ich-wirklich-will-Muskel können Sie bei allem, was Sie tun, »schon am Anfang das Ende im Sinn haben«, wie Stephen Covey sagt.

Ich war etwa Mitte zwanzig, als ich Stephen Coveys Buch *Die sieben Wege zur Effektivität: Prinzipien für persönlichen und beruflichen Erfolg*[7] zum ersten Mal las. Ich war auf Geschäftsreise und erinnere mich noch, wie ich in meinem Hotelzimmer auf dem Bett saß und das Kapitel mit der Überschrift »Schon am Anfang das Ende im Sinn haben« las. Dieser Abschnitt des Buches enthält eine Übung, bei der man sich vorstellt, dass man in eine Friedhofskapelle zur Beerdigung eines geliebten Menschen geht. Covey bittet einen, den Duft der Blumen zu riechen und die Orgelmusik zu hören. Während man den Mittelgang entlanggeht, sieht man die Gesichter von Menschen, die man kennt: Familie, Freunde, Kollegen, alle sitzen in den Bänken. Ihre Mienen sind traurig, manche weinen. Vorne steht der offene Sarg. Man schaut hinein und sieht... sich selbst! Man ist bei seiner eigenen Beerdigung!

An dieser Stelle fuhr mir der Schrecken durch den ganzen Körper. Aber ich las weiter. Covey bittet uns nun, uns vorzustellen, was man bei unserer Beerdigung wohl über uns sagen wird. Was für ein Freund oder eine Freundin waren wir? Was für ein Bruder oder was für eine Schwester? Was für eine Kol-

---
[7] Gabal 2005

legin oder was für ein Kollege? Was für eine Nachbarin oder was für ein Nachbar?

Als die wahre Bedeutung seiner Worte mir in Kopf und Herz klarwurde, ließ ich das Buch sinken. Damals wurde mir zum ersten Mal bewusst, dass ich meinen Nachruf schon heute selber schreiben konnte, einfach dadurch, wie ich lebte.

Ich brauchte noch viele Jahre, bis es mir gelang, stets mit dem Ende im Sinn zu leben. Zuerst musste ich meinen Was-ich-wirklich-will-Muskel entwickeln, was mir wiederum half, mehr Selbstachtung aufzubauen. Als ich von jener Geschäftsreise wieder nach Hause kam, nahm ich ein paar Veränderungen vor: Ich fing an, Dinge zu tun, die mich zu dem Menschen machten, der ich eigentlich sein wollte. Ich verbrachte mehr schöne Stunden mit meiner Mutter und meinem Vater. Ich arbeitete öfter ehrenamtlich mit Jugendlichen. Ich widmete meiner Religiosität mehr Aufmerksamkeit. Und ich hörte mit alledem auf, worauf ich nicht stolz war, zum Beispiel den vielen Partys. Ich wollte meine Energie nicht in den Discos verschwenden oder als Partylöwin in Erinnerung bleiben.

Wie Sie wissen, brauchte ich noch etwas länger, bis ich den Versuch aufgab, durch die Tür namens Sex in den Raum namens Liebe zu gelangen. Aber das lag daran, dass ich mich noch nicht mit dem tieferen Grund für dieses ungesunde Verhalten beschäftigt hatte. Je tiefer die Herausforderung verwurzelt ist, desto langwieriger und mühsamer ist es, sie zu überwinden. Heute kann ich dank meines starken Was-ich-wirklich-will-Muskels die richtigen Entscheidungen treffen – Entscheidungen, durch die Geschichten zustande kommen, die man sich einmal über mich erzählen soll, wenn ich nicht mehr da bin.

Das Ende im Sinn zu haben, ist nicht bloß eine einmalige Sache; es erfordert eine bewusste, kontinuierliche Absicht. Unsere höchsten Ziele liegen manchmal jenseits des Horizonts, und im Alltagsgetriebe verlieren wir sie oft aus den Augen. Unser Was-ich-wirklich-will-Muskel wirkt dann wie eine Führungsschiene oder wie Markierungen am Straßenrand, die einen aufrütteln, wenn man aus seiner Spur driftet. Er wirkt wie ein Alarmsignal, wenn wir von dem abkommen, was für uns das Beste ist. Aus der Bahn kann man aus vielen Gründen geraten: Ablenkung, Mutlosigkeit, Müdigkeit oder Enttäuschung. Und es muss durchaus nicht eine scharfe Kurve sein, in der man von der Straße abkommt; die Veränderung kann allmählich vor sich gehen, in mehreren kleinen Verschiebungen in eine bestimmte Richtung und über einen längeren Zeitraum hinweg. Diese Führungsschienen oder Straßenmarkierungen erinnern uns daran: *Halt, warte mal, das wollte ich doch gar nicht. Ich seh lieber zu, dass ich wieder auf die richtige Straße komme.*

Ich bin nicht allein

Beeinflusst der Gedanke an das, was man bei Ihrer Beerdigung wohl über Sie sagt, Ihr Verhalten heute? Über den Tod nachzudenken, hat zwar etwas Erschreckendes, aber es lohnt sich. Sein Leben im Hinblick auf das zu gestalten, was am Ende übrig bleibt, ist ein hoch effektives Hilfsmittel bei der Entscheidungsfindung.

Kreuzen Sie ein Kästchen an, wenn Sie mit dieser Vorstellung etwas anfangen können. Kreuzen Sie zwei Kästchen an, wenn sie Ihnen bedenkenswert erscheint. Kreuzen Sie drei Kästchen an, wenn Sie der Gedanke begeistert, Ihr ideelles Erbe bereits heute aktiv zu gestalten. ❏ ❏ ❏

Eine bombensichere Möglichkeit, Ihren Was-ich-wirklich-will-Muskel aufzubauen, ist die Frage: *Wer steckt dahinter?* Ist es Ihr höheres, bewussteres Ich? Oder das ungeduldige Kind in Ihnen, das alles *sofort* haben will? Wenn Sie entscheiden sollen, was zu tun ist, dann ist die Alternative, die zu Ihrem Besten dient, nicht immer auch die einfachere. Bestimmt haben Sie das selbst schon erlebt. Wenn es Zeit ist, aus dem warmen Bett zu steigen und ins Fitnessstudio zu gehen, dann ist die Versuchung groß, sich die Decke über den Kopf zu ziehen und sich noch ein kuscheliges »Viertelstündchen« Schlaf zu gönnen. Wenn Sie versuchen, auf Süßigkeiten zu verzichten, dann kann es schon sehr viel Disziplin erfordern, jedes Mal einen Teller Obst zum Nachtisch zu bestellen. Wie wir aber im Kapitel über den Entschlossenheits-Muskel gelernt haben, liegt das Geheimnis darin, uns auf das zu konzentrieren, was wir wollen, nicht auf das, was wir aufgeben, und daran zu denken, dass eine noch viel größere Befriedigung auf uns wartet, je näher wir unserem Ziel kommen. Die besseren Entscheidungen zu treffen, bedeutet, Ihrem »besser entwickelten« Ich das Steuer zu überlassen.

Wenn das für Sie nach sehr viel Arbeit klingt, dann denken Sie daran, dass der Aufbau Ihres Was-ich-wirklich-will-Muskels, wie bei jedem anderen Muskel auch, ein wenig Mühe macht – aber immer weniger, je weiter Sie vorankommen. Schon bald wird die Erfahrung, in größerer Harmonie und Freude sinn- und kraftvoller zu leben, so attraktiv, dass Sie für weniger keine Zeit mehr verschwenden möchten. Sie bleiben zielorientierter und lassen sich von Kleinigkeiten nicht ablenken. Sie machen aus keiner Mücke mehr einen Elefanten.

Wenn Sie mit der höchsten Vision, die Sie für sich haben, verbunden bleiben, ziehen Sie Menschen, Gelegenheiten und Erfahrungen an, die auf ebendiesem Niveau sind. Dann ist es schön für Sie, Sie selbst zu sein und für andere, mit Ihnen zusammen zu sein. Sie werden zum Magneten für Ihr höchstes Ziel.

Wie Ihr Entschlossenheits-Muskel ist auch Ihr Was-ich-wirklich-will-Muskel entscheidend wichtig, damit Sie aus den Tälern Ihres Lebens hinaussteigen und Ihre Gipfel erklimmen können. Er leitet Sie, wenn Sie bereit sind, die negativen Muster zu verändern, die Sie in der Vergangenheit geschaffen haben, weil Sie Ihre Bedürfnisse nicht auf eine Ihnen zuträgliche Weise erfüllt haben. Und er hält Sie bei der Stange, wenn Sie sich das Leben so gestalten möchten, wie Sie es wirklich wollen.

Ihren Was-ich-wirklich-will-Muskel gebrauchen Sie folgendermaßen:

1. Machen Sie sich das Verhalten, das Sie verändern wollen, klar bewusst.
2. Stellen Sie fest, welches Bedürfnis Sie mit diesem Verhalten befriedigen wollten.
3. Finden Sie die beste und gesündeste Art, dieses Bedürfnis zu befriedigen.
4. Richten Sie Ihre Entscheidungen an Ihren höchsten Zielen aus.

Folgen Sie den nachstehenden *Beflügelnden Ersten Schritten*, um diesen unentbehrlichen Muskel aufzubauen.

Beflügelnde Erste Schritte

Diese Schritte sind dazu da, damit Sie zu einem Leben voller Inspiration und Erfüllung finden. Für den Anfang bitte ich Sie, Ihren Was-ich-wirklich-will-Muskel im Hinblick auf Ihre Alltagsgewohnheiten einzusetzen. Beim ersten Schritt bedeutet das: Lassen Sie sich nicht von den Problemen vereinnahmen, die Sie vielleicht gerade haben, sondern richten Sie Ihre Aufmerksamkeit auf mögliche Lösungen. Machen Sie das bei den übrigen Schritten genauso. Jetzt ist die Zeit gekommen, da Ihr höchstes und bestes Ich sich offen zeigen darf. Wenn Sie das tun, kommen Sie schneller zu dem Leben, für das Sie eigentlich geboren wurden.

1. **Entdecken Sie neue Möglichkeiten, Ihre Bedürfnisse zu befriedigen:** Denken Sie an eine Verhaltensweise oder Gewohnheit, die Sie momentan haben und die Ihnen nicht dient. Überlegen Sie dann – ohne zu urteilen! – ein oder zwei Minuten lang, welches Bedürfnis Sie damit stillen wollen. Fragen Sie sich einfach freundlich: *Warum tue ich das? Was will ich wirklich?*

- Wenn Sie eine Vorstellung davon haben, welches Bedürfnis Sie mit dem unerwünschten Verhalten befriedigen wollen, überlegen Sie sich drei gesunde, lebensverschönernde Möglichkeiten, wie Sie das gewünschte Ergebnis erzielen könnten. Probieren Sie dann als reines Experiment mindestens eine dieser neuen Verhaltensweisen aus, und warten Sie ab, was geschieht. Wenn Sie zum Beispiel aus lauter Langeweile nach dem Abendessen noch zu viele Knabbereien futtern, dann könnten Sie, wenn die Langeweile Sie das nächste Mal packt, eine Freundin oder einen Freund anrufen, einen Spaziergang machen oder in Ihr Tagebuch schreiben, was Sie morgen erreichen wollen. Denken Sie daran: Sie müssen das negative Verhalten nicht aufgeben. Hier geht es nur darum, die beste Entscheidung zu treffen. Wenn Sie das, was Sie wollen, erst einmal auf gesunde Weise bekommen, dann hört das negative Verhalten ganz von selber auf.

2. **Schreiben Sie auf, was von Ihnen bleibt:** Immer die beste Entscheidung zu treffen, bedeutet in Wirklichkeit, Ihre Lebensgeschichte selbst zu schreiben. Wie soll Ihre Lebensgeschichte aussehen? Das können Sie feststellen, wenn Sie sich zum Beispiel die folgenden Fragen beantworten.

   - Wenn andere irgendwann einmal über Ihr Leben sprechen, was sollen sie dann sagen?
   - Was werden Sie betonen oder hervorheben? Was für eine Freundin oder was für ein Freund waren Sie? Was für eine Schwester? Was für ein Bruder? Was für eine Mutter? Was für eine Kollegin oder was für ein Kollege? Nachbarin oder Nachbar? Vorgesetzte oder Vorgesetzter?
   - Wie haben Sie sich der Welt gezeigt? Und haben Sie einen Beitrag geleistet, solange Sie noch da waren?
   - Inwiefern haben Sie die Welt für alle Menschen ein bisschen schöner gemacht?

- Suchen Sie sich nun zwei Menschen aus, zum Beispiel Familienangehörige, Freunde, Nachbarn, Kollegen. Achten Sie darauf, dass diese beiden Menschen aus unterschiedlichen Bereichen kommen. So könnte etwa einer aus dem engeren Familienkreis stammen und der andere aus der Schule oder aus dem Kollegenkreis. Schreiben Sie jeweils einen Namen oben auf ein leeres Blatt Papier.
- Schreiben Sie für jeden Menschen einen Absatz, was er oder sie heute – in diesem Augenblick – über Sie sagen

würde. Erwähnen Sie Höhen und Tiefen; schreiben Sie die unzensierte, blanke Wahrheit, selbst wenn das bedeutet, dass Sie Einzelheiten aufführen müssen, bei denen es Ihnen lieber wäre, diese Menschen erinnerten sich nicht daran oder sprächen nicht darüber, wenn sie Sie beschreiben sollen. Denken Sie bei dieser Übung zum Beispiel an Ihre prägnantesten Charakterzüge, Ihre Stärken und Schwächen, Ihren Beruf, Ihre Geisteshaltung, Ihren Beitrag zur Gesellschaft, Ihre Begabungen, Ihre Hobbys und Leidenschaften, Ihre Titel, Preise, Auszeichnungen und so weiter.

- Schreiben Sie dann für jeden Menschen einen weiteren Absatz, in dem steht, was er oder sie Ihrer Meinung nach in drei Jahren über Sie sagen könnte. Und hier kommt die Besonderheit: Stellen Sie sich vor, dass Sie bis dahin alles erreicht haben, was Sie je erreichen wollten – in mentaler, spiritueller, körperlicher, beruflicher, finanzieller, kurzum in jeder Hinsicht. Sie sind auf allen Gebieten so geworden, wie Sie werden wollten. Sie haben alle Enttäuschungen und Herausforderungen im Leben überwunden und sind genau da angekommen, wo Sie hin wollten. Was würden diese beiden Abschnitte dann über Sie aussagen? Welche Rolle haben Sie im Universum gespielt? Wie viele Leben haben Sie beeinflusst? Wie sehen Ihre Kinder Sie? Haben Sie etwas hinterlassen, das größer ist als Sie selbst?

Dies ist eine kraftvolle Übung. Mit ihrer Hilfe können Sie sehr genau feststellen, wo Sie noch wachsen und Ihren Horizont erweitern müssen und welche Bereiche Ihres Lebens am meisten Aufmerksamkeit verdienen.

3. **Aufs Wesentliche konzentrieren:** Ziehen Sie nun mit einem Stift in einer anderen Farbe Kreise um die Eigenschaften in den ersten Absätzen, die Sie nicht gern erwähnt haben, ja,

die Sie am liebsten gar nicht aufgeschrieben hätten. (Falls Sie sie tatsächlich nicht aufgeschrieben haben, dann tun Sie es jetzt.) An diese Dinge soll man nicht denken, wenn man sich an Sie erinnert, und jetzt, da Sie sich ihrer bewusst sind, sind Sie auch bereits darüber hinausgewachsen.

Kreisen Sie dann im zweiten Abschnitt die Auszeichnungen, Anerkennungen und die Lobesworte ein, die Ihre Persönlichkeit widerspiegeln. Dazu gehören auch die Ehrungen, die Sie unbedingt auf Ihrer Lebensliste der bemerkenswerten Leistungen noch sehen möchten. Kreisen Sie auch die Dinge ein, an die man sich bei Ihnen unbedingt erinnern soll und die Sie in Ihrem tiefsten Herzensgrunde bereits kennen. Das sind die Ziele, auf die Sie Ihre Bemühungen, Ihre Energie und Ihren Enthusiasmus konzentrieren sollten.

4. **Visualisieren Sie Ihren voll entwickelten Was-ich-wirklich-will-Muskel:** Mit der folgenden Visualisationsübung gewinnen Sie ein klareres Bild Ihrer Zukunft und die Kraft, in der Gegenwart die notwendigen Veränderungen vorzunehmen, damit Sie dem Traum näher kommen, den Sie von sich haben. Diese Übung ist ein umfassendes Training für Ihren Was-ich-wirklich-will-Muskel, das ihn auf seinen künftigen Dauereinsatz vorbereitet, durch den er immer stärker wird.

- Stellen Sie sich einen Zeitpunkt in fünf oder sechs Jahren vor. Sie haben alle Erwartungen übertroffen, die Sie an sich hatten, und erhalten jetzt einen Preis dafür, dass Sie in Ihrem Leben Mut und Durchhaltevermögen bewiesen haben. Sie sind ein lebendiges Beispiel dafür, was es bedeutet, wenn alle Steh-auf-Muskeln vollständig entwickelt sind: Ihr Verständnis-, Ihr Ich-glaub-an-mich-, Ihr Ich-pack's-an-, Ihr Ich-weiß-was-ich-weiß-, Ihr Ehrlichkeits-, Ihr Ich-sag-ja, Ihr Entschlossenheits-, Ihr Vergebungs- und Ihr Was-ich-wirklich-will-Muskel, allesamt stark und 100 Prozent funktionstüchtig. Sie sind zum besten Beispiel – zum Inbegriff – für jeden einzelnen Muskel geworden. Mit anderen Worten: Sie sind das beste Vorbild der Welt für ein Leben nach dem Motto: *Egal was passiert*!

- Stellen Sie sich nun weiter vor, dass 20.000 Menschen in dem Raum zugegen sind, in dem Ihnen dieser großartige Preis verliehen werden soll. Millionen weitere sehen Sie im Fernsehen. Malen Sie sich alles bildlich aus: Sie sehen von Kopf bis Fuß makellos aus. Sie sind überzeugend, stark und von magnetischer Ausstrahlung. Während der Rede des Preisstifters, in der er dem Publikum Ihr Leben schildert und erklärt, warum Sie der beste denkbare Preisträger oder die beste denkbare Preisträgerin sind, wird Ihnen klar, dass Ihr ganzes Leben – alles, was Ihnen geschehen ist – Sie auf einen Moment wie diesen vorbereitet hat.

- Sie wissen, dass der Preisstifter Ihnen am Ende seiner Rede ein atemberaubendes Symbol der Anerkennung überreichen wird. Sie kommen aufs Podium, um es anzunehmen und sich zu bedanken. Wenn Sie sich nun ans Publikum wenden, was sagen Sie über die Lebensreise, die Sie bis hierhin geführt hat und über die Dankbarkeit, die Sie für jede Erfahrung empfinden, mit der Sie beschenkt worden sind? Was sagen Sie über die Verantwortung, die Sie als die Ihre erkannt haben? Schreiben Sie Ihre Dankesrede. Verwenden Sie dafür so viele Seiten in Ihrem Tagebuch, wie Sie möchten. Wenn Ihnen das lieber ist, können Sie Ihre Dankesrede auch auf einen Tonträger aufsprechen.

Diese *Beflügelnden Ersten Schritte* helfen Ihnen zu erkennen, was Sie in der Welt bewirken können und eröffnen Ihnen den Zugang zu den unbegrenzten Möglichkeiten, die Sie erwarten, sobald Sie Ihren Was-ich-wirklich-will-Muskel vollständig entwickelt haben.

Kapitel zehn

Ihren Rhythmus finden:

Führen Sie ein Leben voller Freude und neuer Möglichkeiten

In den neun vorangegangenen Kapiteln haben Sie die neun wichtigsten Steh-auf-Muskeln kennengelernt. Die Muskeln, die ich aufbauen musste, um die Abstürze, Herausforderungen und Angstzustände in meinem Leben zu überwinden, um mich selber lieben und die Einladungen zu einem Leben der unbegrenzten Möglichkeiten annehmen zu können – *egal was passiert*.

Mein heutiges Leben ist die Folge des kontinuierlichen Einsatzes dieser Muskeln, die meinen Charakter stärken. Heute weiß ich, dass am unangenehmsten jene Momente waren, in denen ich gezwungen war, meine selbst empfundenen Grenzen zu überschreiten. Meist waren das Zeiten, in denen ich glaubte, ich hätte bereits das Maximum erreicht, aber dann gebeten wurde, noch mehr zu tun.

Dieses Buch ist ein gutes Beispiel dafür. Das Schreiben fiel mir schwer. Ich musste *alle* meine Steh-auf-Muskeln einsetzen! Mein Glaube an mich selbst machte möglich, dass ich überhaupt anfangen konnte. Danach arbeiteten alle Muskeln zusammen. Ich musste Ja sagen, ich musste es anpacken, ich musste ehrlich sein, entschlossen bei der Sache bleiben und den Kern meiner Seele suchen, wenn ich unsicher wurde. Ich musste mein Leben tiefer verstehen denn je und auch den Prozess der Vergebung noch einmal durchlaufen – und mit ihm alles, was meiner Vergebung bedurfte, anschauen. Vor allem aber musste ich Entscheidungen treffen, die mir und Ihnen, meine Leserinnen und Leser, zum Besten dienen sollten.

Oft wurde mein »Ja« zu einem »Vielleicht« oder ich sagte: »Ach, ich kann das doch nicht.« Aber mein Was-ich-wirklich-will-Muskel hielt mich bei der Stange. Selbst wenn mir die Knie schlotterten und die Zähne klapperten, als ich die persönlichsten, entblößendsten, schmerzlichsten und erschreckendsten Teile meines Lebens niederschrieb (dass Fremde sie lesen würden, war schlimm, am schlimmsten aber war, dass meine Familie sie lesen könnte), sagte ich mir: »Ja, Lisa, das ist wirklich erschreckend, aber du weißt, dass du besser dienen, mehr geben und stärker inspirieren willst.« Ich musste auf die Zehenspitzen steigen und mich gehörig strecken, um jenen Punkt zu erreichen, von dem aus ich stolz und zufrieden auf mein Leben zurückschauen konnte.

Wir haben zwar alle unterschiedliche Leben, aber wir haben alle die gleichen Steh-auf-Muskeln. Während Sie Kapitel um Kapitel gelesen haben, ist Ihnen bestimmt aufgefallen, dass bei Ihnen einige Muskeln besser entwickelt sind, andere hingegen noch etwas Training brauchen.

Zusammenfassend stelle ich Ihnen hier noch einmal die Muskeln in derselben Reihenfolge, wie sie im Buch beschrieben sind, vor und mit ihnen die vier Prozesse, mit denen Sie jeden einzelnen stärken können:

Ihren Verständnis-Muskel entwickeln Sie folgendermaßen:
1. Suchen Sie das Geschenk in jeder Lage.
2. Blicken Sie über die unmittelbare Situation hinaus, und betrachten Sie das große Ganze.

3. Schauen Sie in Ihr Herz, und entdecken Sie dort Ihr Mitgefühl.
4. Versetzen Sie sich in die Lage der anderen.

Ihren Ich-glaub-an-mich-Muskel entwickeln Sie so:
1. Stellen Sie die negative CD in Ihrem Kopf ab.
2. Begegnen Sie sich selbst mit Achtung und Freundlichkeit.
3. Borgen Sie sich den Glauben an sich selbst von anderen, wenn Ihr eigener Glaube schwach wird.
4. Umgeben Sie sich mit Menschen, die Sie lieben, bewundern und ermutigen.

Ihren Ich-pack's-an-Muskel entwickeln Sie mit diesen Schritten:
1. Erkennen Sie, wenn Sie jammern, sich festgefahren haben, »auf dem Nagel liegen«.
2. Konzentrieren Sie sich wieder auf Ihr ursprüngliches Ziel.
3. Seien Sie offen für andere, möglicherweise bessere Wege dorthin.
4. Behalten Sie Ihre kühnsten Träume und die Art und Weise im Blick, wie Sie dem Leben dienen wollen, solange Sie auf dieser Erde sind.

Ihren Ich-weiß-was-ich-weiß-Muskel entwickeln Sie folgendermaßen:
1. Öffnen Sie sich für Gott, den Göttlichen Geist, die Natur, das Universum oder wie immer Sie Ihre Höhere Macht nennen.
2. Laden Sie diese Höhere Macht bereits jetzt zu sich ein, und denken Sie nicht, Sie müssten damit warten, bis Sie vollkommen sind.
3. Lernen Sie, durch Meditation, Atmen oder Gebet Zugang zu einer höheren Kraftquelle zu finden.

4. Spüren Sie mit Hilfe der Dankbarkeit die ständige Gegenwart dieser Höheren Macht in Ihrem Herzen.

Ihren Ehrlichkeits-Muskel entwickeln Sie, indem Sie
1. bereit sind zu einer unerschrockenen Bestandsaufnahme all dessen, was in Ihrem Leben glattläuft und was nicht;
2. Verantwortung für Ihren eigenen Anteil an Ihrer persönlichen Situation übernehmen;
3. das, was in Ihrem Leben nicht glattläuft, klar und mit einer gesunden inneren Distanz anpacken;
4. sich selbst so sehr annehmen, dass Sie Ihre Wahrheit anderen gegenüber aussprechen können.

Ihren Ich-sag-ja-Muskel entwickeln Sie dadurch, dass Sie
1. hören und annehmen, wozu das Leben Sie beruft;
2. vorsichtig erste Schritte unternehmen, indem Sie in kleinen Dingen Ja sagen;
3. bereit sind, mit vollem Einsatz zu spielen;
4. praktische Strategien formulieren, wie Sie Ihre Träume in der Realität leben können.

Ihren Entschlossenheits-Muskel entwickeln Sie so:
1. Seien Sie ehrlich.
2. Setzen Sie sich ein Ziel.
3. Nutzen Sie die Kraft der Konzentration.
4. Bleiben Sie fest mit Ihrer spirituellen Mitte verbunden, und bitten Sie die Menschen, die Sie lieben, um Hilfe.

Ihren Vergebungs-Muskel entwickeln Sie mit folgenden Schritten:
1. Benennen Sie Ihre negativen Gefühle im Zusammenhang mit alten Themen.
2. Verbinden Sie sich wieder mit der Liebe zu sich selbst, und fangen Sie an, sich selbst zu verzeihen.

3. Durchlaufen Sie den Prozess der Ganzen Wahrheit: Bearbeiten Sie aufrichtig die Gefühle, die unter Ihrer Wut und Ihrem Schmerz liegen, und nehmen Sie sie an.
4. Finden Sie zum Mitgefühl, und gelangen Sie so zu einer tieferen Ebene der Vergebung.

Ihren Was-ich-wirklich-will-Muskel entwickeln Sie auf diese Weise:
1. Machen Sie sich das Verhalten, das Sie ändern wollen, klar bewusst.
2. Stellen Sie fest, welches Bedürfnis Sie mit diesem Verhalten befriedigen wollten.
3. Finden Sie die beste und gesündeste Art, dieses Bedürfnis zu befriedigen.
4. Richten Sie Ihre Entscheidungen an Ihren höchsten Zielen aus.

Das sind die neun Steh-auf-Muskeln, die ich durch mein eigenes Erleben entdecken konnte. Aber es gibt noch mehr: Sie haben auch einen Bedingungslose-Liebe-Muskel, einen Kreativitäts-Muskel, einen Integritäts-Muskel, einen Authentizitäts-Muskel (der eng mit Ihrem Ehrlichkeits-Muskel verwandt ist) und einen Loslass-Muskel, um nur einige wenige zu nennen. Schauen Sie einmal, welche der neun Muskeln aus diesem Buch Sie selbst im Laufe Ihres Lebens entwickelt haben oder noch weiter stärken möchten, und halten Sie auch nach anderen Ausschau. Ich glaube, wir haben ebenso viele Steh-auf-Muskeln wie Körpermuskeln. Und wie unsere Körpermuskeln sind auch unsere Steh-auf-Muskeln miteinander verbunden und aufeinander angewiesen. Gemeinsam bringen diese Muskeln uns weiter und sorgen für unsere Kraft und unser Durchhaltevermögen.

Wichtig ist, dass Sie Ihre Charaktermuskeln im Gleichgewicht halten und nicht den einen auf Kosten eines anderen übertrainieren. Wenn ein Muskel schwach ist, kompensieren wir das oft, indem wir andere Muskeln zusätzlich belasten. Das kann zu Problemen führen. Wenn zum Beispiel Ihr Ehrlichkeits-Muskel geschwächt ist, dann belasten Sie vielleicht verstärkt Ihren Ich-pack's-an-Muskel, um pausenlos beschäftigt zu sein und sich nicht mit dem befassen zu müssen, wo Sie eigentlich dringend hinschauen sollten.

Wichtig ist, dass Sie sich Ihrer verschiedenen Steh-auf-Muskeln bewusst werden und sofort merken, wann Sie aufgefordert sind, sie einzusetzen – seien es nun die in diesem Buch erwähnten oder andere, die Sie vielleicht noch entwickeln müssen. Wenn Sie merken, dass ein Muskel stark geworden ist oder dass Sie bei seinem Aufbau Fortschritte gemacht haben, dann feiern Sie das! Und wenn Sie feststellen, dass Sie auf etwas negativ reagieren, dann finden Sie heraus, welcher Muskel schwach ist und sagen Sie sich: *Oh, dieser Muskel ist bei mir noch nicht gut entwickelt. Jetzt weiß ich es und kann etwas dafür tun.*

Ich bin überzeugt, dass man jeden Bereich seines Lebens erst dann verbessern kann, wenn man ermittelt hat, wo man steht und wohin man will, ganz gleich, ob es dabei darum geht, sich selbst oder anderen zu vergeben, an seinen eigenen Wert zu glauben oder seine Gesundheit, Finanzen oder Beziehungen auf die nächste Stufe zu heben. Es ist immer wieder der gleiche Prozess: Wir müssen unseren Standort finden. Das Ziel dieses Buches ist, Ihnen Ihre Steh-auf-Muskeln ins Bewusstsein zu rufen, Ihnen zu zeigen, wie diese Muskeln arbeiten, wenn sie voll entwickelt sind und Ihnen eine Beurteilungsmöglichkeit an die Hand zu geben, wie weit Sie in diesem Prozess bereits gediehen sind.

Bei manchen Kapiteln haben Sie vielleicht gedacht: *Das habe ich schon geschafft. Dieser Muskel ist aufgebaut!* Bei anderen haben Sie sich vielleicht eher im Vorher- als im Nachher-Bild wiedererkannt. Das ist völlig in Ordnung. Wichtig ist, was Sie als Nächstes tun.

Ganz gleich, ob Sie feststellen, dass ein bestimmter Steh-auf-Muskel stark oder schwach ist, das Entscheidende ist immer wieder: Benutzen Sie diesen Muskel. Wenn man einen Körpermuskel nicht nutzt, bildet er sich allmählich zurück. Früher habe ich jeden Tag Krafttraining gemacht und hatte einen wunderbaren Sixpack-Bauch. Aber ich kann nicht 15 Jahre lang keine Sit-ups mehr machen und glauben, ich hätte immer noch einen straffen Bauch – er wird dann eben eher zu einem Fässchen.

Mit den Charaktermuskeln verhält es sich ganz genauso, glaube ich. Wenn wir sie nicht nutzen, verlieren wir sie wieder. Wenn Sie Ihren Vergebungs-Muskel zehn Jahre lang nicht trainieren und dann im elften Jahr etwas passiert, das Ihre Vergebung erfordert, dann können Sie nicht mehr ganz so schnell, leicht und klar vergeben. Sie haben die nötige Spannung der Muskelfasern Mitgefühl und Verständnis nicht aufrechterhalten, deshalb müssen Sie jetzt noch einmal ganz von vorne mit dem Aufbau des Vergebungs-Muskels beginnen. Machen Sie es sich mit Hilfe dieses Buches zur täglichen Gewohnheit, Ihre Steh-auf-Muskeln zu trainieren, bis es so selbstverständlich wird wie Duschen oder Zähneputzen.

Am besten geht das mit klitzekleinen Schrittchen – mundgerechten, appetitlichen, leicht verdaulichen Maßnahmen –, mit denen Sie sich nicht überfordern. Und wenn Sie auf diesem Weg freundlich und liebevoll mit sich selbst umgehen, dann sind Sie zugleich Vorbild dafür, wie Sie von anderen behandelt werden möchten.

Der Aufbau unserer Charaktermuskeln verläuft kumulativ. Es ist wie bei den Sit-ups: Je mehr wir machen, desto mehr *können* wir machen! Wenn Sie Ihre Steh-auf-Muskeln anspannen, um liebevoller, vergebungsbereiter, ehrlicher und so weiter zu werden, dann nimmt die innere Größe, die Sie erreichen können, ebenfalls zu. Von einem Dreiviertelliter-Gefäß werden Sie zu einem Liter-Gefäß und schließlich zu einem Zwei-liter-Gefäß. Sie können stärker verkörpern, was Sie wirklich sind und haben Ihrer Umwelt mehr zu geben.

Wie geht es weiter?

Die Art, wie Sie dieses Buch nutzen, wird mit Ihnen wachsen und sich verändern. Vielleicht entdecken Sie heute in einem Kapitel etwas, was für Sie unglaublich stimmig und sofort umsetzbar ist – doch in einem halben Jahr ist es kaum noch nötig. Wahrscheinlich entdecken Sie dann in einem anderen Kapitel etwas, was besser zu Ihrer aktuellen Situation passt. Ich empfehle Ihnen deshalb *Egal was passiert!* wie ein Nachschlagewerk zu benutzen. Dieses Buch ist nicht bloß eine Sammlung von »Lisa-Geschichten« und bedenkenswerten Ideen zur einmaligen Lektüre. Eher ist es ein Werkzeugkasten mit vielen verschiedenen Werkzeugen, die Sie immer dann hervorholen können, wenn Sie sie brauchen. Wenn Sie sich plötzlich in einer Situation befinden, die mehr Entschlossenheit erfordert denn je, dann nehmen Sie sich etwas Zeit, lesen Sie Kapitel sieben, und machen Sie die Ersten Schritte noch einmal. Wenn Sie das Gefühl haben, Sie möchten gerne etwas mutiger sein und Ihren Träumen folgen, dann schlagen Sie das Buch bei Kapitel sechs auf, und rufen Sie sich wieder in Erinnerung, wie man seinen Ich-sag-ja-Muskel aufbaut.

Ich hoffe, mein Buch kann Ihnen eine Inspiration sein – wenn ich meine Täler durchschreiten und meine Gipfel erklimmen konnte, dann können Sie das auch –, aber konzentrieren Sie sich auf die praktischen Abschnitte. Die *Beflügelnden Ersten Schritte* können Sie immer wieder machen. Sie können damit die erstaunlichsten Veränderungen erzielen. Denken Sie nicht: *Ach, das hab ich doch schon gemacht.* Ihre Erfahrungen mit den Ersten Schritten verändern sich je nach Situation, in der

Sie sich gerade befinden. Ich habe die Ersten Schritte in diesem Buch viele, viele Male gemacht. Dabei hatte ich jedes Mal völlig andere Erkenntnisse und Durchbrüche, weil sich mein Verständnis meiner selbst und der Menschen in meiner Umgebung gewandelt und erweitert hatte.

Ich möchte Ihnen vorschlagen, dass Sie auch nach der Lektüre dieses Buches Ihr *Egal-was-passiert*-Tagebuch weiterführen, das ich Ihnen in der Einleitung ans Herz gelegt habe. Wenn Sie dann später einmal wieder eine Lektion in diesem Buch nachschlagen, dann denken Sie daran, auch in Ihrem Tagebuch dazu nachzulesen. Es erinnert Sie an die Erkenntnisse, die Sie bereits gewonnen haben und gibt Ihnen einen Maßstab an die Hand, wie Sie Ihren Fortschritt ermessen können – Informationen, die sich oft als ausgesprochen hilfreich erweisen.

Sich eine *Egal-was-passiert*-Haltung und -Lebensweise anzugewöhnen, ist eine Reise, die Sie auch mit einem Freund oder einer Freundin, in einer kleinen Gruppe oder einer großen Gemeinschaft Gleichgesinnter unternehmen können. Veränderungen lassen sich mit Unterstützung und Ermutigung immer leichter bewerkstelligen.

Suchen Sie sich **einen Freund oder eine Freundin, der oder die Sie bei der *Egal-was-passiert*-Stange hält:** Gemeinsam mit einem Raketen-Booster-Freund, der seinem eigenen persönlichen Wachstum ebenso verpflichtet ist wie Ihrem, bleiben Sie leichter auf der richtigen Spur. Zusammen können Sie neue Spitzenleistungen beim Training Ihrer Muskeln erreichen, zu denen Sie beide alleine vielleicht nicht fähig gewesen wären.

Gründen Sie eine **Egal-was-passiert-Gruppe:** Wenn Sie sich mit anderen zusammenschließen, die sich ebenfalls entschlossen haben, ihre Steh-auf-Muskeln zu entwickeln, entsteht ein ansteckendes Gefühl frischen Schwungs und größerer Ausdauer. Die Vorteile einer solchen Gruppe sind unendlich: Sie bietet einen geschützten Rahmen, in dem sich alle öffnen können, um die Wahrheit zu entdecken. Hier können Sie auch

Ihre persönlichen Wachstumsgebiete ausfindig machen, sich erreichbare Ziele setzen und Ihre Siege feiern. (Unter www.Lisa-Nichols.com finden Sie eine online-Gruppe in englischer Sprache.)

Halten Sie die Augen offen nach einem **Mentor oder einer Mentorin**, also einem Menschen, der seine Steh-auf-Muskeln bereits entwickelt hat und Ihnen als Vorbild dienen sowie mit Rat und Inspiration zur Seite stehen kann. Das Schöne an der weltweiten Gemeinschaft, wie sie das Internet geschaffen hat, ist, dass ein solcher Mentor eigentlich überall zu Hause sein kann.

Bald wird es auch *Egal-was-passiert*-Coaches geben, die Ihnen beim Aufbau und bei der Entwicklung Ihrer Charaktermuskeln helfen können, gerade so wie ein Personaltrainer Sie darin unterstützt, Ihre individuellen Fitness-Ziele zu erreichen. Im Kapitel »Zusätzliche Unterstützung« finden Sie mehr Informationen über Coaching-Programme und andere Formen der Unterstützung, mit denen Sie Ihre Entwicklung beschleunigen können.

Ihren Rhythmus finden

Dass Sie Ihre Steh-auf-Muskeln entwickeln, verhindert nicht, dass Sie sich nicht doch ab und zu in ungünstigen Umständen wiederfinden oder gewissen Herausforderungen stellen müssen. Wahrscheinlich wird es sehr wohl Tage geben, an denen Sie sich nicht ganz so großartig fühlen, wie Sie das eigentlich möchten; an denen Ihr Glaube auf die Probe gestellt wird, an denen der kleinere Teil in Ihnen »nein, nein, nein« sagt und Sie den entsprechenden Steh-auf-Muskel straff anspannen müssen, um »ja, ja, ja« sagen zu können. Starke Steh-auf-Muskeln verhindern schwierige Zeiten nicht, sondern bereiten Sie lediglich darauf vor, sie zu überstehen. Sie bleiben dann nicht stecken oder, wie ich es in der Einleitung formuliert habe: Aus einer Straßenschwelle wird kein Stoppschild. Sehen Sie es so: Auch mit entwickelten Steh-auf-Muskeln wird Ihr Leben nicht perfekt, aber sie helfen Ihnen, Ihr Leben perfekt zu meistern.

Sobald Sie Ihre Steh-auf-Muskeln entwickeln, werden Sie ganz von selbst innerlich stärker und können anderen mehr von sich geben. Sie fühlen sich fähig und bereit, mit allem fertigzuwerden, was das Leben Ihnen in den Weg legt. Statt unter dem Gewicht der Probleme zu schwanken, können Sie mit ihnen tanzen und mit Hilfe Ihrer Entschlossenheit, Ihres Glaubens und Ihrer Kreativität neue Lösungen entdecken. Das nenne ich »Ihren Rhythmus finden«.

Meinen Rhythmus zu finden, bedeutete für mich eine wachsende Bereitschaft, in jeder Lage genau so zu sein, wie ich bin. Bei meiner Arbeit als Motivationstrainerin spreche ich oft über Erfahrungen aus meinem eigenen Leben. Im selben Maße, wie ich meine Steh-auf-Muskeln entwickelt hatte, konnte ich tiefer liegende Erlebnisse aus meiner Kindheit, meiner Jugend und auch aus späterer Zeit erzählen und andere dazu ermuntern, dasselbe zu tun.

2004 wurde ich Coautorin von *Chicken Soup for the African American Soul*. Erstmals fanden meine Geschichten ein breiteres Publikum. Zu Beginn dieses Projekts musste ich mich schwer auf meinen Ich-glaub-an-mich-Muskel stützen, um meine selbstauferlegten Grenzen zu überwinden, was das Schreiben anbelangt. Schreiben war für mich die meiste Zeit meines Lebens ein Kampf gewesen und ich war ihm deshalb absichtlich aus dem Weg gegangen. Nach meinem Highschool-Abschluss war ich felsenfest davon überzeugt, dass ich nie besonders gut schreiben können würde und deshalb versuchte ich diesen scheinbaren Mangel durch die Konzentration auf meine mündliche Ausdrucksfähigkeit wettzumachen. Als ich aber mit der Arbeit an *Chicken Soup* anfing, merkte ich, dass

Interpunktion, Grammatik und Satzbau nur ein Teil des Schreibens sind. Plötzlich wollte ich meine Gedanken und Gefühle unbedingt durch das geschriebene Wort weitergeben. Es dauerte mehr als zweieinhalb Jahre, bis das Buch fertig war, aber währenddessen verwandelte es sich irgendwann in eine Arbeit, die ich liebte, und in eine Reise zu mir selbst. Und als ich dann sah, dass meine Geschichten Erwachsene genauso berührten wie Jugendliche, war das ein gewaltiger Schritt hin zu größerer Selbstakzeptanz.

Dass ich nun Coautorin eines *Chicken Soup*-Bandes war, hatte noch einen weiteren, eher unerwarteten Effekt für mich. Nach der Veröffentlichung des Buches war ich verpflichtet, dafür zu werben. Ich wurde für Radio- und Fernseh-Interviews gebucht, musste von Küste zu Küste Signierstunden und Vorträge halten. Für mich war das eine schöne Gelegenheit, vor Menschen im ganzen Land darüber zu sprechen, wie man seine Träume verwirklichen und aus Hindernissen neue Chancen machen kann. Und ich konnte dabei auch andere inspirierende und bewegende Lebensgeschichten hören.

Als ich vor meiner ersten Lese-Reise die Koffer packte, stellte ich auch den ganzen »Maschinenpark« zusammen, mit dem ich mein Haar in Form brachte – heißer Kamm, Glätteisen und elektrische Lockenwickler, diverse Gels und Haarsprays für extra starken Halt – und breitete sie auf der Ablage im Badezimmer aus. Ich fragte mich: *Will ich wirklich all den Aufwand betreiben, um vor den Leuten gut dazustehen?* Das war der Wendepunkt für mich. Ich beschloss, die chemisch behandelten Teile meines Haares abzuschneiden und es von jetzt an natürlich zu belassen. Ich packte alle meine Utensilien und das Klebzeug in eine Kiste und schenkte sie einer Freundin, die es gerne benutzte. Zu Beginn einer Zeit, in der ich am meisten im Licht der Öffentlichkeit stehen würde, war ich endlich bereit, der Welt mein »wahres Ich« zu zeigen.

Wirklich?

Eines Tages sollte ich beim Frühgottesdienst in einer Kirche in Chicago vor über 5.000 Menschen sprechen. Ich nahm einen Nachtflug, und ich sollte etwa eine Stunde vor meinem Auftritt landen. Die Fahrt zu der Kirche würde etwa dreißig Minuten dauern, so hatte ich also gerade noch genug Zeit, mich umzuziehen und etwas frisch zu machen, bevor ich auf die Bühne musste.

Ich fliege sehr viel, aber noch nie war ich in einem so erbärmlichen Aufzug in ein Flugzeug gestiegen. Ich trug ausgebleichte Jogginghosen und ein Trainings-T-Shirt, das ich absichtlich am Ausschnitt knapp zehn Zentimeter tief eingerissen hatte, damit es am Hals nicht drückte. Das sah alles andere als gut aus, war aber bequem. Und das musste es auch, denn der Schlaf an Bord war der einzige, den ich vor meiner großen Präsentation mit anschließender Signierstunde am nächsten Morgen abbekommen würde.

Als ich meinen Platz einnahm, fiel mir plötzlich ein Rat wieder ein, den ich vor langer Zeit einmal erhalten hatte: Wenn du fliegst, nimm immer eine schwarze Ersatzhose, schwarze flache Schuhe und eine weiße Bluse mit ins Handgepäck, für den Fall, dass dein Koffer verloren geht. Warum musste ich ausgerechnet jetzt daran denken? In den letzten zehn Monaten war ich 47 Mal geflogen, und nie hatte es Probleme gegeben. Also hatte ich keinerlei Ersatzkleidung in meinem Handgepäck. *Nun denn*, dachte ich mir, *jetzt ist es zu spät. Es wird schon alles gutgehen – das ist es ja bis jetzt immer.* Fünf Stunden später wachte ich wieder auf und hörte die Durchsage der Flugbegleiterin: »In wenigen Minuten landen wir in Chicago. Bitte schnallen Sie sich an. Es ist 8.54 Uhr Ortszeit.«

Überraschend gut erholt machte ich mich auf den Weg zur Gepäckausgabe. Doch als Minute um Minute verstrich, kroch die Angst in mir hoch.

9.12 Uhr: Wo sind meine Taschen? Nur zwei Leute warten noch auf ihr Gepäck, und eine davon bin ich.

9.15 Uhr: Jetzt wartet nur noch eine Person auf ihre Taschen – ich!

9.20 Uhr: Mein Herz rast, als ich zum Service-Schalter gehe: »Meine Taschen sind nicht herausgekommen. Könnte bitte jemand mal nachsehen?« Am Ton meiner Stimme konnte ich sogar selber hören, wie dringend es für mich war. Da klingelte mein Handy.

»Guten Morgen, Miss Nichols. Ich bin Ihre Fahrerin. Ich warte draußen auf Sie. Wir sollten langsam los, damit wir pünktlich zum Gottesdienst kommen.«

Ich erklärte, dass mein Gepäck noch nicht da war. Einen Augenblick lang war es still am anderen Ende. Dann sagte sie mit fester und sehr beruhigender Stimme: »Das kommt schon in Ordnung. Ich rufe schnell in der Kirche an und rufe Sie dann gleich zurück.«

Ich legte auf und wandte mich wieder an den Mann am Service-Schalter. Das Herz rutschte mir in die Hose, als ich hörte, was ich befürchtet hatte: »Es tut mir leid, Miss Nichols. Aber Ihr Gepäck ist mit diesem Flug nicht angekommen.«

Aufgelöst erwiderte ich: »Sie verstehen nicht ganz. In 40 Minuten muss ich vor Tausenden von Menschen sprechen. Ich kann dort nicht so aufkreuzen, wie ich jetzt bin. Ich bitte Sie inständig, schauen Sie noch einmal nach.«

In meinem Kopf drehte sich alles. Jeder, der mich kennt, weiß, dass Mode und mein ganz individueller Kleidungsstil mir extrem wichtig sind. Ich blickte noch einmal an mir herunter und überlegte, was sich mit etwas Kreativität aus meinem momentanen Aufzug machen ließe. Zerrissenes T-Shirt, ausgebleichte Jogginghose und reichlich abgenutzte Tennisschuhe – es hatte keinen Zweck. Selbst ein Michelangelo war auf brauchbares Material angewiesen.

Mein Telefon klingelte: »Hallo, hier ist wieder Ihre Fahrerin.«

Ich hatte eine Idee. »Gehen wir in einen Laden und ich kauf

mir noch schnell was«, schlug ich ihr vor. Aber die Fahrerin machte diesen Hoffnungsschimmer gleich wieder zunichte. Sie sagte, sonntags morgens um halb zehn hätte kein Bekleidungshaus offen und außerdem hätten wir nicht mehr genug Zeit. Die Kirchenältesten wollten, dass ich so pünktlich wie möglich käme. »Es ist Jugend-Sonntag«, fuhr sie fort, »deshalb möchte die Kirche, dass Sie einfach in der Kleidung sprechen, in der Sie angekommen sind.«

Natürlich, die hatten ja auch meinen Aufzug nicht gesehen. Mir war richtiggehend schlecht, als ich in das Auto vor dem Terminal stieg. Ich musste also wirklich vor Tausenden von Menschen auf die Bühne gehen, obwohl ich aussah, als wäre ich eben erst aus dem Bett gefallen.

Ich saß auf dem Rücksitz und bekam meine panische Angst einfach nicht in den Griff. Während der Fahrt fragte ich mich, *warum* ich eigentlich so außer mir war. Natürlich war das eine schlimme Sache, aber hier ging es noch um etwas Tieferes. Ich schloss die Augen und bat darum, dass sich mir der wahre Grund für meine Angst und Sorge zeigen möge. Ich sammelte mich – und schon kam die Antwort. Ich hatte immer alles darangesetzt, dass ich makellos adrett aussah. Jetzt wurde mir klar, dass meine Kleidung, mein Schmuck – mein ganzer Stil – mehr als nur Beiwerk waren; sie waren zu meiner Identität und zu meinem Bollwerk geworden. In wenigen Minuten würde ich vor Tausenden von Menschen auftreten müssen – ohne diesen auf Hochglanz polierten Schutzschild. Ich fühlte mich verletzlicher denn je.

In jenem Moment der Stille hörte ich eine Stimme in meinem Herzen. *Es ist an der Zeit, dass du dich mit der anfreundest, die du wirklich bist. Es war kein Versehen, dass dein Gepäck nicht mitkam. Du musst wissen, dass du so in Ordnung bist, wie du bist – sogar in Jogginghosen. Trage heute einmal dich* selbst. *Schließlich solltest du der Welt sowieso nichts anderes zeigen.*

Mir kamen die Tränen und ich verspürte eine Mischung aus Dankbarkeit, festem Glauben, Gehorsam und auch immer noch etwas Angst. Ich versteckte mein Gesicht hinter einer Mappe, damit die Fahrerin nichts merkte. Jetzt sagte sie: »Wir sind da. Ich lasse Sie vor der Kirche raus.«

Ich ging die Treppen zum Hauptportal hinauf, immer noch etwas zittrig, aber ruhiger, als ich es für möglich gehalten hätte; es öffnete sich, und drei Frauen standen dort, schweigend und etwas in Händen haltend. Als ich näher kam, sah ich, dass die Eine ein Kleid dabei hatte, die Andere ein Paar Schuhe und die Dritte eine wunderschöne, perlenbestickte Stola.

Die erste Frau sagte: »Ich weiß nicht genau, ob es Ihnen passt. Aber dieses Kleid hängt schon eine Weile bei mir zu Hause für Notfälle.« Mit einem flüchtigen Blick stellte ich fest, dass sie mindestens 15 Zentimeter größer und drei Größen schlanker war als ich. Ich zwang mich zu einem höflichen Lächeln.

Ich schaute zu der netten Dame mit den Schuhen. »Die habe ich immer unter dem Schreibtisch, falls mir mal die Füße weh tun.« Ihre Füße schätzte ich auf Schuhgröße 38, viel kleiner als meine Größe 40. Wieder lächelte ich höflich. Sie führten mich zu den Toiletten, damit ich anprobieren konnte, was sie mitgebracht hatten. Aus Respekt dachte ich, ich sollte die Sachen zumindest anprobieren, auch wenn ich jetzt voll und ganz bereit war, in Jogginghose und T-Shirt aufzutreten, wenn das Gottes Plan war.

Zu meiner Überraschung saß das elegante, cremefarbene Kleid, als wäre es für mich gemacht. Zögerlich schlüpfte ich in die Schuhe, die mir wundersamerweise besser passten als gedacht. Tief verwundert schüttelte ich den Kopf. *Was geht hier vor sich?* Das letzte Wunder war die perlenbestickte Stola, die am Vortag im Schaufenster der kirchlichen Buchhandlung ausgestellt war und jetzt meine Kleidung perfekt abrundete.

Ich ging auf die Bühne und Freudentränen liefen mir übers

Gesicht, der Chor sang gerade die letzte Zeile aus »*God will move mountains for you.*« (Gott versetzt Berge für dich.) Ich fühlte mich schöner als in jedem Kleid, das ich in meinem Gepäck hätte haben können und wandte mich dem Gesichtermeer im Publikum zu. Lächelnd sagte ich: »Gott hat heute Berge versetzt, damit Sie mein wahres Ich kennenlernen können.« In meinem Herzen wusste ich, dass es Seine höhere Absicht gewesen war, dass ich mein wahres Ich kennenlernte und endlich meinen ganz persönlichen Rhythmus akzeptierte.

Wenn Sie bis in Ihren innersten Kern vorgedrungen und mit sich und der Lebensreise, die Sie bis hierher geführt hat, vollkommen im Reinen sind, dann tanzen, singen, sprechen und gehen Sie in einem Rhythmus, der einzig und allein Ihr persönlicher ist. Sie erleben jetzt Ihre besondere Spielart der Freude und führen ein Leben, in dem sich Ihnen neue Chancen im Überfluss bieten.

Ihre wahre Größe annehmen und ausfüllen

Wenn Sie keine Angst mehr davor haben, verletzt zu werden oder zu versagen und Ihren Unsicherheiten nicht immer wieder neues Leben einhauchen, dann kann sich Größe zeigen. Ihr Leben wird zu einer Aneinanderreihung großartiger Augenblicke. Wenn Sie Ihren Rhythmus gefunden haben, wirkt das ansteckend, und so können auch andere Menschen ihren Rhythmus finden. Ihre Befreiung befreit nach und nach andere. Ihr Leben spricht lauter für sich, als Sie selber es je äußern könnten. Sie bekommen so viel Persönlichkeit, dass Ihr Wesen, Ihre Energie, Ihr ganzes Sein die Luft um Sie erfüllt, sobald Sie einen Raum betreten. Die Menschen verstehen, wer Sie sind, ohne dass Sie irgendwelche Erklärungen abgeben müssten. Man möchte in Ihrer Nähe sein, mit Ihnen zusammenarbeiten und Ihnen helfen, Ihre Ziele zu erreichen. Sie strahlen eine Größe aus, die tausendfach zu Ihnen zurückkommt. Sie werden der Magnet, über den ich im letzten Kapitel gesprochen habe und der alles anzieht, was großartig ist.

Aber denken Sie immer daran, diese Größe ist kein Lichtschalter, den man einmal anknipst und der dann ein für alle Mal so bleibt. Sie müssen sich immer wieder neu entscheiden. Und es wird Zeiten geben, in denen Sie sehr genau hinschauen müssen, um die beste Entscheidung zu treffen. Jeden Tag, jede Minute bietet sich Ihnen die Gelegenheit, sich mit ganzer Kraft für das Gute zu entscheiden, für Bescheidenheit, Furchtlosigkeit, Mut und Größe. Es liegt an Ihnen. Und wenn Sie sich je einmal für Ihr kleineres Ich entschieden haben sollten, dann denken Sie daran, dass es immer eine zweite Chance für eine neue Entscheidung gibt.

Ein Leben ohne Reue: Sie haben es in der Hand

Auf der Grundlage dieser neuen Erkenntnis bezüglich Ihrer Steh-auf-Qualitäten möchte ich Ihnen vorschlagen: Betrachten Sie Ihr Leben neu. Achten Sie von heute an darauf, wie die Ereignisse in Ihrem Leben, die guten wie die schlechten, Ihren Charakter stärken.

Zwar können wir die Vergangenheit nicht ändern, aber wir können *unsere Sicht der Vergangenheit* ändern. Alles, was Ihnen geschehen ist, hat entweder damals einen Steh-auf-Muskel aufgebaut oder kann jetzt einen Steh-auf-Muskel trainieren, indem Sie nämlich genau diesen Muskel dazu einsetzen, den Schmerz zu heilen, den Sie mit sich herumgetragen haben.

Wenn Sie nun in Ihrem Leben nach vorne schauen, dann denken Sie daran, dass künftige Ereignisse entweder zeigen werden, wie stark Ihre Steh-auf-Muskeln sind oder Ihnen bewusst machen, welche Bereiche noch der Verbesserung bedürfen.

Das ist das Geheimnis im innersten Kern eines Lebens nach dem Motto: *Egal was passiert*: **Egal, was in der Vergangenheit passiert ist, egal, was in der Gegenwart oder in der Zukunft passiert, ich kann es zu meinem Besten nutzen!**

Sie können ein Leben ohne Reue führen. Es ist möglich, und es fängt in diesem Augenblick an. Erstellen Sie noch im selben Augenblick, in dem Sie dieses Buch schließen, eine Liste der Menschen, die Ihnen wichtig sind. Gehen Sie dann diese Liste der Reihe nach durch und sagen Sie jedem: »Ich liebe dich, ich schätze dich, du liegst mir am Herzen, ich vergebe dir, ich erkenne dich an, ich schulde dir eine Entschuldigung.« – Tun Sie alles, was notwendig ist, um diese Beziehung zu pflegen oder Ihren Frieden mit ihr zu schließen.

Ich weiß, dass ich am Ende nichts bereuen möchte – kein hätte, würde, sollte. Auf meinem Sterbebett möchte ich sagen können: »Ja! Ich habe alles getan, was ich tun wollte – und noch mehr.« Dabei rede ich nicht nur von Weltreisen und beruflichem Erfolg. Ich möchte mich in meinem Leben an meinem Jungen gefreut, meine Eltern geachtet, Zeit mit meiner Familie verbracht und meine Freunde geschätzt haben.

Am nächsten Morgen machte ich einen Spaziergang mit meiner Großmutter. Dabei erzählte sie mir von ihrer Tante, die in Arkansas ein Café besessen hatte. Sie erzählte mir, dass sie als kleines Mädchen immer ihre Tante besucht hat und dass Red-hot-Chili ihr Lieblingsgericht in diesem Café war. Ich stellte meiner Großmutter einige Fragen und erfuhr von Dingen, die ihr Leben entscheidend geprägt hatten – was wiederum das Leben meiner Mutter und auch mein Leben prägen sollte. An jenem Morgen war mir meine Großmutter ganz besonders wertvoll und ich achtete darauf, dass sie das auch mitbekam.

Am Ende meines Lebens möchte ich sagen können: Ich habe es gewagt und mich wieder auf die Liebe eingelassen. Ich möchte sagen können, dass ich trotz meiner Ängste meinem

Ruf gefolgt bin und der Welt noch mehr von mir gegeben habe. Dass ich mir Zeit genommen habe, mich an Gott zu wenden. Und dass ich, obwohl ich einen Absturz nach dem anderen erlebt habe, mir doch erlaubt habe, immer wieder aufzustehen.

Ich glaube, dass wir uns alle ein Leben in Glück, Wohlstand und Frieden wünschen und ich glaube auch, dass wir alle das Recht haben, uns so ein Leben zu schaffen. Was man sich dereinst über Sie erzählt, kann genau das sein, was Sie möchten. Sie können jetzt schon Ihren Nachruf schreiben. Das ist kein morbider, sondern ein sehr kraftvoller Gedanke. Sie können bestimmen, wie man sich an Sie erinnert, einfach durch die Art, wie Sie leben. Sie brauchen einfach nur Tag für Tag Ihre Charaktermuskeln aufzubauen.

Die vergangenen Kapitel Ihrer Lebensreise sind bereits geschrieben – mit Tinte. Verschwenden Sie nicht Ihre Zeit, indem Sie versuchen, sie auszuradieren, zu umgehen oder sich deswegen schuldig zu fühlen und zu schämen. Lassen Sie sie einfach so stehen. Denken Sie daran: Ihre Vergangenheit bestimmt nicht über Ihre Zukunft.

Ich entlasse Sie nun mit folgender Aufgabe:

Die nächsten Kapitel Ihres Lebens sind leere Seiten, und nur Sie allein halten den Stift in der Hand, mit dem Ihre Geschichte geschrieben werden kann. Schreiben Sie sie mit all der Freude, der Kraft, der Vergebung, dem Erfolg, dem Frieden und der inneren Ruhe, mit der Sie leben möchten.

Denn Sie – und nur Sie – sind der Autor oder die Autorin Ihres Lebens.

Unterstützung und Begleitung

Sie haben sich nun auf eine wunderbare, erfüllende Reise begeben, ausgestattet mit einem tieferen Verständnis und einer Reihe klarer Erster Schritte. Mit deren Hilfe können Sie Ihre Hindernisse überwinden, innere Ruhe und freudige Gelassenheit finden sowie alle Ihre Träume wahrmachen – *egal was passiert*. Damit Sie weitermachen und Ihre Fortschritte sogar noch beschleunigen können, habe ich die folgenden Angebote und Programme entwickelt. Sie ergeben ein System, das Ihr Wachstum fördert und Ihnen dabei sowohl Unterstützung als auch zuverlässige Überprüfung bietet.

Egal-was-passiert-Seminare

Sind Sie bereit für einen Durchbruch im Bereich Ihrer Finanzen? Ihrer Gesundheit? Ihrer Beziehungen? Würden Sie gerne die Grenzen überwinden, die Sie bis jetzt immer aufgehalten haben, und an einen Ort unendlicher Fülle und grenzenloser Möglichkeiten gelangen? Ich habe ein zweitägiges Seminar entworfen, in dem das Beste aus diesem Buch lebendig vermittelt wird und in dem Sie außerdem einige meiner liebsten Instrumente und Lektionen zur Persönlichkeitsentwicklung kennen lernen. Nach diesen zwei Tagen können Sie Ihrer Berufung folgen und gemäß Ihrer wahren Größe und Leidenschaft leben. Sie werden jeden Ansturm von Angst überwinden, der Sie bisher »Nein« sagen oder ängstlich »Ja« wispern ließ, damit Sie voller Mut und Begeisterung das tun können, was *Sie* tun wollen!

Egal-was-passiert-Fernseminar und Coaching-Programm

Hören Sie meine Fernseminare mit inspirierenden und informativen Vorträgen und werden Sie Mitglied eines starken Teams. Üben Sie jede Woche eine neue Lektion aus *Egal was passiert* und halten Sie Ihre Fortschritte nachprüfbar fest. Ich werde Sie persönlich am Telefon coachen, sodass Sie in Ihrer vertrauten Umgebung bleiben können. Sie lernen:

- effektiv mit negativen Selbstgesprächen, Ängsten und Zweifeln umzugehen und dadurch größeren Erfolg zu erzielen;
- einschränkende Glaubenssysteme zu erkennen und zu beseitigen und dadurch alle Ihre Ziele zu erreichen und sogar zu übertreffen;
- die vier Schlüssel-Energien, mit denen Sie alles kreieren können, für sich zu erschließen und gezielt nach Ihrem Willen einzusetzen.

Sparen Sie die Reisekosten zu wöchentlichen Seminaren und lassen Sie sich von mir helfen, die nächste Stufe Ihres Lebens zu erklimmen.

Egal-was-passiert-Fernkurs

Dieser umfassende Kurs enthält CDs, Arbeitsbücher, Affirmationskarten, lebensverändernde Lektionen und authentische Gespräche mit Meistern auf dem Gebiet der Potenzialentwicklung. Sie erlernen praktische Schritte, wie Sie sich Ihre authentische Kraft völlig zu eigen machen sowie dynamische und erfüllende Beziehungen gestalten können – zu Ihrem Partner oder Ihrer Partnerin, Ihren Kindern, anderen wichtigen Menschen ... und zu sich selbst! Mit Hilfe dieses Kurses können Sie überzeugend kommunizieren, andere bewegen und inspirieren, sich selbst wieder aufbauen, wenn Sie niedergeschlagen sind und insgesamt Ihre Lebensfreude steigern.

Egal-was-passiert-Newsletter

Lesen Sie ermutigende Worte, die Sie effektiv an Ihre Egal-was-passiert-Haltung und das entsprechende Handeln erinnern und darin festigen. Lesen Sie auf dem Weg zu Ihren Zielen, was andere aus der Egal-was-passiert-Gemeinschaft zu sagen haben; Menschen, die entscheidende Fortschritte erzielt haben und nun von ihren Siegen erzählen möchten, um andere zu inspirieren.

Egal-was-passiert-Paraliminal-CDs

Paraliminal-CDs nutzen die bahnbrechenden Techniken des Neurolinguistischen Programmierens und des Lernens mit beiden Gehirnhälften, um Sie durch eine exakt abgestimmte Mischung aus gesprochenem Wort und Musik in Ihrer Persönlichkeitsentwicklung zu unterstützen. Die Egal-was-passiert-Paraliminal-CDs habe ich zusammen mit meinem Freund Paul R. Scheele erstellt, dem Mitbegründer der Learning Strategies Corporation, die in dieser Technik weltweit führend ist. Setzen Sie einfach Ihre Stereo-Kopfhörer auf, lehnen Sie sich zurück und hören Sie zu. Schon Minuten später entwickeln Sie auf einer sehr tiefen Ebene neue Haltungen und ein neues Verhalten, die Ihnen helfen, Ihre Ziele zu erreichen – *egal was passiert*.

Egal-was-passiert-Gemeinschaft und -Gesprächsgruppen

Nehmen Sie an Internet-Chats mit gleichgesinnten, aufstrebenden Menschen teil, die auf das gemeinsame Ziel größeren Erfolgs und eines glücklicheren Lebens hinarbeiten. Finden Sie Menschen, die in freundschaftlicher Atmosphäre mit Ihnen zusammen Ziele erarbeiten und Ihre Fortschritte verfolgen. Berichten Sie von Ihren Siegen und lassen Sie sich von der ganzen Egal-was-passiert-Gemeinschaft feiern!

Egal-was-passiert-Präsentationen

Was sind Ihre Unternehmensziele? Oder Ihre persönlichen Ziele? Vielleicht möchten Sie Ihren Kundenservice verbessern, Ihre Verkaufszahlen steigern oder die Unternehmensethik vertiefen. Vielleicht möchten Sie gesündere, befriedigendere Beziehungen aufbauen, Ihre Finanzen stabilisieren und in Fülle leben, ein hohes Selbstwertgefühl entwickeln, sich bestmöglicher Gesundheit erfreuen oder Ihre Leidenschaft entdecken. Wenn Sie bereit sind zum »Durchbruch« und diese Ziele tatsächlich erreichen wollen, dann unterstütze ich Ihr Unternehmen, Ihre Organisation oder Ihre Kirchengemeinde gerne mit einer Präsentation, die auf Ihre individuellen Bedürfnisse zugeschnitten ist.

Mehr Informationen über diese und weitere Angebote finden Sie auf meiner Website www.Lisa-Nichols.com (in englischer Sprache).

Danksagung

Die aufregende Reise, dieses Buch zu schreiben, zu veröffentlichen und in Ihre Hände zu legen, habe ich mit einem der engagiertesten und talentiertesten Teams unternommen, mit dem ich je die Freude hatte zu arbeiten. Mein herzlich empfundener Dank geht an folgende Personen:

An Carol Kline, die mit mir zusammen dieses Buch geschrieben hat: Du bist wirklich eine begabte Schriftstellerin, die sich in eine Geschichte hineinversetzen und sie auf einer völlig neuen, brillant und hervorragend formulierten Ebene zum Leben erwecken kann. Dein Talent und dein Fachwissen waren unschätzbar wertvoll. Danke, dass du mir so hingebungsvoll und engagiert geholfen hast, das bestmögliche Buch zu schreiben. Ich glaube, es ist uns gelungen!

An Kristin Loberg: Danke, dass du mir deine begrenzte Zeit und deine außergewöhnliche schriftstellerische Begabung so großzügig zur Verfügung gestellt hast, damit wir dieses Projekt abschließen konnten. Ich schätze besonders die Eleganz, Leichtigkeit und aufrichtige Anteilnahme, die du in den Entstehungsprozess hineingebracht hast. Du bist ein Juwel.

An Bonnie Solow, meine Literaturagentin: Ich bin dankbar und fühle mich geehrt, mit einer so erfolgreichen und doch fürsorglichen Agentin gesegnet zu sein. Du hattest bereits eine Vision von diesem Buch, bevor noch das erste Wort zu Papier gebracht war. Du warst meine Fürsprecherin, mein liebevolles Leuchtfeuer und – das Beste von allem – meine Freundin. Danke, dass du mich ermutigt hast, meine Geschichte mit meiner eigenen Stimme zu erzählen und mit allen »Lisa-ismen«, die meine individuelle Reise ausmachen.

An das ganze Team bei Grand Central Publishing: Verlegerin Jamie Raab, den stellvertretenden Verleger Les Pockell, Elizabeth Connor und Anne Twomey (Titelgrafik) und Cheflektorin Kallie Shimek. Besonderer Dank geht an meine Lektorin Diana Baroni. Es war ein Vergnügen, mit dir zu arbeiten und eine Freude, von dir zu lernen. Danke, dass du mit dazu beigetragen hast, dass dieses Buch ebenso unterhaltsam wie gehaltvoll ist. Matthew Ballast und Linda Duggins von der PR-Abteilung: Danke, dass ihr für mich mit vollem Einsatz gespielt und meine komplexen Ideen unterstützt habt, wie wir mit diesem Buch so viele Menschen wie möglich erreichen können. Ich bin euch allen dankbar für eure spontane Begeisterung für dieses Projekt und eure Freude daran. Ich habe das gleich bei unserer ersten Sitzung gespürt und mir war klar, dass ich mit eurem Team spielen wollte – *egal was passiert!* Und schließlich danke ich allen in Verkauf, Marketing und in der Anzeigenabteilung. Danke für Ihr fachliches Können und Ihren Einsatz für dieses Buch. Ich schätze jeden Einzelnen von Ihnen.

An meine Familie, mein Team bei *Motivating the Masses* und *Motivating the Teen Spirit*: Margaret Cox, Lucretia Danner, Paula Graff, Tonya Hedrick, Ahmondra McClendon, James Nichols, Tia Ross und Denise Thackston. Danke für euren unermüdlichen Einsatz für einen Weltklasse-Service und dafür, dass ihr mir den Rücken frei gehalten habt, damit ich dieses Projekt entwerfen und umsetzen konnte. Ich bin dankbar, dass ihr die Telefonanrufe übernommen, die Anfragen für mich bearbeitet, mit mir Ideen ausgetauscht, die Geschichten abgeschrieben, mich immer wieder liebevoll zum Schreiben ermahnt und endlos für mich gebetet habt. Und ich danke euch für den heißen Tee, die Kerzen, den Smooth Jazz und die Schultern zum Ausweinen, wenn der Inhalt des Buches mich emotional belastet hat. Ich danke euch aus tiefstem und höchstem Herzen. Ihr seid wirklich die »A-Mannschaft«.

An folgende Menschen, mein erstes Team in der Zeit der Gründung meines Unternehmens: Patricia Stevens, Winnie Briney und Selina Heaton mit Familien. Danke, dass ihr euch *Motivating the Teen Spirit* vorstellen konntet und daran geglaubt habt, noch bevor es greifbare Anhaltspunkte dafür gab, dass es überhaupt je zustande käme.

An das erweiterte Team: Richard Heller, Richard Hofstetter, Marc Geffen, Randy Helfond, Gigi Grose, unsere frisch zertifizierten Berater und Beraterinnen und an alle Beraterinnen und Berater in der Ausbildung. Ich anerkenne und schätze, wie jeder und jede Einzelne von euch eure wertvollen Ressourcen eingebracht habt, um dem Leben anderer eine neue Wendung zu geben. Danke für eure engagierte Arbeit und euren sorgfältigen Einsatz, die zum Erfolg dieses Projekts und so vieler anderer Projekte beigetragen haben.

An Pete Bissonette von Learning Strategies: Du warst der Wind unter meinen Flügeln und der große Bruder, der auf mich aufpasst. Danke, dass du dich voll und ganz eingebracht und mit vollem Einsatz gespielt hast, um das Projekt zu unterstützen, wie man es besser kaum hätte machen können. Und auch dem übrigen Team von Learning Strategies für euren unermüdlichen Einsatz und eure Hingabe an den Erfolg der Lisa Nichols Firmengruppe. Besonderer Dank an Doreen Johnson, Debra Hughes und Paul Scheele für eure Führungsverantwortung.

An das Transformational Leadership Council: Wie soll ich nur der Gemeinschaft danken, die für mich die wertvollste Oase war, die ich je hatte? Durch euch konnte ich wachsen, lernen, mein Wissen weitergeben und meine Flügel ausbreiten, um immer höher zu steigen. Jede und jeder von euch kann persönlich stolz sein auf die Juwelen, die in diesem Buch präsentiert werden, denn ihr habt mir geholfen, sie in mir zu entdecken. Ich liebe jede und jeden Einzelnen von euch und schätze eure Freundschaft sehr.

An Jack Canfield, meinen Freund und Bruder: Danke, dass du das lebendige Beispiel dafür bist, dass die Absicht, den Menschen zu dienen, indem man ihnen hilft, ihr höchstes Potenzial zu leben, nicht nur realisierbar, sondern in jeder Hinsicht lohnend ist. Du, mein lieber Freund, hast mir gezeigt, dass es völlig in Ordnung ist, wenn man auf der Lebensreise zugleich Lehrerin und Schülerin ist. Danke, mein Bruder.

Dem Dream Team: Monte Howard, Kelly Carter und Steve Conte. Genau in dem Moment, in dem ich die Vorstellung von einem Dream Team endgültig aufgegeben hatte, tratet ihr in mein Leben. Euer Engagement und eure Unterstützung bei meinem Versuch, mit diesem und anderen Projekten generationenübergreifende Erfolge und mehr Wohlstand für alle zu erzielen, wärmen mir das Herz mehr, als ich mit Worten sagen kann.

An die Familien des MTS- und des MTM-Teams: Ihr habt uns alle miteinander kontinuierlich unterstützt durch euer Verständnis, eure Gebete und dadurch, dass ihr uns für dieses und viele weitere Projekte eure Lieben zur Verfügung gestellt habt. Ihr seid die erweiterte Familie, durch die das alles erst funktionieren kann. Danke.

An meine Freunde bei *Chicken Soup for the Soul*: Danke, dass ich die Coautorin von *Chicken Soup for the African American Soul* und *Chicken Soup for the African American Woman's Soul* sein durfte. Ich werde es immer zu schätzen wissen, dass ihr daran geglaubt habt, dass ich tatsächlich eine so wichtige Arbeit zustande bringen und in der Öffentlichkeit präsentieren kann. Mein ganz besonderer Dank geht an Patty Aubrey, die Geschäftsführerin von *Chicken Soup for the Soul*, weil sie einen mit ihrer Begeisterung so ansteckt und einem neue Chancen eröffnet, sodass dieses Buch entstehen konnte. Danke, dass Sie darauf bestanden haben, dass ich es *jetzt* schreibe – *egal was passiert*.

An Health Communications Inc.: Danke, dass Sie mein erster Verlag waren und uns allen bei Chicken Soup geholfen haben, ein Qualitätsprodukt herzustellen, welches das Leben mit jeder einzelnen Geschichte verändern kann.

An Reverend Michael Beckwith: Danke, mein lieber Freund, dass Sie sich trotz Ihres vollen Terminkalenders die Zeit genommen haben, dieses Projekt auf vielen verschiedenen Ebenen zu segnen. Ich bin immer glücklich, wenn Sie mich an Ihren heiligen Ort der Gottesverehrung einladen. Sie helfen mir immer wieder, das Beste in mir freizulegen.

An Lynn Hill und Berny Dohrmann, die Geschäftsführer von Space Principals: Euer Engagement für einen magischen und doch realistischen Ort, an dem Existenzgründerinnen und Existenzgründer miteinander über ihre Träume sprechen und dann klare, konkrete Pläne zu deren Verwirklichung entwickeln können, war mir unschätzbar wertvoll. Ihr standet am Anfang dieser wunderbaren und atemberaubenden Reise.

An Bill Harris, Alex Mandossian, Barry Spilchuck, Fluke Fluker und Marci Shimoff: Ich danke euch allen, dass ihr mir so liebenswürdig eure Zeit, euer Wissen und eure Freundschaft geschenkt habt. Durch eure Großzügigkeit haben der Inhalt dieses Buches und, mehr noch, mein Leben, viel hinzugewonnen.

An Telepictures: Danke, dass Sie die große Reichweite eines Projektes erkannt haben, das das Herz der Menschen erreichen, ein paar Knöpfe drücken und Veränderungen in allen anstoßen will, die dazu bereit sind – und sogar in einigen, die dazu nicht bereit sind.

An folgende Menschen, die das Manuskript gelesen und wertvolle Hinweise gegeben haben: Tonya Hedrick, Pearlie Daniels, Joe Mathis, Angela Knoll, Monte Howard, Shelau Howard, Adrian Lee, Tia Ross, Reese Ross, Ahmondra McClendon, Anne Jaffe, Tayari Howard und Katharina Hunt. Danke, dass ihr euch, obwohl ihr so vielbeschäftigt seid, Zeit dafür genommen und wertvolle Anmerkungen gemacht habt. Ich schätze euch sehr.

An die Mitglieder der Egal-was-passiert-Gruppe, die jede Woche zusammenkamen, damit ich ihnen die Kapitel vorlesen konnte und die mir unschätzbar wertvolle Hinweise und Kommentare gaben, damit ich diesem Buch den letzten Schliff geben konnte: Jede und jeder Einzelne von euch hat etwas Besonderes in die Gruppe eingebracht, die es nur gibt, weil ihr dabei seid. Danke für die innigen Momente, für eure großartigen Beiträge und euer beständiges Engagement. Ihr seid mir alle auf besondere Weise nahe.

An alle Teilnehmenden meiner Fernseminare, Workshops und Kurse: Ihr habt eure Steh-auf-Qualitäten mit mir geteilt, euren Willen zum Erfolg, eure Fähigkeit, aus der Asche wiederzuerstehen, und eure feste Entschlossenheit, diese Welt zu einem unglaublichen Ort zu machen. Ihr seid die Fasern, die diesen Traum zusammenhalten, der rote Faden, der sich durchs Leben zieht und einen wunderschönen Teppich der tausend Möglichkeiten webt. Euer Leben zeigt allen Menschen, dass es möglich ist, eine Vision zu kreieren und sie zu leben!

An meine Familie: Ihr seid mein Dorf beständiger bedingungsloser Liebe und Unterstützung, *egal was passiert*. Danke für alle eure Hilfe bei diesem Buch. Ich bin dankbar dafür, dass Gott mich so sehr geliebt hat, dass Er mich in diese Familie brachte. An meinen wunderschönen Königssohn Jelani für deine Freundschaft und dein fortwährendes Verständnis. Du inspirierst mich auf so vielen verschiedenen Ebenen. An meine Mutter Agnes dafür, dass du unermüdlich zu mir gehalten hast und die beste Großmutter bist, um die Jelani und ich hätten beten können. An Jimmy, meinen Vater, dafür, dass ich mich bei dir immer am geborgensten gefühlt habe und dass du das erste Beispiel dafür warst, wie ein Mann mit mir umgehen sollte. An meinen Bruder Jimmy dafür, dass du mir gezeigt hast, was es bedeutet, weich wie Ton zu sein und sich von Gott formen zu lassen. An meine Schwester Leslie, weil du immer frischen Wind in mein Leben bringst. An meine Großmutter Blanche, weil du mir deine Weisheit und deinen Elan weitergegeben hast. Du bist Nahrung für meine Seele. An meine Großmutter Haggerty, ich bin stolz, deine Enkelin zu sein, danke, dass du mich genauso lieb hast wie ich dich. An die erweiterte Familie Nichols, ihr seid mein Fundament bedingungsloser Liebe. Danke, dass ihr mich daran erinnert, dass ich trotz meiner großen Aufgaben in der Welt bei Familienfesten immer noch dafür zuständig bin, den Nachtisch mitzubringen.

An Dr. D. Levi Harrison: Danke, dass du mir zur Seite gestanden bist, als ich in diesem Buch mein Innerstes preisgab und dass du mich immer daran erinnert hast, dass ich unbedingt authentisch bleiben muss. Und dafür, dass du mich immer wieder zum Lachen gebracht hast, bis mir die Tränen kamen, damit ich weitermachen konnte. Du bist Freude und Liebe in Menschengestalt, und ich bin so dankbar für die Kraft deines Visionboard und für die Rolle, die es gespielt hat, damit wir zusammenkamen.

An meine Mädels: Denise Thackston, Dejinira Lee, BJ Foster, Alicia Atkins, Margaret Cox, Sherita Herring, Eraina Hysaw, Pamela Loving, Susue Fields, Anne Jaffe, Monica Brown, Sharon »Gayla« McGee, Inga Canfield, Eve Hogan und Pam Nelson. Ihr habt mir euer Herz geöffnet und so viel Liebe über mir ausgeschüttet, bis mein Tank überfloss, sodass ich anderen aus diesem Überfluss heraus weiter dienen kann. Ihr zeigt, wie man durch Bescheidenheit, Anmut und Dienst am anderen eine starke Frau sein kann. Ihr seid die Engel, die mir geschickt wurden, um mich mit eurer Liebe zu segnen. Ich bin so dankbar, dass ihr diese Aufgabe angenommen habt.

Und schließlich Dank an *alle* starken Frauen dieser Welt, die meine Vorbilder waren. Ihr habt viel gearbeitet, selten geruht und bedingungslos geliebt. Ihr seid früh aufgestanden und erst spät zu Bett gegangen. Ihr habt mir gezeigt, wie man lieben kann, auch wenn es wehtut, wie man immer wieder vergibt und stets den Glauben behält. Ihr seid mein Beispiel für Stärke und Ausdauer. Ich habe gesehen, wie ihr mit unerschütterlichem Selbstvertrauen zur Bushaltestelle oder zum Bahnhof geht, wie ihr eine geschäftliche Sitzung mit Anmut und Eleganz leitet, wie ihr kocht, putzt und mit den Kindern spielt, und das alles mit zärtlicher Fürsorge und Liebe. Ich habe gemerkt, wie ihr durchs Leben geht und die Menschen in eurer Umgebung fröhlich macht, wie ihr in eurem Umfeld in jedem Menschen das Beste zum Vorschein bringt. Ich habe euch beobachtet und ihr habt mich gelehrt, was es bedeutet, eine Frau zu sein. Danke für diese unvergesslichen Lektionen und diesen großen Segen.

Über die Autorin

Lisa Nichols ist gefeierte Motivationstrainerin, Coach und Lehrerin. Mit ihren inspirierenden Worten, wie wir zu starken Persönlichkeiten werden, unseren Mitmenschen dienen, Hervorragendes leisten und Dankbarkeit leben können, hat sie bereits Millionen Menschen erreicht. Sie ist außerdem Coautorin von zwei Titeln aus der Bestseller-Reihe *Chicken Soup for the Soul*, nämlich *Chicken Soup for the African American Soul* und *Chicken Soup for the African American Woman's Soul*.

Durch ihre Beteiligung an dem Film und dem Buch *The Secret*, jenem phänomenalen Werk zur Persönlichkeitsentwicklung, wurde Lisa mit einem Schlag weltweit berühmt. Seither hatte Lisa Nichols zahlreiche Radio- und Fernseh-Auftritte, die in den gesamten USA ausgestrahlt wurden.

Außerdem ist Lisa die Gründerin von *Motivating the Masses* und Geschäftsführerin von *Motivating the Teen Spirit, LLC*. Ihre lebensverändernden Workshops haben Hunderttausende Jugendliche und Erwachsene entscheidend positiv beeinflusst.

Lisa hat für ihre Arbeit zahlreiche Preise erhalten, darunter den südafrikanischen Humanitarian Award, den African Focus International's Ambassador of Goodwill Award, den Whole Life and Wellness International's Emotional Literacy Award und den Heart of Learning Award der Legoland Foundation. Im Jahr 2001 erklärte der Oberbürgermeister der Stadt Henderson in Nevada den 20. November zum »Motivating the Teen Spirit«-Tag, um damit Lisas Erfolge bei der Arbeit mit den Jugendlichen in der Stadt zu ehren.

Über die Autorin

Lisa gilt als führende Expertin für den Durchbruch zum Erfolg. Mit ihren bewährten Formeln für mehr persönlichen und beruflichen Erfolg motiviert und inspiriert sie Führungskräfte auf der ganzen Welt. Ihre Kurse erneuern unser Denken über Wirtschaft und Beziehungen in der heutigen Welt auf ebenso erfrischende wie grundlegende Weise.

Lisa ist eine dynamische Rednerin mit einer außergewöhnlichen Lebensgeschichte und einer ungeheuren Gabe, die Menschen tief im Innersten zu berühren. Als Coach für berufliche wie für persönliche Themen ist sie Meisterin im Erreichen scheinbar unmöglicher Ziele und zeigt anderen, wie man das macht.

Für mehr Informationen über Lisas Vorträge, Workshops, Bücher und Auftritte wenden Sie sich bitte an:

Motivating the Teen Spirit
14391 Penasquilitos Drive, Suite C139
San Diego, CA 92129
USA
Telefon: ++1-858-376-3700
E-Mail: Lisa@Lisa-Nichols.com
www.Lisa-Nichols.com

Wie Schamanen
sich und die Welt heilen

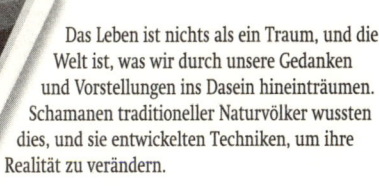

Geistreisen werden bei den Schamanen genutzt, um verlorene Seelenanteile zurückzuholen und die eigene Bestimmung zu finden. Ein Weg zu Heilung und persönlichem Wachstum.

ISBN 978-3-442-21765-6

Das Leben ist nichts als ein Traum, und die Welt ist, was wir durch unsere Gedanken und Vorstellungen ins Dasein hineinträumen. Schamanen traditioneller Naturvölker wussten dies, und sie entwickelten Techniken, um ihre Realität zu verändern.

ISBN 978-3-442-21857-1

Überall, wo es Bücher gibt und unter www.arkana-verlag.de

Heilen mit der Kraft des Geistes

I. Kraaz/W. v. Rohr, 21787
Die richtige Schwingung heilt

Catherine Ponder, 21772
Die dynamischen Gesetze der Heilung

Kalashatra Govinda, 21758
Chakra Praxisbuch

Ted Andrews, 21737
Kleines Lehrbuch für Heiler

Giulio Cesare Giacobbe
Pfiffiger Rat für die wichtigsten Momente des Lebens

Wie Sie ein schönes, reiches Miststück werden   21799

Wie Sie Ihre Hirnwichserei abstellen und stattdessen das Leben genießen   21716

Zum Buddha werden in 5 Wochen   21777

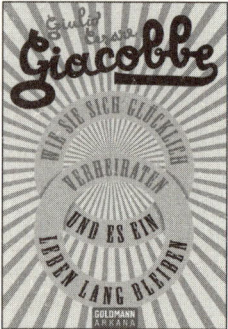

Wie Sie sich glücklich verheiraten und es ein Leben lang bleiben   21856

Mehr Informationen unter:
www.arkana-verlag.de